わが文学放浪の記

大橋健三郎

南雲堂

わが文学放浪の記　目次

わが文学放浪の記

Ⅰ　京町家《まちや》に生まれ育って

1

ときどきふと——まったくふとだが——京都中京《なかぎょう》の呉服卸商の家で生まれ育った幼児の頃に覚えたらしい——覚えたと言うよりは、耳底に（その底の底の方に）蓄音されている——歌ともつかぬ囃し言葉の断片が、喉元で響き始めることがある。断片と言うより、言葉そのものの意味がどこかでずれているために、まったくのノンセンスと言っていいくらいだが、それでもそのずれ方に、何かノンセンスのセンスとでもいったものが聞えてくるような気がして、何の考えもなしにその囃し言葉を繰り返し口遊《くちずさ》んでいることがあるのである。例えばこんな按配に——

〽……よーいさっさ　よいさっさ　これから八丁十八丁　八丁目ェのくーぐりは　くーぐりにーくいくーぐりで　頭のてっぺん擦り剝いて　一貫《いーっかん》膏薬　二貫膏薬　それでなおらにゃ一生《いっしょ》の病《やーまい》じゃーい

……

資料研究的に調べてゆけば、これが何の囃し言葉か、あるいは正確に分かるかもしれないが、今の私にはそうする能力もなく、またそうしたくはない、いささか駄駄っ子めいたナルシシズムもあるのである。というのは、その正しさは問題外として、これは、碁盤の目のような京都の町には幾つかの区画があって、それぞれの区画がその自治を守るために、厳しい関のようなものを設けていたことからきているということを、これも真否はもちろん、誰から聞いたのかも覚えぬままに、私は心の奥深くに留めているのだ（今少し詳しい解釈は、少しあとで紹介するが、今はこのような幼心そのままに留めておきたいのである）。

つまり、この囃し言葉の意味は、これから八丁目の地区にはとても勝手に入っていけないぞ、無理に入ろうとすると、潜《くぐ》り門の横木で、一生の病になるくらいに頭の天辺《てっぺん》が擦り剝けるぞ、ということなのだが、私はそれを理屈として受けとめるのではなく、まったくふと口遊んでいるうちに、私自身が子供になって、その囃し言葉を何度も何度も繰り返している気持になってしまう。遠い過去の記憶なのではなく、今自分がその幼児になっているという幻覚、と言うより一瞬の実感とでも言うべきものなのだ。あるいは実感的幻覚と言おうか。

それに似た、幼時または少年期の断片的な場面が、老年のいま実感的幻覚となって突然甦ってくる場合は、他にもかなり多くある。それらに理屈をつける前に、（それらがすべて京都に関っていることが前提だが）今一つ他の例を挙げてみれば——

〽……とーとのとりが　にほんのとちへ　わたらんさきに　ななくさなずな　かきおーて　ばーさばさ

かきおーて　ばーさばさ……

　ところで、今この囃し言葉を書きつける前に、ふと思いついて『広辞苑』を繰ってみると、何と「ななくさ」の項に「七草の囃し」として出ているではないか。つまりこれは、辞典に載っている広く知られている筈の囃しで、事事しくここで私独自の幼時体験として持ち出すのは馬鹿げている、ということになるのだが、もう一捻り捻って考えると、不思議は、習慣のように『広辞苑』を引き、特に高齢の現在は自分史との関係でいっそう頻繁に引くようになっているその私が、この囃し言葉が辞典に載っていることに全く気がつかなかった、と言うよりそんなことは考えてもみず、それを幼児のときのまま七十年余も心の奥に温存していたところにある。それがこれほどわが心と身に沁みこんでいたのはなぜなんだろう、と問いたくもなるのだ。

　おそらく一つには、この囃しは、他所《よそ》は知らぬが中京の京町家《きょうまちや》では、七日《なぬか》正月の前の晩、家族の中の一番末の男の子が、家族や店の者に取り巻かれながら、すりこぎ（確かれんぎと言った）で七草を少し乗せた俎板《まないた》の端の方を叩きながら囃すことになっていて、私が（幾つまでだったか）その役をやらされたからだろう。回りの者はみんなにやにやしたり、あるいはやさしく微笑《ほほえ》んだりしていて、微かに嬉しくもまた恥ずかしい思いだったことを覚えている。それに、右の囃しの中の「……ななくさなずな」までは、『広辞苑』の説明と同じだが、次の「かきおーてばーさばさ」の繰返しは出ていず、何のことか誰も説明してくれようともしなかったから、囃し全体が呪文のように幼い心に沁みついてしまったのだろう。

「とーと」は「唐土《とうど》」で、もちろんもろこし（唐《から》）のことだが、中国からの鳥がこないうちに七草薺《なずな》を「掻き合えて（掻き集めて）」というのか、それとも「掻き負ふて」（［鳥が］背負って）というのか……いずれにせよ「ばーさばさ」はクエスチョン・マークだが、鳥が落ちるさまとも思える。とすると、外国《とっくに》を忌むということになるのか……。こうなるとまた、いよいよ呪文めいてくることになる。『広辞苑』の説明には、「吉方《えほう》に向か」って唱えるとあるが、確かに私はいつも同じ方を向いてれいいんぎで叩いた。

その場所の記憶は茫茫としているが、奥座敷ではなく、京町家特有の、表《おもて》の入口から入って店《みせ》を過ぎた所の、玄関から上った先にある帳場の前の畳の上だったような気がする。ここは、商家としては一種神聖な場所だったらしく、私の父親でも、大番頭でもこの帳場に座ると、おのずから一家の大黒柱（柱そのものも帳場の脇にあった）の威厳を身につけるせいだろう、子供心には恐《こわ》く見えたものだ。おそらく大黒柱のために、ここは二階をも突き抜ける吹抜けになっていて、明り取りの高い天窓のせいで、全般的に薄暗い建物の中で特別の明るさを感じる場所だった。――説明がいささかくどくなったが、（先の「八丁目のくーぐり」の囃しと同じく）こうした雰囲気には、それが己がものではなくなってから遥かに久しい今では、いよいよ呪文的、あるいは神秘的なアウラがつきまとい、どこかで私自身の心の、従ってまた身体を衝き動かす原動力、とても言うべきものを孕んでいたように思えるのである。

補遺としての中間章《インターチャプター》

独特な詩境を刻々みごとな詩行に刻みつける詩人の木島始氏が、家族の方たちと共に編纂著述した、『ある京町家の一〇〇年』（透土社、一九九九）という異色の本がある。右に挙げた囃しは載っていないが、その背景の京町家内の様子は、まことに鮮やかに記録され、背景が適切に説明されている。補遺というのでは失礼に当たるが、私の文章を補強する貴重な資料を含む稀な著作として、参照させて頂くのである。

因みに言えば、木島氏の家族の小島家は、この本の表題通り「京町家《まちや》」、つまりこの古都の近世以後の中心部、今日かの祇園祭を主導する山鉾町の商家で、まことすばらしいことに、百年に及ぶ小島家の歴史の資料が損なわれずに保存されていて、それを四人の家族が相寄って編纂収録し、さらに重要な歴史的事実についての説明を加え、詩人が鮮烈な詩行を点綴してそれらをユニークな一書に纏め上げたのが、右の本なのである。実を言うと、私の家である大橋家も、既に触れたように元は同じ町家で、呉服物の卸商を営み、小島家ともごく近い所にあって、私は少年の頃、店で番頭さんが小島商店のことを話しているのを聞いた覚えがあるのである。

ただ大橋家の方は、私が生まれた大正八年（一九一九）前から後にかけてが、最も繁昌した時期で（ちょうど欧米一九二〇年代の好景気時代に当たる）、番頭や丁稚と呼ばれた店員が十人ほどもいたが、二九年に始まった欧米の大不況の影響を受けて先細りになり、私が小学校四年生の時、ついに六角通り高倉西入ル膝屋町《ちきりや》*の北側にあったこの大きな家を手離してしまい、この家に関しての貴重な古文書も、多くあった骨董品共々競売に付されてしまった。広い店の間《ま》一面に道具類や掛軸、屏風などが売注――膝《ちきり》というのは、織機の部分品で、経糸《たていと》を巻く中央がくびれた棒。おそらく呉服物のシンボルだったのだろう。㋪(マルヒ)とあるのは、祖父が奉公に入った∧ヒ(ヤマヒ)廣田商店から分けてもらった屋号。なお、この正面の入口の左側には、張出《はりだ》しといって畳二畳分位の床几のようなものが、夜は格子に立てかけてあるが、昼間はそれをおろし格子を外して、店から直接出られるようになっていた。これをおろして障子様の囲いをおき、そこから町ゆく得意先の人たちに「まあ、お上がり」と声をかけた。この張り出しは、祇園祭のときなどには、涼み台にもなり、子供の遊び場でもある。

(上) のれんの掛っている表入口で姉と。
(中) 七五三 (兄、姉と)。(大正 10 年)
(下) 円山公園にて。

物として並べられ、見知らぬ人影が幾つか蠢いていたことを朦朧と覚えているが、今は滅多に開けぬわが家の襖の奥に残っている数本の古い掛軸のほかは、昔を偲ぶよすがもまったくないのだ。

　先の文章をもう少し続けると、小島家は岐阜県の出で、詩人の父に当たる人が京都へ出て、ある商家の店員となり、やがて主家の許諾を得て独立した店舗を営んだ、と先の『一〇〇年』にある。大橋の家は、滋賀県（近江）の湖東地方にある五個荘《ごかしょう》町という集落の集りの中の一村（下日吉《しもびよし》）の出だが、やはり私の祖父に当たる人物が京都で商家の丁稚奉公から始め、やがて暖簾《のれん》を分けてもらって独立した、という同じような経歴になっている（一六ページの写真(上)参照。(中)(下)に筆者幼時の写真あり）。ただ二代目の私の父が、好景気に乗って、その陥穽を見抜けずに商売に失敗してしまったのだが、それでも父は京町家の伝統を深く身につけ、人がいいだけに商人としての一途《いちず》な気概をもっていたに違いない。最初に掲げたあの「くーぐり」の囃しも、父が面白がって、しかし軽い本気で子供の私に歌ってみせた記憶があるのだ。

　ついでに、この「くーぐり」に関すると思われる史実を、かの小島家の『一〇〇年』から借用して記しておくと——往時応仁の乱（十五世紀）の頃からさまざまな一揆が起り、市中の焼討ちがあったりするのに対抗して、町人が結集し、敵の侵入を防ぐために「通りの辻（交差点）にはすべて木戸が設けられていた」という（以下同書一四二—三〇）。それまでは、町《まち》の単位は、「碁盤の目」に区切られた土地だったが（今でもその「碁盤の目」は京都市中の原型的な構造になっている）、この「木戸」のために「碁盤の目」が寸断されて、「町」は「通りを挟む形の新しい町へと変化した」のだった。この「木戸」の残像が「頭のてっぺんすりむ」く「くーぐり」のイメージになったのではないだろうか。これは、私の全くの創作的想像にすぎないのだが……。

2

ところで、幼い頃に心に沁みついた京都特有の言葉の断片は他にもかなりあるが、それらはまた折《おり》に触れ興に応じて紹介することにして、次には、私が長じるにつれて次第に文学へと心を向けてゆく動機になったと覚しい、また別の一つの幼時の原体験について記してみたい。と言っても、幼時のことだから、もちろん文学そのものではあり得ない。むしろ私が年齢を重ねるにつれて次第に、文学を生みだす心の深層の力と考え信じるに至った、自然――それも人間存在の根源にあって、原初的な大自然と呼応する人間の自然――の、幼時体験といったものだ。

例えば私は後年、敗戦後まもなくアメリカへ一年足らず留学する機会に恵まれて（ガリオア資金）、初めて広大な北米大陸の原初の自然の一端に触れることができ、やがて例えばスタインベックの小説『怒りのぶどう』（一九三九）などを通じて、その大自然の精神が、それへの反動をも含めて、いかに文学に底深く関与しているかを感得するようになったが、そのことに、自然に関する私の幼時体験がどこかで深く関っていることも、次第に肝に銘ずるに至ったのである。いや、誇大な言辞を弄するようでいささか気が引けるが、たとい幼時にあっても、と言うより幼時においてこそ、そうした原初的自然は、どんな現実の自然現象の中でも、最も純粋に生き生きと顕現するのではないか。先の囃しの調子にしても、原初的自然をどこかに秘めているからこそ、幼時の心の自然に響き渡ったのだった。

と言っても、京都のような古都――近代より遥か以前から、ともかくも政治的にも文化的にも規制、整合されていた京都の場合、自然現象は当然あっても、そもそもその中に顕現する原初的自然なるものがあり得るのか、という反論が当然予想される。が、それに対して私は、やはりそれはあったし、今もあると抗弁せざるを得ない。私は庭園学とでも言うべきものを研究したことはないが、秘かに思うに、庭園が庭園としての一種の人工美を持ち得るのも、その人工が原初の自然を何らかの形で根底において受け継いでいるからではないか。例えば、京都北西部の山中に優雅な、しかし大自然の底力を湛えているあの北山杉の美はどうだろうか。これらの杉は人工的に増殖されるが、その人工を可能にするものはやはり原初の自然の底力なのだ。

川端康成が『古都』(昭和三六~三七)で描いた、京町家の主人が女性美を媒介にして見出してゆくこの杉山の優雅な姿は、まさしく原初の自然と古都の風雅との連動を無意識的に表徴していると考えられるが、これは古都の歴史的な人工美と原初の自然との微妙な交錯という、京都の現実の姿を文学的に把捉表現した稀な例と言うことができよう。私はあの小説を新聞紙上で読み始めたときには、私自身の生まれ育った町家と思い比べて、こんな呉服商の主《あるじ》は実際にはいないし、以前もいなかった、それに中京《なかぎょう》と西陣とのこのような調和的な協調はあり得ないと、内心大いに不満だったものだが、*年をとるにつれて、右に述べたような北山杉のイメージから、康成の文学の力を感じとるようになったもののようだ。

*——私の幼少年体験から、また商家の息子の当然の道として京都市立第一商業学校というのに入学して、同様な町家および西陣の有力織屋《おりや》、染屋《そめや》のぼんぼんたちと親しく交わった経験から、私は次のようなことを信じるように

なった。――商家の主人、番頭、他の何人かの店員のする仕事は、着物の新しい模様（がらといった）を勘案して、それを店の二階に仮寓している絵師《えし》と相談しながら画かせ、そこで決まった新しいがらを白生地《きじ》に染めさせ、織らせるために、西陣の染屋、織屋に出す。その工程も何工程かあって、何軒かの職人の店を廻って、やがて出来上がると、見本が商家の店で衣桁《ゆこ》（訛《なまり》読み、正しくは「いこう」、「ゆこう」）に掛けられ、商売が始まる。その間商家の主《あるじ》と西陣の職方《しょくかた》との間には、康成の『古都』に描かれているような、親密な人間関係はなかった、ただ（これはかなり差別意識的だが）呉服卸商と職方という、身分の違いの感覚しかないように私には見えたのである。もちろん、私などの知り得なかった両者の人間的な心の通い合いは、当然あった筈だし、恐らく川端康成の『古都』は、そこに文学的主題を見出す想像（創造）力の発露だったのであろう。

ところで、少し話が本筋から外《はず》れかけてきたので、また元へ戻せば――そもそも私が京都の自然のことを言い出したのは、実は山ではなく、川だったのである。川と言えば、京都ではまず加（賀）茂川、それに合流する高野川――この合流地点（出町柳近く）から下《しも》（下流）は鴨川と書く――しかも私の幼少年期体験から言うと、もちろん四条大橋近くの川添いの情緒もちらちらとは覚えているが、むしろ加茂川も北の方の北大路橋付近ということになる。と言うのは、先に書いたように、商売の失敗で生家が売り払われて、父が中京の別の所に小さな店舗を借りて商売を続け、次に大きな店舗を借りる迄の約三年程の間、家族は烏丸通りの北の方、上総《かずさ》（かみふさ）町の大谷大学グラウンドのそばに小さな二階家を借りて住み、もう少年になっていた私は、市電で元の生家近くの日彰小学校へ通う一方、家から近い加茂川へ魚を取りに行ったり、どんどと呼んでいた低い堰《せき》を、滑る足もとに気を配りながらビシャビシャ歩いたり、あるいは浅い川面の上低くを飛びかうとんぼを網で捕えたりするのに、夢中になったものだったのである。

京都には、加茂川のほかにも、嵐山付近の景勝の地を流れる桂川や、南の方琵琶湖に発する瀬田川、宇治川があり、それぞれに思い出深いものがあるが、早い頃の少年期には、何と言っても近間を流れる加茂川に一番親しみがあり、それも市の中心部からは遥かに北に外れた辺りの川から、自然の息吹を吸いこんだに違いない。その加茂川と川の両側の地帯は、私にとっては京都の自然の原型なのだ。しかもその地帯には、川そのものだけではなく、川に付随する自然の要素が豊かにある。もちろん戦後すぐの若い私が初めて見たアメリカのミシシッピー川のような大河ではないから、ごくささやかな豊かさだが、この川のこの辺り特有の動物、植物……。

魚の名前は忘れてしまったが——どんこは黒く、むくつけく見えて手に余った——浅い川の流れに足を嬲《なぶ》らせながら、両手のひらを、水中の石の両側から合わせるように静かに差し入れると、ビリリと手応えがあって、小さな半透明の魚が手の内に飛び込む。そのショックで手を離してしまうこともしばしばだが、たまに捕えたその小さな魚が、すぐにぐたりとなってしまうのに驚き恐れて、水草の中につと投げ捨て、瞬時の悔いを心から振り払う。水草の中には、葉をむしりとって細い蕊《しん》を剝くと、弱い単調を奏でる草笛になる草もあったのだったか……。

いや、それよりも、先にちょっと触れた蜻蛉《とんぼ》だ。とんぼと青空だ。思いここに至ると、もう川水の上を小さく飛び交うとんぼではなく、澄んだ大空を悠然と飛び来り、飛び去ってゆく鬼やんまの勇姿が、心にありありと映ずる。そしてそのときには、背景は川そのものではなく、川を原点としながらも、いっそう大きな餌食《えじき》としての昆虫類のいる人家のそばの空地だ。少年だった私の場合には、先に名を挙げた大谷大学のグラウンドで、待ちに待った初夏の候になると、とんぼ釣りを両手に構えて、大空を睨みながら広いグラウンドの芝草の上を、あちらこちらと走りまわりはじめる……。

このとんぼ釣りというのは、この辺り特有のものだったに違いないが、子供が両手を拡げた位の長さの、ごく細くて丈夫な白糸（ミシン糸だったような記憶があるが、果して？）両端に、空気銃用の小さな丸い散弾二個を、自分で蠟を溶かして作った蠟紙でしっかりと捲きつけ、その糸を二つに折って、右手で折ったところを、左手で二個の散弾包みを持ち、両手にはずみをつけながら、空高くへ投げ上げるのである。風が強いと少し投げ上げにくいが、静かだと、次第に開きながらかなり高くまで上がり、複眼のためにその重《おも》りを虫と見間違えて喰いつこうとするやんまに捲きついて、地上に落ちてくる。それを手早く摑まえて糸をほぐし、とったやんまの四枚の羽を畳んで左手の指に挟む。もたもたしていると、やんまの鋭い歯で咬まれることがあるから、手早い技を身につけなければならない。そしてこの場合にも、とんぼを呼ぶ掛け声が伴う——「やんま　ほう　やんま　ほう……」。

描写が次第に細かくなって、我ながら呆れるほどだが、こうした形で捕えるとんぼは、鬼やんま、銀やんま（私たち子供は、その胸のあたりのあでやかな色模様から、べっこと呼んだが、『広辞苑』を引くと、別に『鼈甲蜻蛉《べっこう》』という絶滅危惧種に指定されている種類があるということだ）といった大形のものに限られ、しおからやむぎわらなど小さなのは、冗談半分に釣糸を投げるか、人差指をくるくる廻して手で摑まえたものだ。赤ちょんと軽蔑的に呼んだ赤とんぼは、網でないとどうにも摑まえられなかった。……

3

ここでは、同じく私の幼少年時代の心的《サイキック》な情況を、現実《アクチュアリティ》と絡めて書きつけてゆくつもりだが、ペンの勢いでどうやらあらぬ方、と言うよりさらに内奥に潜む隠微な方向へと向かう気配が、既にペンを握るこの指に感じられる。と言うのは、先の鬼やんまを追う少年の眼は、当然このやんまの生態の怪しげな面へも自然に惹かれるからである。怪しげなと書いたのは、他に適切な言葉が見当らなかったからで、次にわがペンが関る性（セックス）の問題は、怪しげどころか、極めて自然な、あるがままの事実にすぎないのだ。

鬼やんまの雄《おす》は、暑い日中は、虫を啣《くわ》えに飛んでゆくことは滅多になく、少年の頭上四〜五メートルのあたりを、ゆっくりと大きく輪を描いて飛び続ける。これにとんぼ釣りを投げても無駄なことを、少年はむろんよく知っている。少年がそこで待ち受けているのは、遥か高くの青空に姿を現す雌《めす》のやんまで、雄も実は彼女を待ち受けているのだ。かくして雌が頭上の高空に現れると、忽ち雄がするすると彼女目がけて上昇し、鮮やかに近づき襲いかかって、共にもつれて少し落下しながら、うまくいった場合には交尾への態勢になり、最初は雄雌前後に連なった形だが、やがて静かに交尾の体位を整える。だが、うまくゆくとばかりは限らない。しばしば雌は、じらすのではなく、多分本能なのであろう、雄を振り切って高く高く飛び去ってゆく、するともう雄は追いかけても無駄なことを心得ているらしく、元の低空に戻って、またもや旋回を始める。……

いや、どうも描写が我にもなく細密になって紙面を取りすぎるが、これは少年の好奇心が見てとったありのままを追体験しているためと理解されたい。その好奇心はセクシーな興味は当然孕んでいたが、セクシュアルな気持は全くなかったと言うほかない。子供だから当り前の話だが、それでも不思議なことに、こうしたセックスレスなセックスの感じは、のちのちまでセクシュアリティについてまわり、この二重性あるいは両面性が、セックスというものの本来の形だと思わざるを得なくなったようなのだ。いやはや、これも書かずもがなの御託《ごたく》と言うべきだが、どうやらその二重性、両面性には今もなお時に関らざるを得ないようである。

と言うのは、こうしたとき、必ず雌は雄よりも大きく堂々としていて、四枚の本来透明な翅は薄い赤茶色を帯び、子供心にも交尾など超越しているように見えたからだ。少年たちは、その雌の威容に不思議な迫力を感じて、「ごーっついドーロベタ！」などと囃し立てたものだ。「ドーロベタ」とは、翅の色の濁りのことを言うに違いなかったが、意味などどうでもよく、雌のその超越性への賛歌であることに間違いはなかった。人間をとんぼに譬えることは不謹慎だが、しかし共に生命を大自然に負うているのであれば、この「ドーロベタ」の姿から子供心に、おそらく母のイメージを拡大深化して一種神聖化した、女性のイメージを幻覚していたとしても不思議ではないだろう。

ところで、この頃の私は「トンボ博士《はかせ》」と祖父母（母方《ははかた》）や両親からからかわれるほど、右のような知識をまわりの大人たちに得得としてひけらかしたものだが、そんなときにも、交尾の意である「さかる」という卑語を口にすることがどうしてもできず、「たかる」と、自分でもそのこじつけを意識しながら言い換えたものだった。却《かえ》って祖父から、「ふん、さかったんやな」と言い直されて、妙にバツに悪い思いを噛みしめることになる。——と言うことは、ここでもまた京町家の生活からくる規制が物を言っているわけだが、家族の者たちが暮らす「奥」(先に触れた「玄関」を越えた所に「台所《だいどころ》」があり、その後の「三畳《さんじょ》の間《ま》」より奥の部分)では、卑語や猥語は御法度《ごはっと》で、殊に我が母である「奥さん」(これはもちろん京都だけのことではなく、一般化していて、江戸落語でも旦那がかみさんのことを「奥や」と、いわば語源的な言い方で呼ぶ例がある)は、旦那である我が親父《おやっ》さんも鼻白むほどに厳《げん》としていた。それを思うと、どうやら古い日本も、亭主関白一点張りではなく、その逆の部分も歴としてあったと言わねばならない。

しかし、ここで今少し下《しも》の方へ脱線すると、子供の私は次男坊の気安さから(私の名は「健三郎」と三男風についているが、これは「吉次郎」というのが代々の長男の名前で、代を継ぐと「吉兵衛」を襲名する慣わしだったから、次男は三の字を貰うことになったためなのだ)、ごく自由に「奥」から「店」へ転がりこんで、「店の者」(一種の差別語だが、こういう言い方があった)の歌う春歌や流行歌をいつのまにか覚え、現在老残の身になっても、いや、なったからか、ふとしたときに喉の奥で、それを何番も歌っていることがある。「ひーとつ出たわいな　よさほいのほい*」などは、「奥」では厳禁中の厳禁、「会いたーさ見たさーに　怖《こわ》さーも忘れ……」なども、ふと口真似しようものなら、母の抓《つね》りを覚悟しなければならぬ。

*——こうした記憶の中で私は、「よさほい節」は春歌だけしかないものと、この年になるまで思いこんでいたのだが、数年前(一九九九)わが若き友たる佐藤良明君が贈ってくれた彼の快著『J・POP進化論——「ヨサホイ

節」から「Ａｕｔｏｍａｔｉｃ」へ』（平凡社新書）を見て驚いたことに、これは大正末年広島の演歌師の作った歌で、全国の学生に広まっていき、「春歌に変身して、その後長く大学のコンパの席の定番として歌い継がれた」とあるではないか（同書五二ページ）。大学とはまだ縁がなかったとは言え、わが町家では春歌だけが「歌い継がれ」ていたというのは、不面目か大面目かと迷うほどまことに不思議な事実である。

なお、「籠の鳥」の方は、どうしたわけか歌詞を全部覚えているばかりでなく、最後の第六番に「……だーからあたしーは籠の鳥《とーり》」というのと、「……どーーせあたしーは籠の鳥《とーり》」という二つのヴァージョンがある、というふうに理解している。手を取るようにして教えられた覚えはまったくないから、やはりこれも自然に耳に入ったに違いないが、今思うと、これは「店」じゃなくて、「台所《だいどこ》」の「おなごつさん（差別語だが、「下《しも》の女中さん」とも言った）」が仕事をしながら独りで歌い、ああだこうだと自分でコメントをつけるのが、子供心に面白くてつい耳底に（つまり心に）沁みついてしまったのに違いない。それを思うと、「ああ、お秋どんや」といったふうに、顔までつと思い出すように思えるのだ。

このような一種封建的な閉塞状態にあったためだろう、私は幼くして自慰、と言うより、いわば一種の稚子《ちご》の真似事をやらされた覚えがある。つまり転がりこんだ「店」で、若い丁稚《でっち》さんたちに親しみ、性的遊戯に誘われたのだが、幼いからもちろんスペルマティスムはないばかりか、性的快楽もなく、まったくの遊びのようなものだった。しかし、思い直してみると、武士階級に抵抗した町衆《まちしゅう》にも、どこかに封建制が奥深く纏わりついていて、こんな不毛な遊びになったのだろうか。そのためか、私は長じるにつれて逆に性的には臆病になって、そのタブーは容易に破れないものになっていった。

——話がいよいよ妙な迷路に入りこんでしまったが、形は違ってもこれに似た内向的もしくは内攻的性意識が、文学というものにさまざまな形で反映していることを、長じるにつれて深層心理的に発見したことをも、ここにつけ加えておかなければならない。それが近代病理の一つとして、文化と文学の長い歴史と交錯しあっていたことは、否定すべくもないからである。ただその交錯が私の文学の道にどのように顕現していったかについては、「わが文学放浪の記」としてまだまだ多くを語り継がねばならないだろう。

インタールード——私の創作から

私は気の多いたちで、エッセイや俳句などのほかにも、創作（小説）が若干あり、中に、今まで書いてきたことを実感的に表出した場面も見られるので、ほんの少し紹介してみたい。同人誌『同時代』45（黒の会、一九八五・七）に発表した「みやこどり」という短編からだが、久しぶりに京の春を訪れて都おどりを見ながら、遠い過去のわが京町家の情景をフラッシュバック的に喚起するといった形のもの。断片ながら、その一端を次に掲げる。なおみやこどりとは、例の伊勢物語の「いざ言問はむ都鳥」がゆりかもめだったという伝説による、私の子供の頃には見られず、のちに餌づけをして琵琶湖から飛来を誘《いざな》った結果、冬の加茂川に群れをなして飛びかうようになった、そのゆりかもめのことで、古都の歴史的変化の表徴としたつもり——

創作「みやこどり」より（……は、中略の印）

……それぞれの舞妓の列が元の花道の方へ別れ始め、クライマックスを過ぎた置歌《おきうた》が哀調を帯びて響いていた。……——すると一転して、記憶のトンネルの向こうのぼんやり明るいあたりに……

［ここは一五—一七ページに書いた、店じまいで古い骨董品や掛軸が競売に付されている場面］

……するとまた同じ薄暗い中のどこかから、珍しく父の声が聞えてくる。——

「商人ちゅうもんはな、家やら土地やらを財産にするようになったら、もうあかんにゃ。商売が命やさかいな。品物《しなもん》に賭けるんやで。ほかにうじうじしだしたら、人間が安物《やすもん》になってしまう。人間が安物《やすもん》になってしもたらあかんで……」——

＊

「鼻をつまんで〈雨か蛇《じゃあ》か〉と言うてみい」と、彦どんが言った。祇三郎［筆者である私に擬した主人公の名前］は鼻をつまんでそう言ってみた。

「どや？」と彦どんが言う。——ああ、そうか、と思いながら祇三郎の頬はほてってった。

——不意ニ彦ドンガ祇三郎ノ方ヘ向カッテキタ。風呂場ノ湯気ノ中デソレハ薄黒ク見エ、彦ドンノ眼ガ光ッテ恐《コワ》カッタ。祇三郎が逃ゲヨウトスルト、後カラ抱キスクメラレタ。彦ドンノ手ガ滑ッテ、カラダハ離レタガ、異様ナ感触ガ背後ニ残ッタ。彦ドンハ向コウヲ向イテ何カシテイタ。——

＊

「お父さんはお人がよすぎてな、商売には向いといやへんにゃな」と母が言った。「おじいさんがそう言うといやしたえ。番頭さんもな、もっと人が悪うなってもええさかい、思いきってやらんといかん、そうせんと、本村［主人公の苗字］の店は潰れてしまう、ちゅうて、みんなで意見おしやしたんやけど、お父さんにはそれがでけへんにゃな」――

……［略］……

舞台の背景をなしている愛宕山の美しい紅葉が、かつて父が肩に掛けて見つめていた「錦染め」とみずから名づけた染物の模様のように見える。「錦染め」――あれもとっくに失われてしまった。

……［この「錦染め」は、先に書いた西陣の工程で実際に父が作らせた反物《たんもの》で、右の通りの光景が私の脳裏深くに残っている］――

II　近代化の波打ち際で

1

ここで突然、ラテン・アメリカ作家を持ち出して話を進めるのは、いかにも唐突で我ながら行過ぎと懸念するのだが、実は第Ⅰ部に書いたようなかつての京町家の雰囲気が、私の幼年期に既に始まっていた西洋近代化の波を受けて、どのように変化したのかという問題を、これまた極めて自然に（あるいは無意識にと言っていいほどに）意識しはじめたとき、たまたま読んだあるラテン・アメリカ作家の言葉が、この問題に極めて暗示的な光を投げかけているように思えたからだった。言い換えれば、この本の主題の一つの重要な側面をなすことになる、故国日本と異国アメリカその他との往還が齎《もたら》す衝迫の意味を追究する（蘆化の『日本から日本へ』に学びつつの）過程に、どこかで通底しているように感じられたのである。そのラテン・アメリカの作家とは、ペルーのマリオ・バルガス＝ジョサ、その言葉とは、京都大学大学院教授若島正氏の「フォークナーとラテン・アメリカの作家たち」という、シンポジアムでの発表で引用された言葉である。

このシンポジアムは、二〇〇〇年度日本フォークナー協会全国大会で持たれた「フォークナーとゴシック」という表題、若島氏の発表は「フォークナーとラテン・アメリカ作家たち」と題され、フォークナー協会機関誌『フォークナー』第三号（二〇〇一年四月）に掲載されている。バルガス＝ジョサからの引用は次のようなものだ。——

……しかし、フォークナーがなぜラテン・アメリカでこれほど魅力を持つかについては、もっとはっきりした理由がある。彼が自分の世界を創造するもとになった世界は、ラテン・アメリカの世界にきわめてよく似ているのだ。深南部には、ラテン・アメリカと同じで、二つの異なる文化が共存し、二つの異なる歴史的伝統、二つの異なる人種がある。それが一体となって、偏見と暴力に満ちた困難な共存をこしらえているのである。そこにはまた過去の驚くべき重みがあり、それが現在の生活につねに存在している。ラテン・アメリカにおいてもこれは同じである。フォークナーの世界は産業主義化以前、あるいは少なくとも産業化や、現代化、都市化を拒む世界であり、これは多くのラテン・アメリカ社会においてもぴたり当てはまるのだ。それと似たような題材を扱うラテン・アメリカの人間にとって、フォークナーの新しい技法や形式が強い魅力を持つのはもっともなのである。*

*若島氏の指示により「引用文献」を参照すると、このバルガス＝ジョサの文章は、シラキュース大学出版の *A Writer's* Reality（1991）、七五-七六ページにあるとのこと。

若島氏は、このジョサの文章を、「しごく真っ当な教科書的記述」で、おもしろくないといったふうなコメントをつけているが、その「真っ当」さが多分私の心の深層部に「ぴたり当てはまる」のであろう、ここには、先に書いたように私自身の故国日本と異国アメリカその他との往還が齎す衝迫の意味追究にどこかで通底する問題が孕《はら》まれているように思えるのである。その通底する問題とは、右の引用文中の、「二つの異なる文化が共存し、二つの異なる歴史的伝統、二つの異なる人種がある」という点、さらには、「過去の驚くべき重み」、また「産業化以前、あるいは少なくとも産業化や、現代化、都市化を拒む世界」といった点に関っている。

もちろん、京都文化圏に、フォークナーの深南部やラテン・アメリカの社会のように、右の三点が際立って顕現したわけでは決してない（殊に右の第一点中の「二つの異なる人種」という一項は削るべきだろうが、長い目で見ると似た問題がなくもなく、のちに機会があれば触れるかもしれぬので一応そのままにしておく）。日本全体を考えても、開国による紛糾以後の文化の動向は、総じて対立よりはむしろ同化もしくは順応のそれであり、西洋近代の波が明治中期から次第に激しく打ちよせてきても、「伝統」や「過去」との対立は、「偏見と暴力」を明らさまに生みだすのではなく、たとえ同化や順応へと馴らされなくとも、むしろ深く内面へ内向、屈折する傾向にあったのではないか。そして、例えば漱石の西洋近代の受けとめ方に見られるように、この内向、屈折が独特な日本的二重性——曖昧さ《アンビギュイティ》、両面性《アンビヴァレンス》——を生み出したのであり、まさにその点でこそ、日本の文学がジョサの言うフォークナーとラテン・アメリカ文学の類似性へと近づく可能性を孕んでいた、そして今も孕み、今後もいよいよ深く孕み続けるのではないかと、思うのである。

もっとも、こうした日本文学全般に関する問題は、こんな単純な論理で言い尽せる筈はないから、今は私の当面の問題であるわが国の古都、京都の、私自身の体験による具体的な情況へと話を戻せば、右に書いたような内向、屈折、あるいは曖昧さ、両面性も、幼い私の周辺では極めて緩慢に進行していたとしか思えない。例えば、先に触れた、私の父が「錦染め」という登録商標で得意先に売りこんだ反物《たんもの》は、いわば伝統的な着物の模様の近代化なのであって、一般にも大正後半から昭和初期にかけての好況期には、洋装もむろんあったが、やはり和装の近代化が大勢だったのではないか。そして一種の和洋折衷も進行していて、羽織を着た父が被っていた中折れはもちろん、突いていた（杖ではなく）ステッキも、またインバネスとは言わなかったがあのとんびも、ごく普通のスタイルと見えたが、考えてみればやはり、和装の近代化だったに違いない。

しかし、洋式の侵入も、かなり明らさまな形であったに違いなく、結婚前の若い父は、どういうきっかけか知らないが、片方では考古学に凝って、自分でも発掘のまねごとをするかと思えば（父の居間には、発掘品の陳列棚や考古学雑誌の本棚があった）、他方では友人数人と英国製の自動車を購入して、運転手を雇っていたらしい（その写真を見せてくれたことがある）。ドイツ製の写真機にもこり、煙草も「エアシップ」とか「エンカンテレス」というのや、舶来の手巻きタバコを吸っていたのを覚えている。いや、父だけではない。母は母で、かなり上物のあっぱっぱを夏には着ることがあったし、それよりも、少しのちの昭和初年の頃には、破産後二度目に借りたかなり大きな町家の奥座敷で、親しい女友達とダンスを踊って、父を顰蹙《ひんしゅく》させたものだった。母がやせて背がやや高く、女友達の方が丸く太って背が低かったので、バットとボールが踊っていると冷かされながら（のちのインタールードで紹介する「うちのママとうちのパパが……」という流行歌を思わせる姿だが、もちろんこの唄にあるような夫婦仲の割れはなく、京町家の京風は守られていたのだった）。

いや、こんなふうに書いていると、なおもいろいろなことが思い出されて収拾がつかなくなるから、もう列挙はやめて、そんな中で幼い私自身がどんな心的情況にあったかという点について、いささか推測してみたい。今思うに、こうした緩慢な近代化の内にも、やはり先に暗示したような、「伝統」や「過去」と西洋近代との対立は徐々に深まり、そのための精神的内向と屈折も次第に私の心の深層で頭を擡《もた》げてきつつあったと考えざるを得ない。ちょうど父の商売繁昌が地元の京都ではなく、地方の顧客によって成り立っていたように（父と番頭さんは、かの錦染めの見本を抱えて、広島、特に九州は福岡、佐賀の得意先で見本市を開き、注文をとって京都から反物を送りこんでおり、私も少し大きくなってから一、二度ついていったことがある）、近代化は私の心の中の、京中央的な部分ではない、いわば地方的な部分を次第に浸食しつつあったに違いないのだ。

だから、今までに挙げた、古い伝統と西洋近代化の共存もしくは両面的情況も、私はごく自然に受けとめていたが、しかし共存、両面的情況とは、裏返せば取りも直さず分裂もしくは断層の謂《いい》であり、それは、やがて私自身が年齢に応じて新しく進路を定めねばならぬ節目節目で、くっきりと顕在化してゆくのである。（その経緯は、次章以後に整理しながら述べていかねばならぬが）それへの転換もしくは展開に乗り出す鋭気を養うために、ここで一つの幕間劇《インタールード》の場を設けて、しばし気分転換の時をもつことにしたい。――ところでここで舞台に乗せる幕間劇とは――

インタールード――京町家で聞いた街《まち》の声声

今まで思わず知らずわが町家の中のことを書き綴ってきたが、町家の外の街《まち》の雰囲気を、イメージと並んで文学の重要な要素でもある音声――というと仰々しいが、つまりここでは売り声や祭の音頭のような、公衆の前での独特な呼びかけの言葉――によって、少しばかり匂わせてみたい。この場合も、まったくの私自身の記憶による一種口承的なものだから、事実との相違があるかもしれないが、むしろ口承的なものの中にこそ、人の心の真実は響いているのではないだろうか。そして売り声のことを考えると、どうしたわけか、次のようないささか奇妙な売り声が、第一に心に甦ってくるのだ。

〽鞍《くら》ァ掛《かけ》や梯子《はしご》いらァんかいな　兄さん梯子買《こ》うてんかァ（店の者が「いらんいらん」とか、「ご無用」と言うと）ほなこと言わんと買《こ》うてェな（と言い返しながら、もう次の商店の方へ行って）鞍ァ掛や梯子……（とまた始める）――

これは、私たちが「畑《はた》の小母《おば》」と呼んでいた、加茂川のずっと上流にある雲が畑という所から、確か正月だったと思うが（あるいは年の暮れだったかもしれない）、文字通り、白木《しらき》の梯子と鞍掛を頭にのせて、通りの商店一戸一戸に声を掛けてゆく女性で、子供心に私などは、店の者とやりあうえらくタフな女性として、内心どこかで恐れを抱いていた覚えがある。

この畑の小母《おば》に引きかえてやさしく思えたのは、北白川の方から確か盆の花を売りにくる白川女《しらかわめ》だった。同じような田舎風の出立《いでた》ちだが、店の者に声を掛けるのではなく、ただ

〽花《はな》アいりまへんかァ　花アいりまへんかァ

と、二オクターブで美しく歌ってゆく彼女らは、幼な心にも、町家の街にふさわしい清楚な歌人《うたびと》のように思えたのだった。ただ商売は、白川女の方が畑の小母よりも上手、といったコメントを耳にした覚えもあるが……。そしてかの著名な大原女《おはらめ》は、（皮を削らぬ）黒木の束を頭にのせたあのよく知られたスタイルで、無言のまま町家の連なる街中《まちなか》を、悠々と一種の威厳をもって歩いていた記憶がある。

これらの売り声は、京町家に育った私には、むしろ日常的で月並な感じなのだが、それでも馬齢を重ねた今、耳底深いあたりからふと聞え始めると、何か優雅で魅力的な幻想の世界をさ迷っているような気がしてくる。もちろんわが家のあたりにも、金魚売りのような、どこでも同じと思われる売り声も聞えるし、一寸風変りな所では、瀬田川のあたりからしじみやいさざ（これはどんな魚だったか）を売りにくる、〽川《かあ》しじみィ　いさざいらんかァ〽というのんびりした売り声もあった。

ところで、声というのはまことに魅力的で、書き記し始めると、思わず紙数をとってしまうので、他の声声はまた機あれば別の幕間《インタールード》で書きつけるとして、一つだけ、私たち男の子も女の子にまじって歌った京童歌《わらべうた》を紹介したい。小学校の校庭や路上で歌い遊んだ、名前当てごっこである。——

〽京《きょー》の京《きょー》の大佛《だいぶつ》つァんは　天火《てんぴー》で焼アけてな　三十三間堂が焼け残《のーこ》った　あらどんどんどんどん　こらどんどんどん　うしろ正面《しょーめん》どーなァた／××ちゃん……

「天火」とは隕石のことであると聞いていたが、私の小学校、京一商同窓生の山崎平三郎君（横浜にも出店を張っている高級な和製調度品店主）が寄せてくれた資料によると、東山の麓《ふもと》にあった方広寺大仏殿は、寛政十年（一七九八）隕石ではなく雷火で焼失したという。豊臣秀吉が建立したが、家康との悪因縁もあって、再建再崩壊を繰り返し、今はない。右に書いた歌の終りの「どーなァた」のあとに、「おさる　キャッ　キャッ　キャッ」という輪になった子供たちの声が上がり、中に目をつむってしゃがんでいる鬼は、その声で後の正面の子の名を言い当てるのだが、その子が声色で「キャッ　キャッ　キャッ」と叫んだりするので、当てるのがむずかしくなり、子供たちの興奮が高まる。

——ただ私はどうやら、中に入って興奮するより、輪から逃げ出して、興奮と興醒との（これまた）両面感情《アンビヴァレシス》の中にあって、からだは外に向きながら顔だけ仲間の輪の方に向けて、暫時足のよるべなさを感じていたらしい思い出がある。それにしても、京都市の中京でおさるが登場するのは、東山の自然が間近に見えるいかにも京都らしい所で、子供たちはまた、何のことかよく分からぬながらに、「朝はよ起きて／東《ひいがし》山見れば／猿《さーる》の穴《けーつ》真赤《まっか》いけ」などと囃し立てたものだ。

2

小学校は、明治二年に逸早く京都で町組《まちぐみ》単位の学区が作られたが、私は（今では過疎のため他校に併合された）生家近くの日彰校で、六年間を過ごした。この小学校では、一応何とか難なく進級していったが、依頼心が強いと母が担任の先生から注意を受けたとかで、何のことか分からぬながら、不安に心落ちこんだことがあった。ただ当時としてはリベラルな所のある小学校で、生徒の自治性を大事にしてくれたから、これもまた何ごとか分からぬながらに、自治委員というのになって、その記章をいささか誇りに思ったこともある。

もっとも先述のように商店破産で住居が変わり、一時は市電で通学したこともあったが、中等学校進学は、商家の慣いのせいというか、何の自覚もなく市立第一商業学校（今は西京高校）に入学。この学校もリベラルな所があったのか、入学試験は口頭試問（というより一種の面接試験）だけで、筆記試験はなく、順位はびりっけつに近いながら、ともかくも京一商の表徴とも言うべき「商」の字を正面にして、白線をぐるりと巻いた制帽を冠って、いささか大人になったような気がしたものだった。

しかし、私の入学した年（昭和七年（一九三二））から制服はカーキ色になり、やがて配属将校と教練専門の陸軍下士官つきの軍事教練が厳しくなる。四年生の時だったか、全校で桃山御陵に参拝したとき（一九三五）の写真が残っているが、御陵の広く長い石段に校長、教師、配属将校を最前列にして、びっしり並んだ全校生徒（約一四〇〇）の下五分の一が黒の小倉の制服で、そこで一線を画し、その上遥か茫々たる辺りまでカーキ色が続いている。——私はときどきその写真を眺めて、ちょうど私たちの年齢の者から、戦争への歴史的転換が始まったのだな、という思いを新たにしたものだ。私が入学した

京一商の制服制帽（兄と）

全校の教師、生徒と、桃山御陵参拝。黒の小倉服が五年生だけ。

年には、処分への反対だったか、上級生の同盟休校があって、何も知らない私を驚かせたほどだったから、この写真の鮮明な一線は、確かに一つの活断層の表徴だったと思い返されるのである。

　しかし、既に仄めかしたように、事は単純ではなく、常に曖昧性、両面性を孕みながら進行してゆくものだ。桃山御陵の写真では、私たち以後の少年はすべてカーキ色一色に支配されていくかに見えるが、もちろんその外面に対する内面には、もっと豊かな色合いも孕まれていたのだ（そう言えば、小倉の黒だって閉塞の色だったと言える）。私自身のその後の進路との関係で言えば、私は商業科目、特に商事要綱や簿記は、「根本的（に駄目）だね」と教師から皮肉られるほどに苦手で、馴染めなかったが、この学校では、当時としては珍しくイギリス婦人が一人教師になっていて、確か三年生の時だったと思うが、私たちはヒアリングとディクテーション、ペンマンシップ、それにレシテーションが一つになった授業を受け、あとから考えてのことだが、私にはかけがえのない英語への入門となった。

　ミス・サウターという当時既に年配の婦人で、授業ではいかにもイギリス婦人らしい厳めしさときびしさを持する先生だった。私たちは、最初の授業で先生が口述《ディクテート》する、フルスキャップに隔行で一枚ぐらいの英語の文章を書きとり（確か三度読み上げるだけで、質問一切無用）、それを家できちんと青インキでペン書きし、それを暗記して次の授業に出てゆく。すると先生は、私たちを一人ずつ教壇の前に生徒たちの方を向いて立たせ、英文の暗誦《レシテーション》をさせるのだが、少しでも間違えたり、詰まったりすると、忽ち「ネックスト！」と厳しい声が掛かって、次の生徒と交替して、すごすごと席へ戻らなければならない。まったく情け容赦もない、問答無用といった授業だった（これはオフレコだが、わが商業学校にはしゃれのきいた数え歌があって、サウター先生のは、〽六ツとせェ　むかしはこれでも金髪シャン　今じゃ一商の鬼婆さん　そいつァ豪気だね　陽気だね〽というのだった……)。

しかし不思議なもので、最初は恐くてこの授業のある日を嫌がっていたものだが、ともかくも、英文はもちろん変わるが、形としてはまったく同じことの繰返しを一学年続けているうちに、慣れるというか、要領を覚えるというか、何とか「ネックスト！」と言われずにすむようになったばかりか、暗記した英語がすらすらと口から出てくるのを楽しむようにさえなったのである。今日では、こうした授業のやり方はとんでもないと、一笑に付されるだろうが、私はこの授業のおかげで、ブリティッシュ・アクセントながら英語というものの自然な構造（文法以前の生きた文脈の流れとも言うべきもの）を身につけることができて、その後の英語の学習ばかりでなく、文学にも繋がる言語感覚の練磨の基礎を作り得たと考えているのである。恐らくこの授業が引き金となったのだったろう、私はまもなく英語弁論部に入って、英弁大会にも出る人間になったのだった。

もちろん、このサウター先生の授業だけが英語学習のすべてではなかった。偶然なのかどうか、この学校には、東京外語出身の英語の先生が二人もおられ、また京大大学院から講師としてきておられた先生、さらにどこの出身か忘れたが、低学年のクラスで、まるで生徒の中に飛びこむような熱心さで、英語の本質を初歩文法から読解まで私たちに叩きこんでくれる先生もあった。こんな中で私の英語への傾斜《スラント》は次第に深くなり、やがては恩師の助言もあって、当時の旧制東京外国語学校英語部へ進学することになるのだが、再び両面性の原則に立ち戻れば、不思議と見えるかもしれないが、私は一商では珠算部にも属し、校内の競技会や他校との対抗競技にも出場したものだった。

これは、東京外語出身のO先生が、どういう経歴のせいか知らぬが、この一商では英語と珠算（先生の読み上げ算は、独特な抑揚をつけた心に染みてくるものだった）双方のベテラン教師として誰もが認める存在で、私も極めて自然にこの二つの知識と技《わざ》を身につけるようになったからだが、おそらくこの時点では、算盤《そろばん》と英語は実業のためには必須の技能であったに違いない。私は、読み上げ算、見取り算、掛算、割算はもとより、珠《たま》のイメージを頭に描きながらする暗算も、六桁までは何とかこなせるようになった（この頃から四つ珠《だま》算盤が一般化したのだと思う）。今でも、〝二一天作の五、二進《にっちん》の一十《いん》、三一三十一、三二六十二……〟といった割算の九九《くく》は、口を衝いて出てくる。*

*今は九九などの棒暗記は、完全に消え失せてしまったのだろうか。あの当時の私たちは、さまざまな棒暗記を強いられたり、また楽しんだりしたものだったが……。私はこの商業学校在学中に、例えば歴代天皇の名前（じんむ、すいぜい、あんねい、いとく〔漢字はとても〕……明治、大正、今上まで）や、中国の歴代国名（ぎょう、しゅん、か、いん……）、また十二支の音読み（し、ちゅう、いん、ぼう、しん……）など全部覚えたが、これは、学業成績と無関係だったから、多分楽しくもあったのだろう、まずは意味もない空《から》呪文のようなものだったが。

そして五年生になってからだったか、私はこのO先生の自宅へ英語を習いにゆくことになったが、何とそのときのテキストが、オリヴァー・ゴールドスミスの『ウェイクフィールドの牧師』（一七六六）。私は、生まれて初めて洋書なるものを買うために、恐る恐る京都河原町の丸善にゆき、何とかエヴリマンズ・ライブラリーで、その作品を求めることができた。ざらついたページで、細かい英字がびっしりつまっていて吃驚《びっくり》したものだが、先生はこの作品をただ『ヴィカー』と呼び、これと、もう一冊、(これは求めても学習し得なかったが)エミール・スーヴェストルの『屋根裏の哲人』(一八五〇)の英訳(『アティック』)の二冊を、英文学習の要《かなめ》とするのが常識のように言っておられた。

私が『ヴィカー』を全部読んだのは、もちろんずっとあとのことで、この小説の原書による英文学への入門《イニシエーション》は、今から振り返ると不思議なようだが、この体験は、英文学研究というものの厳粛さを私に教えてくれたと言ってよい。そしてこの頃から深く心を引かれ始めた漱石の文学、というより書簡や日記や講演、随筆を含む彼の書き物すべてが、英文学とも遥かに呼応しつつ、私の「文学放浪」の最初の道標となったが、これについては、のちの経緯との関係もあるから改めて述べることにしたい。

ところで、今まで何度も書いたように、右に述べたような文学の入門体験だけが、支配的な心の情況だったのではなく、その反対の遊びや楽しみもちろんあって、共に日常生活を形作っていたのだ。例えば私は、この学校の四年生のときほど、祇園祭を楽しんだことはなかった。錦の室町西入ルに暮らしていた頃で、いわば祇園祭の真只中にいたのだ。七月十日から山鉾の組立てが始まり、それが終ると〝ちゃんちきちん〟の囃子が始まり、やがて宵山となる(私たちは「夜宮《よみや》」と言った)。巡行の時は、烏丸《からすま》御池の近くにいて、戻ってくる鉾、山、そして上下《かみしも》姿のお伴の人たちを眺める。巡行の前の数日は、私の親戚の町家もある室町通りを行ったり来りし、また店の格子を外《はず》して帯や着物が並べて掛けてあるのをゆっくり見てまわった。すべてが終って、山鉾が解体されるのを見るのは侘しかったが、しかし今日のような味けない騒がしさはなく、祭というものがそそる情感の動きのありのままの姿を、心に受けとめた、という思いが残っている。

もちろん、また、祇園祭だけのことではない。詳しく書く余裕はないが、この頃から京都の繁華街は、大丸百貨店を中心にした四条通りの西寄りから、東の新京極を越えてさらに河原町へと広がり、フジイ大丸も確かこの頃出来たのではなかったか。河原町通りでは新しいレストランも出来、私は兄から、まるで元服の儀式のように、初めてビアホールで大ジョッキを飲めと命じられ、恐る恐るそれを飲みほし、緊張していたせいかあまり酔いを感じなかった覚えがある。

この兄は、京都府立二中を中退して、室町通りにあった母方の叔父の商店に奉公に出されて、この時にはもう幹部クラスになっていたが、徴兵検査で丙種不合格だったのに、戦時中徴用という強引なやり方で北支へ連れてゆかれ、敗戦後引上げの途中で戦病死してしまった。戦病死とは言うものの、まさに不条理な死に方で、戦友だった人が偶然のように遺骨を父の元へ届けてくれたときのショックは、海軍兵科予備学生上がりの少尉で内地を転々としただけで、戦場には出なかった私にとっては、言葉も出ぬほどの痛恨事だった（いったいこんなことがあり得たのか、と今にしてなお思う）。父はそのために商売再開することを断念せざるを得ず、その衝撃で戦後数年にして逝去することになる。

いや、遊びや楽しみの方に話を戻せば、よく分からぬながら母のお供で南座へ顔見世を見に行ったり、この南座や三条京極付近にあった京都座へ、兄や母に連れられて新声劇や淡海劇、あるいは松竹家庭劇や新国劇などを、よく見に行ったものだ。顔見世では、羽左衛門の「切られ与三郎」（家にレコードがあって、私はかの「しがねえ恋の情が仇……」の件《くだり》の科白をすっかり覚え、のちに人前で得意になって声色を使ってみせた）、新声劇では辻野の「一本刀《がたな》土俵入り」、それに家庭劇の十吾や天

女装した著者(右)

外、新国劇の島田や辰巳などは、今でも思い出す場面がある（若い浪花千枝子のイメージも心に残っている）。私の古いアルバムに、女装した私が花束を手にもって、紳士風の男生徒と肩を組んでいる写真が残っているが、これは英語劇だったが、どういう劇だったか……。

　他にも、切手蒐集の会に入ったり、夏は若狭の方へ海水浴に行ったり、楽しみは尽きなかったのだが、同時に、繰り返し書くまでもなく、かの断層、分裂は、楽しみに反比例して刻々に深まりつつあったと言わなければならない。そしてその断層、分裂は、昭和十二年私が旧制の専門学校だった東京外国語学校英語部文科を受験し、入学した時に、一段階を画したと言うことができる。東京は、漱石文学の証言を待つまでもなく、何と言っても京都はもちろん大阪などとも違う、西洋近代化としての近代都市化を最も早くに指向し、かつその洗礼を受けた町であり、そこへ古い京都から単身で入りこんだ私に、漱石の言葉で言う「神経衰弱」——今日的な表現で言えば「スキゾ=パラノ」的（この言葉も既に忘れされられているが）心的情況に堕ちこんだとしても、特に不思議はなかったである。

だが、その事自体について詳しくは後の部に譲り、今は、なぜこの時点で私が、特に東京外語を受験し入学するに至ったかについての、内面事情よりはむしろ、偶然とも言うべき外面の状況について述べておくことも、二重性とか両面性の意味をそつなく見極める上で有意義となるだろう。——実はこの頃、京都のわが一族自体に関しても、従来のような純粋培養的家族継承は、現実的にも理念（もしくはイデオロギー）的にも不可能と成り果てていたのである。これにはもちろん偶然も支配していたのだろうが、純粋培養的な家族継承は私の兄の場合のように、外的な事情のために自《おの》ずから断絶していくケースばかりでなく、私自身の場合がそうだったが、家業を継ぐ気持は全くなく、何となく自分の道を選んでしまうケースも段々に多くなってきていたと思う。そしてそれには、東京という近代都市の牽引力が意識的、無意識的に関っていたに違いない。

私自身の周辺を振り返ってみても、最愛の姉がちょうどこの頃結婚して、東京は阿佐ヶ谷近郊に住みつき、東京が急にわが身に近しくなったということがある。これは義兄に当たる人が、やはり近江商人の出ながら東京日本橋近くの堀留《ほりどめ》の店で働いていたからで、特別な東京の力が働いていたわけではないが、次章で述べるように、まもなく東京に惹かれて外語に入学した私が、京都の古い伝統と近代都市生活との断層に悩んでこの姉夫婦の所に身をよせるという、のちの経緯に関ることになる。

それよりも、ごく親しくつきあっていた母方の叔母の長男が、やはり商家の継手でありながら、京一商から東京高商（まもなく商大となる）へ進学したということが、やはり何となくながら私にとっては東都への誘《いざな》いとなったし、遅れて上京した私は、当初この従兄を深く心の頼りにしていたのである。彼は、残念ながら、商大卒業後あまり健康でない身を兵隊にとられて、最後は沖縄で戦死してしまった。そして彼の弟である私の従弟は、学徒出陣で海軍に入り、戦時中危険な海域で掃海艇の艇長を務めたあと、敗戦で除隊後は、心機一転、小学校教師となり、日教組の強力なメンバーとなった。東京とは直接関りはなかったが、彼は兄の戦死後家業を継ぐことを父親に諦めさせたと、ある時私に告げて、京町家離れの趨勢を私に再確認させたのである（彼も今は故人となってしまった）。

　それればかりではない。わが親族にも関東の人が一員となって、身近に江戸弁を聞くようになった。母方の一族は、代々室町六角で大きな呉服商を営んでいたが、当代の子供は私の母以下女子五人、六人目にやっと男子の跡継ぎに恵まれたという状況で、娘二人に婿をとらせたその一人が、水戸出身の銀行員で、歯切れのいい東京言葉で私たちの好奇心をそそったものだった。しかし、そんなことよりも、私の京一商の同級生の何人かが、高等商業学校進学を選び、京都を離れて、それぞれ神戸、名古屋、高岡、それに一人だけだったが、横浜の高商、あるいは（東京ではないが）大阪外語の仏語科に進学した者もあった。だから、私の東京外語受験は、そうした状況に支えられて、異例ではあるが、ごく自然なものと受けとめられていると、思いこんでいたものだった。……このようにして私の東京移住は決定的となったのだが、それ以後の経緯は、外面はともかく、内面的には決して尋常なものではなかったのである。

*

つけたりとしてのインタールード

○京町家にとって大学とは？

私自身京町家に生まれ育ちながら、ついに大学名誉教授とやらに成り果てた悲《トラジ》（喜《コミ》）劇的皮肉《ツク・アイロニー》を、老齢の今からつくづく思いめぐらすと、唐突に、「あそこは官員さんやからなあ」という、若々しい母の声が耳底に響いてくる。幼い私は、何のことやら分からぬままに、小学校の友達の笠やんや後《ごう》やんを、「官員さん」という家に属する近よりがたい存在として、少し（まったくの少しだが）敬遠する気持になる。母の意味する所は、つまり、お医者さんとか、大学の先生とか、計理士とかいうのは、必要上当然町家と同じ界隈に暮らしていながら、商人（町人）とはまったく違う官・公吏階級に属する人たちで、自分たちとは異質の存在だという、いささか軽侮と畏敬をこめた気持の表現だったのである。「官員さん」的知識階級の家族は、北白川などの郊外に住んでいるということだった。

そしてまた確かに、同じ小学校のクラスにいた呉服商あるいは生活用品店の子弟は、同級の官員階級の子供と自分たちを区別して、どこから知識を得たのか、「僕らは平民やからなあ」と、互いに言い交して慰めあうようなふり（子供だから）をしたこともあったのである。私たちはそのとき教室の掃除当番をしていたが、「平民やからなあ」といった竹やんは、黒板を拭き拭き箒をもっている私の方を見ながら、そう言ったのだった。「平民」という言葉の意味も分からずに「うんうん」と頷いていたが、実は笠やんや後《ごう》やんの言動にも共感するところがあって、竹やんの言い方に心を乱していたのか、彼から、「心配したらあかんで、健やん、平民の方がええんやから」という慰めの言葉が聞えたのを覚えている次第である。

また話が横にそれてしまったが、京町家からは縁遠い筈の京大生が、わが家に紛れこんだ、というより、入りこんだ一時期があった。実はそのことを書くのが、このインタールードの目的だったのだ。と言っても、別に異常ないきさつがあったわけではない。わが㊈大橋商店の重要な得意先の一つに、九州は佐賀市の有力な商店があり、しばしば商談で京都に来てわが家に泊まる、そこの主人の縁者の京都大学の学生が、いつからとも覚えていないが、まるで家族の一員のように親しくわが家に出入りしたことがあったのである。それもごく自然な成行きだったように思えるし、私たちは新平さんと呼んで、一緒に百人一首の歌留多取りや、トランプのツー・テン・ジャックなどをして遊んだものだった。

新平さんは佐賀っぽうではあったが、京都弁しかしゃべらぬわが家にきても、歯切れのいい標準語でしゃべり、佐賀弁を出すことは滅多になく、この彼の標準語のリズムが、先述の叔父の東京言葉とも違って、どこかに不思議な抽象性を孕んで響いていた、と言うより、言葉というものがもつ微妙な無人称的抽象性といったものを、京都弁しか知らぬ若い私の心に響かせたように思えるのである。もちろん、これは、その後の私が東京弁から仙台弁、九州は鹿児島弁、長崎弁、さらに妻の里の秋田南部弁、いや、ブリティッシュ・イングリッシュ、アメリカン・イングリシュ、私が興味に任せて学んだギリシャ、ラテン、それに第二語学の仏語、独語、特に自分で学習したロシア語、スペイン語等々を、不備ながら一応通過した挙句から振り返っての思いなのだが……。

それにまたこの新平さんは、その頃の京大生あるいは高等学校生の気持を表徴する幾つかの歌を、私の心に響かせてくれ、人間の生活と言葉の音楽的ヴァリエーションの魅力を伝えてくれた。例えば次のような京都大学の歌は、今の京大生や教職の方々には、ファミリヤーだろうか。——

〽千歳《せーんざい》の都《みーやこ》　霊峰比叡を仰《あーお》ぎ　清流加茂に臨《のーぞー》み　洛北《ほくー》の霊地にー　そびゆるー　我《わーれ》らが学園《がくえん》　ラ
京都帝大《てーいだーい》

この〝ラ〟というところがいかすのだと、彼はにこにこ笑いながら言ったものだ。おそらくこの〝ラ〟のモダニズムがその頃の新味だったのだろうが、京町家でもそれは、ほんのちょっぴりだが、私の耳に魅惑的に響いた覚えがある。

かと思うと、新平さんは、彼の母校である佐高（佐賀高等学校）の学生の歌を歌って、私に郷愁の思いを植えつけてもくれた。ほんの少し披露すれば——

〽春《はるー》が来たァかーや　佐高《こーお》の庭によォ　花が咲いた咲いた　ステテコシャンシャン　ドンブリバッチ
ヤウイタウイタ　ステテコシャンシャン——（四季に渡っているが、あと秋の部だけを記すと）〽秋《あきー》が
来たァかーや　有明《ありーあーけ》海によォ　不知火《しらぬーひー》飛んだ飛んだ　ステテコシャンシャン……

すべて聞き覚えだが、果して正しい歌詞かどうか怪しい。それに、もう七十年も前のことだから、思えば夢幻《ゆめまぼろし》——いや、それとも逆に「下天《げてん》の内」そのものなのだろうか——のような気がしてくるのだが……。

III　近代都市の迷路の中へ

1

アメリカ・ルネッサンス期の作家ハーマン・メルヴィルは、かの著名な『白鯨《モービー・ディック》』発表（一八五一）の翌年に出版した『ピエール、もしくはさまざまな曖昧性』の中で、サドル・メドーズという、地方の牧歌的な故郷の土地から、運命的な経緯によって大都市ニュー・ヨークの、暗い闇の中へと「螺旋階段」を降りてゆくような迷路の真只中に入りこんで、ついに婚約者のルーシー、そしてみずから守ってやろうとした父の不義の娘イザベル共々、激烈な死へと突入してゆく経過を描いたが、もちろん右に記したこの部の表題は、そのような激烈な運命を暗示するものでは毛頭ない。しかし、そんな次第なら、なぜ今ここにわざわざメルヴィルの『ピエール』などという、途轍もない作品を引きあいに出すのかと詰問されると、恐れ入りながらも、やはりどこか遥かな時間と空間を隔てた先に見出し得る、ある類比の存在を認めざるを得なくなってしまうのだ。

その類比には、しかし、これも私が既にそちこちに書いたことだし、先にもちょっと触れたが、夏目漱石という身近な文学的存在による仲介もしくは媒介がある。私は京都市立一商を卒業する頃から、漱石の文学に親しみはじめていたが、卒業して東京外語に入ったあと（昭和十二年十八歳〜　）、急激に漱石に魅せられ、彼の著作を耽読するに至った。今作品と書かずに著作と記したように、もちろん『猫』や『坊ちゃん』のような大衆受けのする諧謔小説から、彼の文学への開眼《イニシェーション》は始まったのだが、読み進むにつれて、小説作品を一通り読み了えたあとでは、（既に幾らか触れたが）むしろ随筆や書簡や講演、いや、あの独特な『日記・断片』に夢中になり、そこに文学だけではなく、生き方、それも考え方や感じ方ばかりでなく、自己主張や自己弁護、自己韜晦の戦術等々、つまり大仰な言い方になるが、何か自己の存在の根といったもの——漱石には「命根」と言う言葉がある——の探求への、強い心の誘《いざな》いを見出したのだった。

もちろん、言うまでもなく、こんな大仰な事態が最初からあったわけではなく、これはむしろ、老残の身の現在から半世紀ほども前の己れの心底を振り返っての思いにすぎないが、しかし、そのかつての己《おの》が心底にも画期というものはあったのであり、その最初の画期は、何と言っても私が東京外語に入学した昭和十二年（一九三七）ということになる。ピエールのように、近代都市の陥穽に陥ちこんで、身動きできなくなったのではない。むしろ東京の近代的な様相に魅せられていたのだから、最初は神保町の古本屋街をうろつくよりも、姉や外語の新しい友人たちと銀座を闊歩すると、これこそ人生だ、文化だという気持に心高まりもしたのだ。

ただ闊歩している間はよかった。だが、下宿に戻ったとき、心の断層は不意打ちのように私を打ちのめす。表面的には、私の下宿先が、先刻まで心を奪っていた銀座や新橋界隈とは似ても似つかぬ、留守番のお婆さんがただ一人住んでいる、薄汚れた古い家の玄関脇の三畳間という、いわば環境の逆転のせいにすぎなかったが、心理的には、京町家と近代東京——端的に古い伝統と端的に新しい近代性——の分裂断層というだけでなく、その両者自体が孕んでいる複雑微妙な多面性に足もとを掬われて、自己の場をどこに思い定めるべきか、いや、そう理屈づける意志も力も皆無で、まったくの混迷に陥ちこみ、生理的には完全な不眠症に陥ってしまったのだった。いささか大袈裟な言い方になったが、それが真実だったと今思うのである。

　そして、そんな時に漱石が、私自身と二重写しになるほど近しく見えてくるのだったが、もちろんこの場合も私は、彼の倫敦《ロンドン》体験とわが東京体験とを結びつけていたわけではない。しかし、やはり今日から振り返ると、どこかに通底するものがあった、いや、そう言えばピエールのニュー・ヨーク体験とも、と考えるのは、まったくの思い過し、あるいは思い上がりなのだろうか。漱石が倫敦の寄宿先で時に泣いているのを、ランドレーディーが見たということだが、この涙が人間存在の根源に関るものだったとすれば、次のような私のヘボ短歌の表徴する心的情況も、その幼さの孕む野暮さ、素朴さにも拘らず、と言うよりその故にこそ、どこかで同じ根を分かちもっていた、いや、もとうとしていたと言えるのではないだろうか。——

　あの頃の思いはすべて／多摩川に独り彷い／帰りては泣きし

　若さ故に誇張された孤絶感のために——私はそれを、いつしか漱石流に「神経衰弱」と呼んでいた——寄宿先を三転して北千束にいた頃の辛い思いを、少し後《のち》のいささか精神の安定を取り戻した時に詠んだ若書きの短歌だが、この孤絶感は、相貌を変じこそすれ、根底は今日に至るまで少しも消え失

多摩川畔でのペン画スケッチ。見たままをただ描いたのだが…

せていない、と言える。そして私は漱石もどきに、その孤絶感の中で懸命に何か確かな、強《したた》かな心の支えを求めて、外語で教わる聖書や英文学の一端、とりわけ英国ロマン派詩人などを自分流に理解しようと務めると同時に、先ほど書いたように、漱石の著作の中に拠り所を必死になって求めたのだった。

　当時の記憶も今や茫茫となって、正確には記しがたいが、漱石の作品では、それぞれ皆心に沁みるものがあった中で、ある時期に『門』における宗助の苦悩が、特に私に衝撃を与えたことを思い出す。今はそのことを詳しく作品に即して述べる時ではないし、『門』自体が一種象徴的もしくは寓話的な作品で、一口でその特質を述べることは不可能だから、ここではただ、いわば不条理とも言うべき不測の事態（宗助がお米を奪った相手の安井の出現、と言うよりその告知）が、彼宗助を参禅にまで追いつめ、然もついに叩けども門は開かなかったという、一種の人間存在の極限情況に、私は自分の若い孤絶感の象徴もしくは寓話を感じとったのだ、と付記するに留めなければならない。それでも若い私には、『三四郎』から『それから』をへて『門』に至って、作家の主題と方法がおのずから一つの極限的な転回点に達したという、漠然たる認識もそれなりにあったのである。

こんな次第だったから、この時点では、遥か後になしたような、文学作品の詳しい考察を行う力も余裕もなく、むしろ漱石の講演、特に早い頃の「文芸の哲学的基礎」や「創作家の態度」のような、信条の表明と言うよりは自己に関する真理、真実の探求過程と、探求そのものの重要さを聴衆に深く感じさせる文章に心を奪われていた。「文芸と道徳」や「中味と形式」、あるいは「私の個人主義」などは、かの『文学評論』や『文学論』と共に、遥か後に深読みすることになる。だから、この最初の時期には、孤絶感のあまりに宗助のように参禅に思い及ぶことなどまったくなかったが、それでもそれにいささか似た籠るという、若気の思い過しだが、一種乾坤一擲的な生活実験を試みて、しかも失敗すること再三に及んだ次第だった。

籠るというのは、孤絶感とは言わないまでも、強い孤独感に打ちひしがれて、自分自身から逃れて他人《ひと》に頼ろうとする己が弱さを克服するために、逆に農村や山近い郊外や、あるいはお寺に部屋を借りて、そこで孤独に耐えながら勉強生活を暫時送るということである。早くは東京外語受験勉強のために、商業学校五年生の春、京都北辺の鞍馬山麓の民家に部屋を借りて勉強したことがあったが、生まれて初めてまったくの独りで暮らしたせいで、勉強中にも臍下から尻にかけての奇妙な不安定感に嘖まれて落ちつかず、外の川のそばで遊んでいる子供たちの相手になって、気を紛らせたものだった。

一月ほどいる予定がとても守れず、確か二週間ほどで退散してしまった。

　これなどはまだましな方で、先に書いた初めての東京の下宿生活で陥った孤独感には、ついに耐え切れなくなって、情けないながら両親から姉に話をして貰い、義兄夫婦が夏前に高田の馬場から当時の杉並区西馬橋の郊外の住宅に移って、二階の一部屋に私を収容してくれたのである。その頃の私は、まったく漱石流の「神経衰弱」症状を呈し、その部屋で、今日に言う自律神経失調症のように、勉強机に俯《うつぶ》したり、押入れの蒲団を少し引っぱり出して仰向けに寝たりして、うとうとし続けていたようなのだ。その時の、私の回復を願う姉の心遣いが、ありがたいというより、私の気の弱さに対してまぶしいほどだったのを覚えている。たぶんそのせいだろう、この状態を何とか一年ほどでやっと切り抜けた私は、今度は、何と救いがたい我儘根性であろう、姉の厄介にならぬ独立した個人となるべく、当時姉の家に女中としてきていた人の伝手《つて》で、厚木郊外のさる農家の一室に「籠る」という我侭を押し通したのだった。

　だが、ここでも私の腰は定まらず、「籠って」勉強するどころか、ふらふらと相模川の辺りを彷って、へぼ句を捻ったり、コンテで景色を写生したりして、「籠り」の成果はまったく上がらぬままに、まもなく退散する仕儀となる。そして、私としてまずまずの「籠り」が始まったのは、その後まもなく義兄が胸を患って、茅ヶ崎へ転地したため、どうしても東京で下宿生活をしなければならなくなってからのことなのだが、こんなことは長々と書くべきことではないので、端折って述べると、義兄の先生筋に当たる人の家の離れ兼物置小屋での独り住まい（既に書いた、あのヘボ短歌を作った北千束近く）のお蔭で却ってふっ切れたのか、それとも今日で言う自律神経失調症の恢復期にあったのか、まもなくかなり安定した学生生活を送れるようになった。そうした折柄、専門学校である外語から、旧制帝大の英文科に進学したいという気持も定まって、夏休暇で京都へ帰省したとき、東山のさる浄土宗の寺に寄宿して、まずは文字通り「籠る」次第となったのである。

それには、生活環境も上述のように深く関係していたが、また読書を通じての思索も大いに関っていた。漱石の著作のことは前に書いたが、その他にも、当時確か高等文官試験の指定参考書になっていた、西田哲学の、『善の研究』ではなく、『自覚に於る直観と反省』だったか、またのちに私の恩師となる東北帝大教授土居光知著『文学序説』などが、偶然手にとった時から掛替えのないわが心の導き手となったものだ。西田哲学は、よく分からぬながらに、今挙げた本や『無の自覚的限定』などまで読もうと努力したが、のちに東北大学の高橋里美教授の講義で西田哲学批判を聴いて、むしろ初めてその哲学の重さを知ることになったと言わなければならない。

『文学序説』の方は、次第に旧制帝大進学へと傾くにつれて、いっそう心を惹くようになり、特に著者がカーライルの「覆われた精神的自叙伝」(土居氏の表現)である『衣裳哲学』第二篇の紹介の中で引いている、「絶対不眠の三週間」に苦しんだ、カーライルの分身である主人公トイフェルスドレックの、「永遠の否定」の苦しみとの戦いの件《くだり》を、私は何度心の中で叫ぶように誦したことだろうか。——「汝は何を怖れるか? 何故に卑怯者の如く泣事をいい委縮しているか? 汝の前にある最悪なるものの全体が如何程であるか? 死か、地獄の苦しみか、悪魔と人間が汝を害し得ることか? 汝は心情をもたぬか、そしてそれに耐え能はぬか、そして自由の子として汝を苦しめる地獄を脚下に蹂躙することはできぬか?……」

もちろん、このままの言葉を心の中で誦したわけではない。ただ最初の「汝は何を怖れるか？　何故に卑怯者の如く泣事をいい委縮しているか？」という激情の反復に過ぎなかったのだが、先の漱石の涙の場合と同じく、このカーライルの言葉は、私自身の、不眠症による人間の生あるいは存在そのものについての、身の躱《かわ》しようもない暗い不安と、（いささか大袈裟だが）どこかで深く共鳴しあっていたに違いない。それに、カーライルは、彼の「否定」の根底に作用している要因を「機械」文明と見ているが、そうなると、彼と現代との繋がりが一層深く捉えられることになるだろう。

　もちろん、私の場合はカーライルのように激しいものではなく、「永遠の否定」とも言えないほどのものだったし、カーライルが続けて書いている次のようなラディカルな転換などは、むろんなかった。――「かく考えた時に彼（トイフェルスドレック）の全精神の中に一条の火が迸り、卑怯な恐怖を一掃することができた。そして今まで知らなかった力によって強くなり恐怖と悲哀とは奮激と激烈な反抗となったのである」。

　これがかの有名な「火の洗礼《ファイアリ・バプティズム》」であり、「永遠の否定《エヴァラースティング・ノー》」から「永遠の肯定《エヴァラースティング・イエ》」への移行の端緒となったのだが、私の場合はそれに深く共鳴しながらも、見果てぬ夢に留まり、かつ「見果てぬ夢」として私の心底に染みついて私の心境にある変化をもたらし、心の中の戦いは次の段階へと移っていったのである。――だが、しかし、どうやら話があまりにも内的な方向へ落ちてきたので、ここでもう一度、私の廻りのアクチュアルな様相に眼を向けてみたい。いわば私の内面と裏腹に関っていた外なる世界――環境――を、私なりにもう少し具体的に描き出してみたいのである。

気分転換のためのインタールード

○東京の学生生活で覚えた歌（昭和十二―十六年＝十八―二十二歳）

『J・POP進化論――「ヨサホイ節」から「Automatic」へ』（平凡社新書、一九九九）の著者佐藤良明君から借りた、野ばら社刊『日本のうた第2集――昭和（一）初～二〇年』（一九九八）を繰り返し眺めながら、懐しく昔を思い出しているが、どうやら昭和初年（一九二七）から私が東京外語の学生生活を終えた昭和十六年（一九四一）頃までの間（厳密に言えば昭和十四年まで）は、次々と新しい流行歌が作られて人気を得ていた時期らしく、私も――何とも不思議なことに、先に書いた同じ時期のあの「永遠の否定」的苦悩にも拘らず、と言うよりもむしろそれと裏腹になって――右の歌集中の歌をかなり沢山覚えていて、今でも何かの拍子につと口をついて出てくることがある。それも、若干の例外を除いて大抵一、二番までのことだから、覚えようとして覚えたのではなく、コンパで一緒に歌ったり、ラジオで聞いたり、わが家の台所や店や、また街《まち》で耳にしたりして、自然に頭と心に沁みこんだのに違いない。

野ばら社の第2集から拾ってみると、昭和初年から十四年まで全部で二〇六の歌が集められている中で、（題名はしばしば忘れているが）私が一、二番覚えている流行歌（軍国調、愛国調の歌および童謡を除く）は、五十数歌ある。スペースの関係でほんの若干例を挙げてみると（＊印は特に懐しい、あるいはぐっときた思い出の歌）、昭和の最初の十年間では、「＊お菓子と娘」、「アラビアの唄」、「波浮の港」、「道頓堀行進曲」、「紅屋の娘」、「＊洒落男」、「愛して頂戴」、「東京行進曲」、「＊君恋し」、「女給の唄」、「丘を越えて」、「＊酒は涙か溜息か」、「銀座の柳」、「涙の渡り鳥」、「＊影を慕いて」、「東京音頭」、

「*島の娘」、「赤城の子守唄」、「*国境の町」、「大江戸出世小唄」、「二人は若い」、「*無情の夢」、「野崎小唄」、「*旅笠道中」。

断っておかなければならないが、右の歌は必ずしも作られた年あるいは昭和十年迄に覚えたわけではなく、歌い継がれてゆくうちに、のちに覚えたものも混じっているに違いない。昭和最初の十年と言えば、私が八―十六歳のことだから、殊に早い頃の歌詞を覚えられる筈がない。十五、六歳になると、例えば「島の娘」とか、「国境の町」、「無情の夢」などでも、若さのナルシシスムやセンチメンタリズムのために幼い心に沁みこみがちだが、第一に挙げた「お菓子と娘」（昭和二―以下年代は『日本のうた』による）などは、全歌詞覚えているが、いったいいつ頃から聞き覚えたのだろう。

これは、野ばら社の本によると、西條八十作詞ということだが、「お菓子の好きな　巴里娘」が、「角《かど》の菓子屋へ〈ボンジュール〉」して、「エクレール」を「むしゃむしゃ食べる」というふうに、パリ風にしゃれていて、また庶民的な親しさを孕んでいるが、あるいは一般庶民というよりは、日本の初期ブルジョワ的モダニズム感覚にアピールしたのだろうか。ひょっとしたら、私より二つ年上の姉は十八歳でセミプロに近いピアニストになって、宝塚や松竹少女歌劇などにも若い熱を上げていたから、あるいはそのあたりから私の幼い心に沁みこんだのだろうか（「小さな喫茶店」というのも確かこの頃覚えたのだが、どういうわけか、『日本のうた』には載っていない）。

「紅屋の娘」（昭4）は、小学校の頃海浜学校か何かで訪れた、瀬戸内海の神戸近くの小学校の女生徒が、この唄と踊りでもてなしてくれたのを覚えているが、あの頃は、地方の小学校でこうした一種の庶民性が披露され、古都のお上品な小学生たちを面喰わせ、揶揄するようにも感じられたのだった。もちろん、その唄そのものは、京町家でも耳にしたものだったのだが。しかしそれよりも「洒落男」

（昭四）の一番を覚えて、意味もよく分からずに人前で何度も歌ったりなどしたのは、不思議と言うより、むしろ当時のモダニズム風の享楽の雰囲気を、子供の私自身がぴたり受けとめていたような気がする。これは訳詞であって、二村定一の「モボ」が歌いながら水中で踊っている（？）無声映画の一齣を覚えている。きっと親戚へ丁稚奉公していた兄が、映画館へ連れていってくれたのだろう。

こんなふうに、懐旧心にかまけて歌への憶いを書き綴っていると、ブレーキが利かなくなってインタールードどころではなくなってしまうので、あとはまたのちのインタールードで機会あれば取り上げることにして、今は次の一事だけを述べて終りとしたい。――その一事とは、ただ懐旧のためにこの時期（昭二―十四）の流行歌を思い出すだけでも、いかにこの時期がわが国の近代的流行歌の興隆期だったかが分かるということなのだ。佐藤良明君の「進化論」によると、「歌謡曲の土着と近代」のほんのトバ口のことにすぎないのだが。

例えば、先に挙げた「お菓子と娘」の作詞者が西條八十であったように、同じ約十年間に、他に北原白秋、堀内敬三、野口雨情、時雨音羽、長田幹彦、古賀政男、佐藤惣之助、やや遅れてサトウハチロー、作曲家としては中山晋平、古賀、堀内、特に西條・中山コンビの活躍が目を見はらせる。また歌い手も、先の二村定一のほか、藤原義江（特に「出船」や「鉾をおさめて」）、二三吉、徳山璉、特に藤山一郎、勝太郎、東海林太郎、ディック・ミネ、音丸、淡谷のり子などが、私の耳にくっきり残っている。多分私の年齢に近い人々の耳にも、今なお魅力を秘めて残っていることだろう。

それに、この時期の歌は、何とヴァラエティに富んでいることだろう。既にいささかコメントをつけたもののほか、「アラビアの歌」のエグゾチシズム、それとは違ってしんみりしてはいるが、「国境の町」の異国情趣、かと思えば昭和最初の十年間というので先には挙げ得なかったが、一年ずれた昭和十一年には「うちの女房にゃ髭がある」（唄は杉狂児、美ち奴、作曲は古賀）といった、まことに痛快なユーモア、と言うよりノンセンスの歌がある。「パピプペパピプペパピプペポ」というのが実に面白かった憶えがあるが、この歌などは、かつてからの日本的な「尻に敷く」とか「嬶天下」とかいった言い方の、モダニスティックなヴァージョンだと考えると、私などはほのぼのと楽しい気分に誘われる。この頃のモダニズムの日本の庶民への直接の影響は、この歌ばかりでなく、次の「うちのママと……」や、さらには先の「小さな喫茶店」などにも明瞭に現れている。「喫茶店」が、「きっちゃてん」と発音した私の父にも、当時のモダニズムの象徴のようになっていたことが思い出されて、理念ではなく、生活化したモダニズムの歴史的な力を思わせる。野ばら社の本には載っていないのだが、「うちのママとうちのパパが……」という歌があって、私など全曲覚え、最後の、「ママがモボとランデブすりゃ　パパは家《うち》で子守唄　それがすめば台所で　ジャガ芋の皮をむく」というところが、少し尠ないが、なかなかリアルにおかしかったものだ……。

いや、またまた語るに落ちるで、一事と言いながら二事、三事、四事……と、歌に誘われる。さらに「ツーツーレロレロ……」とでもやりたいのだが、もうやめねばならぬ。これは「ダンチョネ」と歌い終ることになるか……。

2

私が昭和十二年春に入学した旧制東京外国語学校は、御濠端《おほりばた》の竹橋近くにあった。おんぼろの木造校舎で、早晩ぶち壊される運命にあり、私の在学中は西ヶ原に新築移転用の土地があったが、そこは軍事教練に使われるくらいで、私たちには赤土の原っぱにすぎなかった。明治のごく初期に、いわば通訳養成の学校として重要な役割を果し終えた外語は、外国語関係の優秀なスタッフを集め持ちながらも、次第に時代遅れになって、文部省からも疎んじられているという噂だったが、それでも私にとっては何人かの立派な先生、古ぼけてはいるがぎっしりと英書の詰まった薄暗い図書館、それに、今はリーダーズ・ダイジェストのビルが建って、かつての面影など片鱗だに窺い知り得なくなってしまったが、校門前の道路を渡れば、竹橋のこちら側に芝生が連なっていて、昼休みの時間にそこで寝そべったりしたものだったし、また校舎裏の小さな運動場の端にある御濠の土手に上がれば、神保町方面が見渡されるばかりでなく、共立女専のキャンパスが眼の下にあって、若い女子生徒の姿に眼を楽しませたものだった。

「炬火」は外語の制帽の記章
（Lの字が巻きつく）

こんなのんびりした雰囲気と、先に書いた神経衰弱的苦悩とは両立しない筈だが、それでも青春というものは、右のインタールードに書いた流行歌浮かれの場合と同じく、そういう矛盾したものなのだろう。あるいはこれも、先に触れたように、私の神経症的状態も次第に癒えかけていたためだったろうか。私は、先に触れた漱石の随筆ばりのエッセイを会誌に書いたり、数少ないながら急速に親しくなった英語部文科の級友たちと、神保町や銀座、あるいは新宿界隈を、のすと称して歩きまわったものだっ

東京外語の象徴とも言うべきだったメドレー先生

た。

そうした級友たちとの交わりも忘れがたいが、やはり私にとっての外語におけるまったく新しい経験は、初めて英語英文学専門の先生方に、教場ばかりでなく、神保町界隈の喫茶店などで直接会って、世間話や助言を聞いたことだっただろう。当時の外語英語部には、外語の伝統をその身に体現したとも言うべき先生方が何人かおられたが、一々名前を挙げると却って失礼に当たるのから、独特な風格をもった方、そして私に直接親身な助言を与えて下さった先生について述べると――

まず第一に、ムライ・メドレーのコンビで英語教科書界に知られた、オースティン・ウィリアム・メドレー先生。一八七五年の生れで、私が教わりはじめた頃にはかなりの老教授だったが、教室では一人一人生徒に声をかけて、自然な会話を練習させるすぐれた先生だった。“you”と言って、黒板指示用の細く短い棒《ポインター》を私の方に向けて語りかけられた、白髪紅顔が忘れられない。先生はまた、東京在住の外人素人劇団の名優であり、如水会館でシェイクスピア劇を演じ、教場でも『ジュリアス・シーザー』のさわりの科白《せりふ》を朗々と唱して、若い私たちに本場の沙翁劇の雰囲気を実地に示された。

だが、外語在任中に体調を壊され、教場で気分が悪くなられたとき、私はあたかも父親に対するかのように、教壇で前かがみになった大柄な先生の肩をさすったことを覚えている。まったくの一時の気休めだったのだろう、先生は私の処置を諾《うべな》っておられるようだったが、やはり高齢で弱っておられたに違いない、そのあとまもなく英国に帰られて、一九四〇年彼の地で亡くなられたと聞いた。忘れられぬ思い出の先生である。

英国人では他にもホーンビー、のちにはサージャント両先生がおられたが、日本人の先生では、何と言っても外語英語部の伝統の権化とも言うべき大橋栄三先生——独特な英語教育の型を持して、例えば 'Everybody knows…….' というのは、「三歳の童児と雖も之を知る……」といった日本語の積りで訳すべきだと、英語の日本語的把捉の要諦を私たちに叩きこまれたものだ。しかしユーモアを好まれる江戸っ児気質《かたぎ》のような気持もお持ちで、マーク・トゥエインは、誰よりも早くから愛読され、確か研究社刊の注釈テキストがあったが、当時の私はアメリカ文学は殆ど知らず、また興味ももたなかったから、ただ叢書として買い求め、本棚に並べたにすぎなかった。

大橋栄三先生

先生に対しては——これも何かに書いた

覚えがあるが――大変な失礼を犯してしまった苦しい思い出があり、それが私の進路と複雑微妙に関りあっていたことを、今でもときどき思い返す。「君は僕のネイムセイク（同姓の者）だから、これくらいは知ってなくちゃいかん」といったふうに、私のことをかなり好意的に考えておられたに違いないが、私は外語の四年生に進級する頃から、次第に強く大学（当時の帝大）に進学する願いを抱きはじめ、いつだったか先生にそのことを打ちあけて、助言と言うより承認もしくは了解を求めようとして、先生にひどく不快な思いをさせたことがあったのだ。

他の何人かの先生に対してと同じように、積極的な支持ではなくても、暖かい理解を期待していたのに、先生はきっとなって、「大学などへ行って何になる。そんなことをしたら、もう就職の世話はせんぞ」と、厳しい口調で止《とど》めをさすように言われたのだ。そのとき私は、心を打ちのめされるよりは、むしろ何のことか分からずに、しばし返事もできないありさまだったのを覚えている。というのは、「就職」ということはまったく考えたこともなかったので、何のことか全く呑みこめなかったのである。これは「就職」など軽蔑しているといった、思い上がりからだったのでは、まったくない。世間知らずというか、進学ということが就職と結びつくとは夢にも考え得ぬ、まことに子供っぽい心理状態からきていたのだ。

あとから思いついたのだが、おそらく先生は、外語の英語部を出たからには、中学の英語教師として英語教育に専念することが理想であり、また義務であるという信念から、私を叱責されたのに違いなかった。言ってみれば、「就職」がまったく私の念頭になかった如くに、「帝大進学」などまったく先生の念頭になかったのだ。既に書いた、京町家の人たちが官員さんに相対するのにもどこか似て、もともと実業界に近かった外語の伝統では、帝大はいわば一種の官員さん的存在だったのだろう。そのことにまったく思い至らなかった私は、どうやら先生の叱責を不満として、のちに書く、帝大進学に理解を示して下さった先生方に訴えたに違いなく、私が大橋栄三先生に怒っているなどという噂が、先生の耳に聞えていたらしい。

それに私自身、先生への無理解をその後ももち続けて、ずっと後の戦後の昭和二十年代後半に母校へ転任するようにという、人を介しての当時の学長岩崎民平先生からのお誘いをもお断りする、という傲慢さを示したりした。しかしあと数年にして、再び母校転任の要請に接したときには、三顧の礼などといった昂ぶった気持は全くなく、小川芳男先生からの慫慂もあり、それに自己中心的に言えば、それまで勤務していた横浜市立大学文理学部文学科との関係も、一応一段落したこともあり、特に外語の新進にして勢いのいい助教授と認めた小野協一君＊の、一種優雅な威勢よさの魅力に惹かれ、かつ恩師土居先生の御意見もきいた上で、母校へ転任させて頂くことに決心したのだった。

＊この小野協一君も、本年（二〇〇三年）故人となってしまわれた。

この遥かのちの外語での教師生活は、学長以下英米科ばかりでなく、フランス、ドイツ、ロシア、スペイン、ポルトガル等の先生方との和気藹々というか、酒気澎湃《ほうはい》、もしくは冗気わいわいとでもいった雰囲気を醸しだして、わが文学放浪の途次における、特筆すべき混迷的享楽、かつまた自己反省の忘れられぬ一期を画したのだったが、これは本書以後に機会あってのことにならざるを得ないから、今はもう少しわが恩師との心の行き違い、その相互確認による、栄三先生の狭き門の裏側に広がっていた、それこそ広き人の心の存在について述べておなければならない。

遥かのちのことを先取りすることになるが、私が母校の教職について暫くした頃、忘れもしないが、滝野川校舎の英語部研究室へ、あるとき外出か授業から戻ってくると、定年退職されていた栄三先生が、研究室のテーブルの脇に立っておられて、私の挨拶に一応うなずいてから、私に向かってというより頭上の天井の方を睨みながら、「君は僕の言葉に腹を立てたそうだが、僕は君を怒らせるつもりなどまったくなかったんだよ」といった意味の言葉をかけられたのだった。私は咄嗟に、深く心を打たれて、お詫びの言葉を何か口走ったようだが、先生はそれ以上何も言われず、ただ私の気持は分かっている旨の言葉をかけて下さり、あとは何事もなかったように、居合せた数人の方々との座談となった。——私にとっては、結局先生のお蔭で人生に対する一つの重要な開眼《イニシエーション》を得たことを思い知るという、感慨深い一齣だったのだが……。

大橋先生の弟子である小川芳男先生（当時三十歳ぐらい）のことも書かなければならないが、小川先生とは、私が後年外語に奉職して、じかに親しく接するようになったから、その折至れば書くことにして、今は、東北帝大へ進学するのにいろいろと助言、激励をたまわった井手義行先生、それに哲学の専攻で、講義のほか当時生徒課の事務もとっておられた鈴木秀三先生のことを、少し書いておきたい。ただ井手先生のことは、先生が逝去されたとき丸善の雑誌『学鐙』から奨められて詳しく書いた一文を、拙著『心ここに——エッセイ集』に収めてあるので、ここでは、先生の教え及び人格から、英詩、と言うより詩そのものについての理解と鑑賞力を深め得たこと、そして例えば喫茶店では、鈴木先生などと同席しながら、まことにざっくばらんに、私の大学進学についての、激励の混じった適切なアドヴァイスを与えて、私を元気づけて下さったことを、特に感謝の気持を改めながら記すに留めたい。

どうして私が鈴木秀三先生に、まるで兄に対するように親しみ、かつ先生の学識と信条から深く力強い精神的な支えを得ることになったのかは、未だに自分でもしかと分からないありさまである。不思議と言えば不思議だが、講義題目は何と言ったか忘れてしまったが、深く哲学的で、同時にまた極めて人間的であると感じた先生の講義に心を打たれ、先生もまた、数少ない生徒（当時の英語部は一学年二十五人ほどだった）の中で、そのように反応する私に心をとめておられたに違いない。そしてそうした心の接近のうちに、先生は私の大学進学の願いを陰に陽に励まし、実現へと貴重な助言を与えて下さったのである。

ここでもうこれ以上書くと、却って旧恩師の霊への冒瀆になる恐れがあるので、今は改めて故先生の御冥福を祈り、深い感謝を捧げるに留めるが、実は外語卒業後長い年月ののち、私の現在の住所のごく近くに先生が移ってこられ、ときどきお会いするという、不思議な縁《えにし》もあったのである。御子息の鈴木秀太郎氏は、欧米で広く活躍する音楽家、指揮者になり、先生の心を別の形で継承しておられる。――私の外語の生徒時代は、まことに恵まれていたと、今思い返すのである。

（付）東京外語の生徒の歌キンキラキン節——思い出すままに、軽いコメントをつけて

惚れた惚れたよ　外語の前で前で　バイソラキンキラキン　馬が小便《しょんべん》して地が掘れた　ソーレモソー
カイナキンキラキン（この生徒節ではよく「小便」するが、不粋を気取ったユーモアか）

娘惚れるなら　外語の生徒に生徒に……末は大使か総領事……（……はリフレイン）

大使大使と　威張るな大使大使……どうせ大したものじゃない……

娘惚れるな　外語の生徒に生徒に……末は波止場で泣き別れ……

万里の長城から　小便すればすれば……支那と蒙古に虹が立つ……（「虹」と出たところが粋と言うべし）

ゴビの砂漠で見合いをすませすませ……新婚旅行はチベットへ……（壮大志向だが、逆説的ユーモアあり）

外語出る時や　一番で出たが出たが……今じゃインドの姫の婿……（「一番」とどう関るのか）

雪のシベリア　ウラルを越えて越えて……今宵はヴォルガの月を見る……（壮大志向にして美あり）

ドイツよいとこ　ビールが飲めて飲めて……ゲルマン美人の膝枕……

エッフェル塔から　小便すればすれば……ダニエル・ダリューが傘をさす……（これはしゃれている）

スペインよいとこ　闘牛があってあって……血を見て喜ぶセニョリータ……（これもまずまず）

もっとあったに違いないのだが、昭和十二年入学の私には、他の歌が思い出せない。多分皆これ

だけぐらいのものを歌っていたのだろう。それにしても英米がないのはどうしたことか。米がないのはまだ分かる。私たちより遥か前の、このキンキラキン節を歌いはじめた先輩たちにとっては、おそらくアメリカはまだ、好むにしても嫌うにしても気になることはなかったのだろう。しかしイギリスが何故?……　きっとあったのだろうが、これはどうにも答えるすべがない。まずこうした半端のままで置いておくことにしよう。おそらく日蔭の歴史とは、こうしたものなのだろうから。

Ⅳ　東都から杜都への道

1

〝と〟の字の踊り言葉のような題をつけたが、「東都」はもちろん江戸、東京、「杜都《とと》」は「杜《もり》の都」仙台で、その「道」とは、私の経歴のまた一つの画期（だが、一つの根源的な画期）を意味している（画期はただの道の流れではなく、展開を生み出す一瞬の静止をも孕んでいるが、やはり究極的には持続的な新展開のためのものだから、敢えて「道」と記した）。先にも何度か触れたように、私は大学進学を決意して、昭和十二年東北帝国大学法文学部文学科英語英文学専攻（という長たらしい名称の所）に入学するのだが、その「道」には、さらにつけ加え記すべき多くの事情、情況、心の動きがあった。大学を選ぶについても多様な経緯があったが、究極的には、前章に書いた鈴木秀三先生の一言によって決まったのである。先生は言われた、「語学をやるなら京城へ、文学なら東北へ行きたまえ」と。

　というのは、昭和十六年の頃には、まだ日本への従属を強いられていたソウルの京城帝国大学に（「帝大」を繰り返すのは不快と感じられる方も多いだろうし、私自身がそう書きながら嫌悪を感ぜざるを得ないのだが、あの当時の時代錯誤的な軍国主義的雰囲気の責任を自らもとらんがために、敢えてここに繰り返す次第である――しかしまもなく「帝大」ではなく、ただの「大」にする所存）、のちに東京帝大へ移られる英語学の中島文雄先生がおられ、東北帝大には既に述べた土居光知先生がおられたからだが（なお、当時台北帝大には工藤好美先生がおられ、のちの敗戦後には、名大、奈良女子大、京大等をへて、仙台の東北学院大にもこられ、私は工藤先生にも面識を得ることができた）、文学を選んだ私は、当然のように東北帝大を受験して、入学を許可されたのだった。入学を許可されたと言っても――ここでまことに煩瑣な当時の進学制度のことを説明しておかなければならないが――私が東北帝大を受験し得たのは、傍系入学の試験という特別の制度のお蔭であって（傍系入学のための試験は、正系の入試に半月ほど遅れた四月上旬に行われた）、本来なら入学の資格のない非正系のいわばよそ者が、特別に受験入学を許可されたといった体《てい》のものだったのだと、けっしてひがみではなく、今から振り返って思うのである。

　これには、大学進学に関して、旧制高等学校（一高、二高、三高……といった、当時のいわゆるナンバー・スクール）と、外語や高商（高等商業学校）などの専門学校との間の、一種の差別である格差が関係していた（つまり、帝大は旧制高校出身者のためのもので、専門学校出には受験資格がなかったのだ）。前にも書いたあの官員さん制度による格差で、太平洋戦争敗戦後の新制大学制度では消滅したが、産業資本主義がアメリカ合衆国のように全社会機構を支配することが殆どなく、天皇制を中軸とする封建的国家主義がなお伝統的な力を秘めていて、イデオロギー上の断層が抜きがたく存在していたわが日本の近代では、その格差は、いわば歴史的不可避《ヒストリカル・イネヴィタビリティ》とも言うべきものだったのだろう。

それを弁護する理念的根拠はまったくないし、弁護は不当とならざるを得ないが、私などは、いわば一種の歴史的皮肉《ヒストリカル・アイロニー》として、そのお蔭で東北大学に入学でき、時代に抗して近代リベラリズムを持しておられた、当時としては特異な教授方の薫陶を受け得た幸運を、どうやら手放しで寿《ことほ》がざるを得ないのである。当時の教授方の資質のみを言うのではない。当然当時もどの国立大でも、私大でも、すぐれた資質を持した教授方はおられたに違いない。私が言うのは、そのすぐれた資質が学生に対して生きる条件としての、制度機構が果した歴史的役割のことなのだ。おそらくこうした格差的制度に抗して、意欲的な文科系教授が東北大へ何人か集まられたからこそ、ここに、独特な文化的雰囲気を醸し出す学問的、教育的情況が生まれ出、その恩恵に浴する幸運に、私は巡りあったに違いないのである。

ところで、その杜都への移住、その地の大学の学生生活について語る前に、この環境（文化的環境）の変化による、私の身と心の次の画期的な変容をより明確に伝えるためにも、杜都に夢を馳せながらもまだ東都の生活に縛られていた頃の、身と心のありようをもう少し広く巨視的に、同時にまた現実に即して微視的にも、幾つかの面について語っておかなければならない。例えばその一つに、東京外語の生徒としての四年間におけるわが文学放浪について、先に書いた漱石への傾倒のほかにも、なお書いておかなければならぬ、ささやかながらその放浪の微妙な純文学的進展ということもあった。この頃の私は、まだ小説を書こうという気持はなく、むしろ当時の新劇に心を惹かれて、ときどき観劇し、自分でも戯曲を書きたいなどと思ったりしたものだ。確たる信念もなく、この方面はただ漠とした関心にすぎなかったから、眞船豊や千田是也に正《まさ》に漠たる憧憬のようなものを抱くだけのことだったのだが、それでも演劇の総合芸術的な多層な深みは、それ以後も常にどこか心に掛かる問題となったことは、ここで確言しておいてもそれほど牽強付会とはならぬだろう。

それに、この頃は、先にメドレー先生との関係で少し触れたが、私はどうやらシェイクスピアの魅力に強く惹かれはじめていたようだ。特に、外語では井手義行先生からアーデン・シェイクスピアのことを伺い、神田の古本屋でときどき見つけて何冊か買ったし（それら古ぼけさびたえび茶の本は、今もわが薄暗い書庫の一隅に眠っている）、また私が級友数人と語らって、沙翁の作品輪読の指導を井手先生にお願いしたことがあった。だが、ここで、およそ文学放浪とは逆の、苦苦しい殺風景な成行きについて、どうしても言及しなければならなくなる。というのは、（これはずっと昔にある随筆に書いたことがあるが）確か三年生のときだったか、左派学生（といっても、当局がそう睨んだだけのことに違いなかったが）の一斉検挙という衝撃的な事件があり、その余波で、私たちがやろうとしていたある読書会は潰れてまい、そのあとで、これは大丈夫だろうと考えて、何とか皆で読書会をやろうとして始めたこの沙翁輪読会も、まもなく差し止めということになってしまったのである。

昭和十四年、五年というあの急激な暗黒化への境目のことだったから、私だけでなく数人の仲間は、事の成行きにただ振り廻されるばかりで、どすぐろい恐怖に打ちのめされていたと言って過言ではない。それもその筈、実は右に触れた、私たちがやろうとしていた最初の読書会とは、「唯物論研究」という名目で戸坂潤の（題は忘れたが）唯物論の入門書を読もうというものだったから、一斉検挙のあとでは当然のこと崩壊してしまった。と言って、読書会の仲間が検挙されたのではない。何かの理由で留年して私たちのクラスの一員となった、沖縄出身の先輩が読書会の指導者で、その先輩の同級生が多く検挙されたのだった。

かつての随筆にも書いた通り、思想的なことに全く未経験だった私たち下級生にとっては、まだ何事も始まってはいなかったのだから、この陰惨な出来事はただもうドス黒い恐怖のみを私の心に残した。私は、ちょうど姉の家に寄宿していたが、姉夫婦に隠れて戸坂潤のその本を庭の隅でこっそり焼き、読みはじめたばかりのその「真理」の書がぶすぶすと焼けていくのを、呆然と見つめたものだった。今から振り返れば、まことに他愛のない、と言えばまさに他愛のないわが身の振り方だったが、しかしまた、その奥底に蠢いていたものに思い及ぶと、底深い歴史の皮肉、いや、歴史の悲劇的皮肉《トラジック・アイロニー》とも言うべきものを感じとらざるを得ないのである。こうした他愛のない体験の長い積み重ねのうちに、例えば沙翁の悲劇の意味も、そこばく分かるようになったのではなかろうか。

実際当時の学生生活は、他愛なさとその裏側の陰濕性が何と複雑に絡みあって、根深い矛盾を作りあげていたことだろうか。多分私の同級生たちは、たいてい皆同じような矛盾を心の奥に分かちもっていたに違いない。私たちの年齢の青年は、前にも京都市立第一商業の時の情況について書いたのとやはり同様に、同じ歴史的皮肉を先輩や後輩よりも最も端的に担わせられた世代だったのだ。だから例えば私たちは、片方で思想上の取締りに心を打ちのめされながらも、片方ではクラスのコンパで飲み騒いだり、軍事教練にも、いやいやながら結構まともに出ていたし、私などは、軍国少年、青年になったことは全くないのに、査閲の時に中隊長とやらをやらされて、懸命になって中隊指揮の務めを果し、少しも嬉しくはなかったが、心底《しんそこ》ほっとしたことがあった。

こんな按配だったから私は、まもなく東北大学で土居光知先生のウィリアム・ブレイクについての深い読みに感銘して、「無垢《イノセンス》と経験《エクスピリアンス》」という矛盾対極的な命題を、次第に自分の感覚、思考の基底に据えるようになり、遥かに遥かにのちのアメリカ文学への傾倒も、その自然な持続進展に他ならなかったと思うのである（そう言えば私は、ブレイクの「アメリカは歌っている」という、一種予言的な詩に深く心を惹かれていたものだったが……）。

そして例えば外語の英語部文科に属する数少ない六人の級友の中に、同じ対極・矛盾を、あるいは詩的に深く屈折させて心に受けとめていたY君や、あるいは逆にまた、いわば小説的に軽い皮肉、諧謔を通して受け入れていたS君、いや、文学でなくても、生徒＝日常人としての自然な生を、あの当時の日本の中で何気なく生きているかに見えたK君、T君、Ki君にも、同じ「無垢と経験」の複雑微妙な交錯は、心の奥底にしかとあったに違いないのだ。――今は右の内の四人がこの世にいないし、あとの二人も互いに心を通わせることは滅多にない。「僕は一本の杖を手にとったが／杖は折れてしまった／僕はもう一本杖を手にとったが／それも折れてしまった……」といったY君の詩が、共に十八歳だった彼と私の心を深いところで、しかし果敢なく繋ぎとめていたのだったが……。

しかもまたこのY君は、私はまったく興味をもたなかったが、当時まだ行われていた日米学生会議というのに参加して、アメリカではなかったが、確かハワイを訪れていて、彼の英語の発音は当時の外語では滅多に聞かれないアメリカ式の発音で、一度など千葉勉教授から、そんな〝ウヤウヤウヤウヤ〟という発音じゃ駄目だ、と叱られたことがあった。このようにアメリカも近間にあったのだが――ずっとのちに総理大臣になった宮沢喜一氏も、日米学生会議の一員だったし、のちに東北大学で知りあうことになる私の妻も、神戸女学院からこの会議に参加していて、その頃はもう海外旅行はできなくなっていたが、宮沢氏のことはよく覚えていたものだ――私ばかりでなく、その会議に参加した人たちにとっても、時局の急転換のためアメリカは急激に遠くなっていかざるを得なかったのだった。

――私が杜都へ移ってゆく間際の身体的、精神的情況は、こんな微妙なものだったと、今一度強調しておきたい誘惑を、私は退けることはできないのである。

*

視界の広がりを暗示するインタールード

○海への思い

その頃、また、私の近くには海があった。それとも海の近くに私はいた、と言おうか。先にちょっと触れた、義兄の転地療養の地であった茅ヶ崎へは、私もしばしば訪れて、遥かに北米大陸に繋がる太平洋の海を、何度もつくづくと眺めたものだった。不思議な縁で、戦後数年たった頃、茅ヶ崎の本存《ほんそん》と中海岸に二、三年暮らしたことがあり、この外語の生徒の時の茅ヶ崎は、いわばいずれ大洋を隔てた異国アメリカへ赴く最初の前触れだったのかもしれない、と今にして思う。

しかし、もちろん、その時には太平洋の彼方に思いを馳せる現実のようすがもなく、むしろただ、さすがに波はかなり荒いが、海岸近くで泳いだり、波乗りをしたり、また沖にくっきり見える烏帽子《えぼし》岩や平《ひら》島を眺めながら、磯からの投げ釣りできすやべらを釣ったり、あるいは打ちよせて砕けようとする大きな波の中を群れをなして泳いでいる、ぼらを眺めたりしただけだった。だが、省線の茅ヶ崎の駅から、当時まだ小さかった町をぬけて、海岸通りへの道を海に向かって歩いてゆくにつれて、海の気配は濃厚になり、道路から少し外れた東海岸の姉の家は、いわば海岸の入口といった感があり、海岸通りを越えるともう白砂の敷きつめた小松原で、海の香は、町も駅も線路も、その彼方の東京をも無と化してしまう。——青年の私は、今から思うと、海を隔てた遥かな異国と故国の間の真空のような地帯に立っていたような感じなのである。

　そして、もちろんこの真空地帯には人も、孤独に見えるが生きた人間が、あたかも大自然との絆のようにいたのだ。中海岸より西の海岸では、元気のいい掛け声で地曳網を引く漁師たち——〽オンタホ　エンヤサデ　オンタホ　オンヤタホ……〽と聞えた——魚は何だったろうか、私たち都会の者は、曳きこぼれたきすやはぜなどの小魚を拾い集めたものだったが。——たまたま網にかかって上がってきた海亀を、厳粛な儀式のようにして漁師たちが元の海へ放してやったのは、この海岸だったろうか、それとも幼い私が何度も連れていかれた若狭の高浜、あるいは丹後の由良だったろうか。今の私には、それらのどれでも同じような気がする。海は四海、四方《よも》の海《うみ》に等しく、世界の比喩なのだから……。ところで、この海辺にはまた、自然そのものから生まれたようなナイーヴな少女や中年の夫婦、あるいは老いた釣師、そして私自身がまぎれもなくどこかにいて、彼らに心を関らせているのだ。ここで唐突だが、この海辺の人の姿を描く私自身の若書きの絵入りの短詩を紹介させて頂きたい。

　これらの絵入り詩の私の解説はぬきにして、読者の想像に任せるのが、それらのためにも一番いいことだろう。ただ、私は、既に書いたように歌の方はいつも心と共にあって、よく理解しているつも

茅ヶ崎海岸情景――若い二人

少女ひとり

釣人三態

りだったが、絵心はまったくないものと思っていた。ところが、この本を書きはじめてから、古い自分の書き物——薄汚れたスケッチブックや、原稿用紙に書いた詩や散文を自分で綴じたものなど——を、書庫の片隅に発見したりして、意外に自分にも絵心はあったのだな、と思うようになった。思い上がりも甚だしいし、ここに掲げたものもただ拙文のイラストのためにすぎないが、遥かに遠い「わが文学放浪」の道を辿るには、やはりどこか無視できない小さな道標と言わざるを得ない。読者諸兄姉には、今少し辛抱をして、これらの道標を横目で睨みながら、わが放浪の（細）道を辿って頂きたい。

2

さて、いよいよ杜都の大学と町の生活への私の入門《イニシエーション》の件《くだり》に立ち入ることになるが、いささかくどくなるのを承知の上で、まず杜都に向かって東都を去るときの心のありようを、はっきりと書いておかなければならない。というのは、これは私にとって、この部の冒頭に書いたように、自分の経歴の一つの根源的な画期であり、心はいわば予期しない活断層に触れたようなものだったからだ。いや、これは大袈裟すぎたが、それでも生まれて初めての陸奥《みちのく》——と言うと、杜都というよりいっそう古く、遠々しい響きをもつが、東北（地方）という近代的な呼び名も、実は、古都と東都近郊しか知らなかった当時の私の耳には、まったく未知の「異国」というに近い語感を孕んで聞えた、と言っても言いすぎにはならない。その後の私は、陸前のみならず妻の故郷の陸中も知り、さらに本州の北端から北海道へ何度か旅をし、八十路の今ではそんな語感など夢にも感じることはないのだが、数年前盛岡で開かれた学会に出席して、陸前と陸中では陸奥《みちのく》の感じが決定的に違うことを実感し、かくして二十一歳の私が杜都をすら異国のように感じたのも、やはり地域差のせいと納得した次第だったのである。

まあ、昭和十六年四月〇日（日は忘れた）の朝何時だったか、上野の駅の侘しいプラットフォームに立った時のことを想像して頂きたいし、当時の同様な経験のある方は、そのことを思い出して頂きたい。当時の私には、東京駅と上野駅とでは、俄然、また断然違った緯度にあるような気がしたものだった。こんなふうに書くと、あるいは途方もない差別意識として許しがたいと思われる向きもあるかもしれないが、もちろんそんなわけではなく、むしろ逆に、若かった私自身の未経験ぶり、無知ぶりとも言うべきものをありのままに示して、できればそうした心の情況をもたらした（大袈裟になるが）歴史的経緯と同時に、その情況を次第に脱却していった経緯を、事実に即して浮かび上がらせ、私自身と同時にその私の関っていた世界の真実の姿、その関りのありようを、いささかでも捉え、かつ示したい、という願いの故に他ならないのである。

今少しそうした私の若気の偏見を語ることを許して頂ければ、例えば、省線電車を上野駅で降りて、東北方面行きのプラットフォームに出ると、同じ汽車に乗ろうとする乗客の姿が、それまでの省線電車内や駅の客たちとは一変して、まだ東北を知らない私ながら、東北的としか言いようのない異質なものに見えてくる。偏見も甚だしいと言うべきだが、当時二十一歳の無知な青年の、どう粉飾しようもない、まさにありのままの心象だったのだ。

しかし――ここからは少し余談になるが――また例えば、前のインタールードに挙げた野ばら社刊の『日本のうた』の第3集を、たまたまぱらぱらめくっていると、「あぁ上野駅」という歌が私の目を引いた。

これは、昭和三十九年（一九六四）の作、私の上野駅初体験より二十三年ものちの歌だが、私の場合とは逆に、おそらく東北地方から就職列車（というものがあったっけ）に乗って上野駅から東京に入った若者が、この駅に感じる特別の思いを歌ったもので、*いみじくもここに一つの深い断層を感じとっているかのようだ。——

*右の文を書いてから二年ほどたった今日（二〇〇三年—本書が成るのには数年かかったのである）、この歌を刻んだ碑が上野駅に建てられたことをテレビで知って、深い感銘を受けたものだった。

〈(1)どこかに故郷の　香りをのせて／入る列車の　なつかしさ／上野は俺《おい》らの　心の駅だ／くじけちゃならない　人生が／あの日ここから　始まった〉

「上野は俺らの　心の駅だ」がリフレーンになり、(2)では「配達帰りの　自転車を／とめて」「国なまり」を聞いている。同じような思いを歌った啄木の「ふるさとのなまりなつかし停車場の……」の詩情を大衆化して、少し間延びしてしまったが、上野駅の象徴性が五十年余も変わっていないことを示して興味深い。——いやはや、またえらく脱線してしまったものだが、ともかくも私は、右の歌の若者はだしに、「くじけちゃならない　人生が」「ここから始ま」るといった按配に、ただ東北帝大受験という大義に支えられて、陸奥への初旅に立ち出でたのだった。

ところで、どういうふうにしてか、いつしか私は汽車の客席に腰を下ろしていたのだが、その私のそばには、京都からはるばるやってきた父親が、羽織りを羽織った和服姿で坐っていたのである。私は、この異国への旅に、父親の介添を頼んだ覚えはまったくない。多分父親が、持ち前の旅好きと、おそらく母から私の面倒を見るようにと言われたことから、まだ見知らぬ東北を見てやろうと思ったのだったろう。もちろん、二男の息子への配慮もあったに違いないが、今から思うに、かつてから商売上旅なれていた父は（当時五十三歳くらいだったろう）、この私への介添の旅を、充分に楽しんでいたと思われるのである。

そして実際、今振り返ってみると、私の初の杜都滞在も、この父親のお蔭で不安を感ぜずに済み、受験も落ちついた気持で果し得た感が深いのである。というのは、私は、何の労もとらずにまもなく、東一番丁の市電の通りを越えた辺りの、大学の裏門近くの素人旅館（そんな言葉があったのだったか、ともかくもいわゆる旅館ではなく、ちょうど旅館を経営している素人下宿といった感じの、木造二階の粗末な畳の部屋）で、父と共に旅装を解いている自分を見出したのだった。――いや、まだ話が早すぎる。車中のことはどうだったのか……。

残念ながら、その記憶は今定かではない。あるいは、私たちは夕刻発車の夜行列車に乗ったのだったかもしれない。二人並んで坐っていたというのは、夜が明けてからその状態が初めて印象づけられたことを暗示しているのかもしれない。父は、何度も広島、九州方面への商用の旅に慣れていたし、私は私で若くて元気だったから、長途の夜行列車など意に介していなかったのだろう。こんな次第だから、私の特技の一つとも言うべき車窓からの感想の記述は、この際は成立せず、むしろのちに何度も東北への旅を繰り返した上での印象と密接に混じりあって、私の陸奥行《みちのくこう》の神話とも言うべきものを作りあげていると言わなければならないし、その神話、及び今つと筆にしてしまった私の「車窓からの感想」(これは拙著『花の色』で幾らか披露したが)については、いつかまた書く必要が起るに違いない。

かくしていよいよ杜都入りの件《くだり》となるのだが、ここでまた記憶の曖昧さが多大の混乱をもたらすことになる。というのは、私はこの時、かの傍系入学試験というのに合格し、やがて米ケ袋上丁《うわちょう》という通りのK家の二階に下宿する、夢多い大学生活を送ることになるのだが、いったいどのようにして何日か後の合格発表を知り、またどのようにしてK家に寄宿することを得たかという点になると、どうにも茫茫たることになってしまう。このとき仙台には大橋家にいささかでも縁《ゆかり》のある人は誰一人いなかったし、私自身の知己もまったくなかった。東京外語の岩崎民平教授から土居先生への紹介状をもらって、先生のお宅を訪ねた記憶は鮮明にあるが、これはもちろんのちの合格が決ってからのことだし、合格が決まってからにしても、先生から寄宿先を世話して頂くなどいう事は、荒唐無稽としか言いようがないことだ。

あるいはこうではなかったか、と思うふしもあるにはある。——例えば、父は京都に商用があるので先に帰り、私は先に触れた素人下宿風の宿屋(「千代館」という名称ははっきり覚えている)に一人残って発表を見たか、あるいは面接のあと一度東京に帰り、もう一度発表を見に仙台へ戻ったのか。発表を自分で見たことは、どうやら確実だ。というのは、そのとき不合格で打ち萎れているかに見えた二人の女性の姿が、眼の奥に残っているからだ。二人のうち一人は小柄だったが、どういうわけか二人とも黒っぽいドレスを着ていた印象がある。この二人は、翌年同じ入学試験に合格して、私より一学年下の、背の低い方は国語・国文学専攻、高い方が英語・英文学専攻の学生となり、やがて後者の女性が……いや、これはここではまだ言及すべき事柄ではない。ともかくも一年先のことなのだから。――

いやはや、脱線もまた正規の進路なり、の感なきにしもあらずだが、ともかくも安全路線へとって返せば、おそらくこうだったという（いささか怪しげな、脱線をも救いあげ、掬い取る体《てい》の想像力《イマジネーション》、いや、それとも空想《ファンシー》とも言うべき）経緯が夢幻《ゆめまぼろし》のごとく見えてくる。――発表の直前か、その直後に私は、大学の裏門を出て一番丁（これはメイン・ストリートで、大学の裏門［北門］から近いことになるが、このときの正門は、広瀬川に掛かっている御靈屋《おたまや》橋に通じる片平丁の側にあった――「ちょう」はすべて「丁」と書く）へ向かうあたりで、一人の眉目秀麗な青年学生に名前で呼びとめられることになるのだ。

私もこの青年の顔にははっきり見覚えがあり、東京外語の一年下級のS君と見分けた。この出あいは、私にとっては全くの僥倖とも言うべきものだったが、何とS君は、私の名前を覚えているに事欠いて、先にもちょっと触れた、私が外語の軍事教練、特に査閲の時に中隊長の役目を果したからというので覚えていてくれたのだ。こんなことは、ごくつまらぬ出来事で、ここに書く迄もない事柄なのだが、先に触れたように、私としては、軍事教練など一種仮面のようなものと感じていたから、そのとき一瞬感じとったわが身に纏《まつ》わる皮肉な二面性が、その後何度も――今日に至るまで――わが心と身に見えつ隠れつしてきていることを、はっきり示しておきたいという気持をつい抑え得なかったのである。しかもその皮肉は、それから数年後には、私自身は海軍予備学生上がりの少尉として、いいいいい戦場にも出ず、内地で安全に生きていたのに、一年下のＳ君は、まもなく海軍兵学校終了と共に太平洋戦線に出て戦死してしまったという事実のために、いっそう痛烈、痛切なものとなるに至ったのだった。

いや、いや、このことも今書くのはまだ早過ぎる。そうした痛切な皮肉が現実の衝撃となるのは、さらにさらにさまざまな体験をへた上でのことなのだから――。だから今は、もう皮肉云々は止めにして、いよいよ杜都における生活――大学生としての、また日常人としての生活――について書かなければならないが、どうやら今の私には、大学生としての生活より、杜都仙台の人間としての生活の方が、もとより前者との密接な関連においてだが、まずわが文学放浪の基盤となったように思えるので、その方から語ることにしたい。その生活が始まったのは、先に触れたＳ君が、私の杜都生活への助言者として、彼の母親に私を引き合せてくれ、彼女（Ｓさんのおばさんと呼ぶことになる）がすぐに、Ｓ家の庭のような広い露地を出た向かいの、Ｋ家のおかみさんに紹介してくれたからである。この家の二階の六畳間に、まもなく私は自分で荷造りした大きな柳行李《やなぎごうり》を運び上げて、初めての仙台の下宿生活を始めたのだった。

V

杜《もり》の都の生活——東北大学学生として

1

唐突だが、前に陸奥《みちのく》を異国の如く語った流儀に従えば、この杜の都での生活は、まず日常わが身を取りまき、私に即刻の対応を迫るかに思えたこの地の方言、いわゆる仙台弁の、異国的と言ってもいい衝迫と魅力に表徴されていた、と言うことができる。もちろん、人間の言葉だから、根底には当然人間的、普遍的なものを孕んでいる筈だが、その人間性、普遍性はまた、逆に個別的な特異性を通じて顕現するものなのだ。そしてその特異性は、何と言っても生きた人間の話し方――音声――に密接に関っていると言わなければならない。「訛《なまり》」という語は、いみじくも音声の変容と同時に、その地方的な言葉そのもの（弁）をも指している。そして、おそらくその原理は、異国語間の相違にもどこかで通じるものを孕んでいるのではないか。――もちろん、これはそれだけでも一朝には論じ得ない大問題だから、ここでは問いかけだけに留めておかなければならぬが……。

ともあれ、私の杜都生活は、仙台訛の衝迫と魅力から始まったと言っても過言ではない。特にこの訛に著しい、強い尻上りの口調は、何よりも第一に私の耳を打った。ともかくもK家の二階に下宿していた私の耳に、階下から、あるいは路上、いや、やや遠いながら向かいのＳ家の玄関のあたりから聞えてくる声に耳を傾けてみよう。いや、傾けるまでもない。声と言っても、話し言葉そのものではなく（これは断片的にしか聞きとれない）、対話の合間合間に入る合の手の音声で、強調のために尻上りになっていて、耳に飛びこんでくるのだ。この時の話し手は、多分隣近所からの中年のお上さん——どうやらこの年齢のおばさんたちが、典型的な仙台弁を丸出しにしていたようだ。していたようだと過去形で書いたのは、今はどうなっているかまったく知らないからだが、この初めての頃も私は、おばさんたちの仙台訛をけっして馬鹿にしていたのではなく、むしろ逆に驚嘆、讃嘆していたにほかならない。丸出しにするとは、何の外連《けれん》もなく率直に口に出すことであり、その率直さ、自然さに心を打たれていたのである。いや、いつもの事だが、御託《ごたく》はもう沢山、事実に赴こう。——

〽ンーん、ンーん……〵―これらはただの「うん」ではない。相手の言《げん》に強く共鳴して「ンーん」と尻上りに傾くか、あるいは「そうか、そうか」と、これまた強く納得する風情なのだ。その勢いが高《こう》じると、〽ンーん、ンだすペー〵と、「そうだろうね」の意味でやはり尻上りの強調語となる。あるいはそのヴァリエーションも幾つかある。〽ンでがいんかー〵（そうじゃなくって）〽ンでがすとー〵（その通りですよ）これらは皆尻上りだが、相手の言うことを納得するとき、必ずしも尻上りにならぬこともある。〽ンだいっちゃー〵（そうなのよ）―これは上り下り両方あったようだが、強調に変りはなかった。〽ンダ、ンだ〵という相槌も尻上りだが、〽ンだべっちゃ〵（そうだろうね）というのは尻上りにはならない。

　ともかくもこんな間《あい》の手が対話の際立った調子を作りあげるのだが、もちろんその間には具体的な知らせや要件が対話の本体を造り上げている。だが、割合に普通の口調で交される知らせや用件も、まさに以上のような尻上りの合の手によって結論に達すると言わなければならない。たとえ用件や知らせが、大事件でなく些細な事柄であっても（大抵はそうなのだが）、このような尻上りの強勢によって日常的生命の証《あかし》となり、生活自体に心と生命が満ち満ちてゆくように思える。向う三軒両隣のお上さんたちの対話は、たとえ誰か一人、進んで隣家を訪ねるお上さんの、「いしたか（いなすったか）」という、一応穏やかな挨拶の言葉から始まったにしても、尻上りの常なるしきたり的繰返しによって、市民たちの生命に満ちた生活は、毎日新しく芽ばえ、充実してゆくという稀な力と魅力を見せつけてくれたと、今の私には思えるのである。

この杜都方言、仙台訛りの問題は、杜都の生活全体から見れば、それ自体がいわば合の手のようなものだから、私もそろそろ合の手でない杜都の現実生活に移らなければならないが、この第一章の終りに、いわば一種のインタールードまがいに、もう少しだけ典型的な仙台訛を書きつけておきたい。私の学生時代には、市電が市内を円環状に囲んで走っていたが、当時の、仙台訛を冷かすきまり文句に、「仙台駅前」というのを車掌は「シンデシマエ」と発音する、というのがあった。これは極端で、実際はそれほどでもないのだが、仙台訛独特の「サシスセソ」の変形と、音《おん》の詰り具合を極端に示して、ユーモアがある。

言葉の音よりは中味の点で、私などを笑わせるというより、驚かせたのは、電車から降りるというのを「落ちる」とはっきり口に出して言うことだった。未だに忘れられないが、そう大きくない市電が満員のために、出入口の近くに立っていた私のうしろから、「明けてけろ、明けてけろ、ここで落ちるから」と声をかけて、三十歳位の肥った男が私と私のそばに立っている乗客を押しのけて、前に出てきたことがあった。ちょうど停留所に止まろうとするときだったが、まわりの人は笑いもせずに路《みち》を開けてやる。だから私もいささか気を引きしめて、男が電車から落ちてゆくのをじっと見送ったものだった。このときも、けっして馬鹿にしていたのではなく、むしろ啞然として、あたかも力が盛り上がるように見える男の背中を見守っていたのである（ただこれに関するジョークもあり、「落ちる人が死んでから乗ってけさい」＝「降りる人が済んでから乗って下さい」というわけで、発音の訛が関っている）。

既にもう、仙台方言のためにかなりな紙数を費してきたが、まず生活している人たちの生きた自己表現の表徴である話し言葉を通して、この私にとって異郷の都市の、人と社会の雰囲気についての第一印象を伝えたいという願いは、そこばく叶えられただろうか。もちろん、完璧は期しがたいし、こうした文章だけで、大それた願いが叶えられる筈もない。ここでさらに反転して、多くある杜都の文化的特質の別の面に赴かなければならぬが、その反転の契機になってくれるかもしれぬ、私の忘れ得ぬこの地で初めて耳にした言葉（音声を含む）の例を、今一つだけ挙げることを許して頂きたい。と言っても、これは生活人の言葉ではなく、幼い子供たちの遊びの掛け声である。それも、ごく普通の、どこでも見られた（今「た」と書かざるを得なかったのは、この頃は町ではその遊びも全く見られなくなったことにふと気づいたからだ）、あの「ジャンケンポン」（あるいはグウ、チョキ、パア）の杜都版なのだった。

今仙台の子供たちはどのように声を掛けているか知らないが、下宿生活を始めたばかりの頃、学生の私が、わが下宿のそばの通りの板塀を背にして、小学校四、五年位の女の子が三人、何かして遊んでいるのを何気なく見ていると、突然（と私には思われたのだ）その内の一人が、「イシケンギ」と叫んで右手を他の二人の前で振った。最後の「ギ」を大変強く発音したので、私はびくっとして何事かと思ったくらいだった。だが、あとすぐ三人で、確か「タスペッスー」とか、「タヨタンヨー」とか、それに確か「サラサラサーラ」という掛け声でジャンケンの仕草をはじめたので、私はやっとそうかと納得したものだ。そしてそれ以後は日常の風景として、気にもとめなくなったのだったが……。

が、ここで私は、おのが恥を曝《さら》け出す仕儀とならざるを得ない。というのは、実は昨夜（これは文字通り昨夜である）になって、初めて、私は、本稿のこの件《くだり》にきてふと『広辞苑』を引く気になり、まず「ジャンケン」の項を見ると、何と「石拳《いしけん》」こそがこの遊びの古典的な原型であることが、当り前のように記してあるではないか。つまりこぶし（拳）による遊びで、石、紙、鋏《はさみ》の勝負のことを詳しく書いてある（「ギ」というのはよく分からないが、あるいは同辞典にある「伎」「技」——つまり「わざ」、「うでまえ」のことで、「勝負！」という掛け声かもしれないなどと、想像したくなるのだ）。序でに「拳《けん》」の項を見ると、三番目の定義に右の勝負のことが書いてあり、「本拳、虫拳、狐拳など種々ある。近世中国から伝来」とある。右の三つの拳の説明は『広辞苑』の興味深い説明に委ねるが、そう言えば野球拳などというのは、現代の野暮な（それとも粋がかった？）発明だと納得することになる。

しかし、それにしても、『広辞苑』を金科玉条と心得て、その権威によりかかり、本稿でもしたり顔にしばしば引用しているこの私としたことが、前の「七草」の場合と同じように、「石拳」については六十年もの間この辞典を恬《てん》として顧みず、「イシケンギー」と遥か昔の少女たちの掛け声を、訝りながらもそのまま懐しい思い出とし続けてきたのは、いったい何としたことだろう。彼女たちの魅力、いや、地方語の魔力のせいなのか。今でも、それを思い出すと、音声としての言葉そのものが、昔のままに耳底に聞えてくる。そして彼女たちのあどけなく大人っぽい顔も眼底に甦る。――その内の誰か一人が、「おしょしい！」（お笑止い――恥ずかしい〔これも『広辞苑』にあり〕）と、ちょっと科《しな》を作りながら言う姿と共に。

すべて六十年も昔の思い出なのだが、杜都にもご無沙汰している今はどうなっているやら……。

2

前章がまるで幕間狂言《インタールード》のように、次の現実的展開へと進むための心の余裕を与えてくれたので、すべて手前勝手な成行きながら、いよいよ杜都におけるわが現実生活のありようへとペンを進めなければならないが、それにはまずはやはり、私の杜都移住の本来の目標だった東北帝国大学法文学部文学科英語英文学専攻という、長たらしいステータスの下《もと》での私の心身的情況から語り始めるのが、至当であると感じる。話がいささか堅くなるのも、硬軟双双による明暗双双を目指した故と理解されたい。

当時の東北大学（以下この呼称をとる）は、先にもちょっと触れたように、正門が片平丁の側に、北門が市のメインストリートである一番丁に向かう通りにあり、北の方の八幡町にある医学部と附属病院の他は、すべてこの都市の中心部に近いキャンパス内にあった。戦後サン・フランシスコ講和条約成立（一九五二）のあと、かつての第二師団関係の建物の進駐軍による接収が解除になってから、そこに大学の殆ど全部が移って、今の東北大学のキャンパスが出来上がった。だから私自身は、今のキャンパスは、いつだったか英文学会があったとき以外は、殆ど訪れたことがないので、まったく知らないと言った方が当たっている。

と言って私が、遥かの昔に学んだ片平丁キャンパス内の法文学部の様子を、はっきり覚えているかというと、さにあらず、近頃は特に記憶の薄れが甚だしく、その上かつてのキャンパスは、先輩の元宮城女学院大教授の阪田勝三氏から送ってもらった図録によると、今は美しい公園のように装いを新たにしているが、大学移転直後は荒廃するがままとなり、その頃私は、最初は（東北大在学中に教わった）小林淳男先生、先生逝去後は先輩の故長谷川松治氏が文学部長を努めておられた東北学院大学へ招かれて、何回か連続講義をすることになったとき、その荒廃のありさまを無残な気持で眺めることになった。確か私は、ホテルから学院へ出講するときは、特に北門からキャンパスに入り、片平丁で正門を出て左へ折れて学院へ行くことにしていたのだが、それは、旧キャンパスへの懐しさと同時に、そのキャンパスの建物がゆっくりと壊れ、壊されてゆくのを、不思議に詩的な哀感（感傷ではない）をもって眺めるためだったと、今振り返って思うのである。

法文学部の校舎は、この道筋からは視野に入らなかったが、何と言っても心に衝撃をもたらしたのは、総合図書館の堅固な建物の内部が少しずつながら、目に見えて朽ちてゆく姿だった。私はこの図書館で、生まれて初めて広広とした学生閲覧室というものの雰囲気をしみじみと味わい、堪能したのだった。その閲覧室へ行き、手続をして、学問の対象としての英書を借り出し、ＮＥＤやウエブス

史料館――かつての総合図書館

ターの大辞典を備えてある長いテーブルに向かって坐りこんで、音のしないように辞典を開け閉めしながら、研究なるものを、どこか重々しい気持で始める。――広々とした閲覧室はまったく静かだ。そして長く連なった窓のそばのどこかの片隅から聞えてくる咳払いが、逆にその静かさを際立たせる。部屋全体が私を、ある得も言われぬ神聖な感じに包みこみ、私は初めて学問というものの底深い本質に触れた、いや、今――六十年後のわが八十路の今――触れたことを確認するのである。

その「神聖な学問の殿堂」（といったふうにも当時は感じていたようだ）たる図書館が、朽ちてゆくままに打ち捨てられ、正門への道から眺めやると、「破れた窓ガラス、煤けた屋根や壁、中の眼の届くあたりの暗さなどが瞥見されて、それがそのままそこにあるだけに、歳月と現実がもたらした一種ゆゆしい変化が心に重く感じとられるのだ」と、かつて書いたことがあったが、こうした「変化」は（今は更に変化して、総合図書館は、外装は昔通りに保たれて、「史料館」に変貌している）、当時の私には、一種運命的なものだったと思い返される。戦争で直接破壊されたのではない。戦争で破壊されたのは、北門を出た向こうの杜都の中心部だ。学問の府だからというので、米軍が配慮したのだろうか。いや、それより、爆撃しても戦略的効果なしと判断したのだろう。あの当時のアメリカにとっては、日本全国の主要都市は、日本国民（国家ではない）を――最近の世界の破壊専一の攻防と同じく――無辜の国民を彼らの住居《すまい》共々、灰燼と化するための、格好のターゲットに他《ほか》ならなかったのだ。東北の大学など、「帝国」を名のっていても、何ほどの痛痒ともならなかったに違いない。

いや、またまたペンが早く滑りすぎて、戦争直前からいきなり戦後に飛んでしまったが、これは、私の仙台体験が――いや、総じて「わが文学放浪」の途上体験が――今まさにさまざまな時間的経緯と空間的風景との、容易にほぐしがたい多様にして複雑微妙な網《ネットワーク》の目をなして、目くるめく脳裡に展開し、また変転するせい、と了解されたい。その不可避性を心の真実の顕現として確認した上で、やはりもう一度時間的順序を重んじて、あの戦前、それも昭和十六年太平洋戦争間際の仙台へ、東北大学へと立ち戻らなければならない。

昭和十六年に入学した私にとって、東北大学法文学部文学科の主要な印象は、何と言っても初めて経験する大学教授による授業――講義や演習――に纏わるものだった。このことも既にあちこちに書いたが、私が次第に文学に赴く経緯を辿る本書の建前からも、改めて明確に、しかし簡潔に書いておかなければならない。教室そのものの印象は薄れがちだが、教授の先生方の風貌、と言うよりその風貌から伝わってくる精神的な力とも言うべきものは、まだわが心底に脈打っている。しかもその脈動には、それぞれの先生の個性がはっきりと感じとられるのである。

すべて故人となられたこれら先生方に失礼にならぬよう、順不同で簡潔に記そうとすると、まず美学の阿部次郎先生の、少し俯き加減の顔とやや肩の張った上半身が心に浮かんでくる。先生は小柄な方だったが、袴をはいた着物姿にはいつも淡然として、かつ毅然たる趣があった。他《ほか》にも、常に和服で教室に姿を現す先生方が何人かおられたが、特に阿部先生には、和服によって浅薄な世相に抗し、自己を確立し続けようという気迫が籠っているように見えた。実際に、次第に軍国主義的に傾いてゆく国の状態を批判し、当時大学で次第に支配力をもつようになっていた配属将校への批判を口にされたこともあった。——ただ一度だけ、確か学部長になられたときだったが、公務上国民服*のようなものを着られたのを見たことがあったが、それを耐えがたく感じておられるように思えた。私は目をふさいだ覚えがあるから、あのあとはどうされたのか……。

*特に明確な型があったわけではなかったが、やはり薄いカーキ色の作業服。

既に述べたように、早くから漱石に傾倒していた私には、阿部先生は、ドイツ文学の小宮豊隆先生と共に、漱石山房の雰囲気を偲ぶ貴重な縁《よすが》となって下さったが、講義としては確かヴェルフリンの『美術史の基礎概念』を元にした興味深い話を聴き、演習にも出て、我ながら無謀だったと思うが、何とヘーゲルの『エステティーク』の講読の席に連なったのだった。親しい友人（神戸大学で永らく講義をしていて、思いがけなく早く亡くなった美学専攻の故岩山三郎君）の助言を得てのことだったが、阿部先生は、専門外の学生で、ドイツ語は第二語学の半可通でしかない私に対しても、他のメンバーと変わることなく接して下さった、忘れがたい思い出がある。これはあとでも書くことになるが、漱石山房の木曜会の自由な精神の再現の一環であり、木曜会に倣って（何曜日だったか）自宅でもたれた先生の面会日にも私は参加して、土樋の愛宕橋近くにあったお宅へ、何度か伺ったものだった。

——先輩たちの後《うしろ》に坐って、小さくなっていたのだったが。……

つい阿部先生の思い出が長くなったのは、岩山君との関係もあって親しみが深かったせいだが、もちろん東北大の私の思い出には、主任教授だった土居光知先生、当時助教授だった英語学の小林淳男先生が、何と言っても大きく深い位置を占めておられる。しかし、両先生のことを語る前に、それぞれにすぐれた学識と魅力的な個性の持主だった他の専門課程の先生数方について、少し語っておきたい。漱石門下では筆頭とも言うべき小宮豊隆先生は、いつも何となく近よりがたい風情で、私は一度だけ先生の面会日にお宅へ伺ったことがあるが、ドイツ文学にはあの時点で親しめずに先生とも疎遠になってしまったのは、残念と言うほかない。先輩方の噂では、背広姿の先生がいつも風呂敷包みを小脇に抱えて、少し俯き加減に歩くのは、漱石の似姿であるということだったが、それであの近よりがたさが感じられたのだろうか。

漱石との縁では、門下ではないが、私の在学中一年間漱石論を講義された、日本文芸学（Literatur Wissenschaft）の提唱者、国文学の岡崎義恵先生の印象が強く残っている。漱石論は、確か「則天去私」の新解釈を中心にしたもので、「天」のつく語の統計的なリサーチの方法が、強く印象に残っている。しかしそれよりも私にとっては、岡崎先生の「芭蕉、蕪村、一茶」演習に参加し、この場合にも専門外の私に対する先生の大らかな平等精神に浴したことが、うれしくありがたい思い出となっている。私は私なりに右三俳人の句や俳文を読み、自分でも漱石＝子規の俳諧的交友に導かれて、句作も若干試み、風雅の師、英語学の小林淳男先生からいささかの句才を認められたりもしていたので、いわば我流の知識と感性をこきまぜたようなレポートを書いたりしたのを、岡崎先生は、英文科の学生などということは不問に付して、率直な批評とメリットの指摘によってプラスとして受けとめて下さったのだった。このことは、それ以後今日に至る私の文学的遍歴の一つの顕著な道標となっているのである。

さらに、河野與一先生からは、フランスの古典文学、またラテン語の手解《ほど》きを受けたが、先生には、のちに戦後仙台に戻って教壇に立つ傍ら、研究室に出入りして、私の多言語者《ポリグロット》的趣味を随分と助成して下さったので、そのときに記すことにし（私は、河野先生の先生とも言うべき古典語の大家久保勉先生にも、少し教わったが、海軍時代の習慣で階段を二段ずつ駆け上がる〔これは、のちに私も海軍でやや得意げに実践した〕と評判の先生は、'mensa, mensam, mensae'……といった、マクミランの『ショーター・ラテン・コース』で私たちが汗をかいた格変化、動詞の変化を、そらで歌うように繰り返されたものだった）、また、哲学の高橋里美先生については、先に西田哲学批判の点で触れたので、ただ先生が総長として、みごとに馬に跨られたことがあったという一事を、付け加えるに留めさせて頂きたい。

さて、ほかにもすぐれた教授方が多くおられたが、私の直接の恩師、土居、小林両先生には、何と言ってもその後も長く、御逝去のときまでずっとお世話になったから、のちにも書くことが多く、ここでは先生方から受けた私の第一印象を述べるに留めることにする。――土居先生の印象としては、まずどっしりとした体軀を、演習室の長テーブルの真中に据えて、一種訥訥とした口調で、私たち七名位の学生に向かって、低く、しかし力強く語っておられた姿が目に浮かんでくる。その堂々たる先生が、高知県出身の土佐訛で（「私の名前は（土居光知《こうち》）と読みます」と、一度言われたことがあった）ウィリアム・ブレイクの『無心と経験の歌』を音読しながら説明されたのが、最も強い印象として私の心に残っている。その印象には、互いに相反する二つの特質があり、その対照の妙が、圧倒的に私の（そしておそらく級友たちの）心を打ったのだった。一つは、何と言ってもブレイクの詩の、「経験《エクスピリアンス》」の曇りを帯びながらもどこかに秘められている「無心《イノセンス》」の清らかさが、堂々たる先生の口から響き出てくる、不思議と言うより一種神秘的な生々しい体験。私は当時の日記に、先生の口の中では駒鳥《ロビン》が唄っている、といった旨の感想を記したことがあった。

今一つは、それと対極的な先生の英語の発音である。日本語でも、例えば哲学というのを、先生はテトゥガク（tetugaku）と発音されたが（先の岡崎先生も高知市の生れだったが、訛は殆ど気づかなかった）、今でも忘れられず、生き生きと甦ってくるのは、先生が“Piping down the valleys wild”で始まる詩篇の中の“Piper, pipe that song again ;／So I piped : he wept to hear”という詩行の“piped”を、「パイプゥド」と発音しながら、この詩を情感を籠めて歌うように読み上げられたときの感動である。ブリティッシュ・イングリッシュとはおよそ縁の遠い、強＝弱格ではない、高＝低格と言うべきか、あるいは長＝短格とでも言うべき、ゆったりとしたアクセントが、土屋光知＝ウィリアム・ブレイクとも言うべき、独特にして新鮮な効果を醸し出していたのだ。「わが文学放浪」は、こうした土屋光知独特の日＝英文学の自然な交錯、それ故の文学的味わいの広がりと深まりという点に、無意識に肖《あやか》ろうとすることを、一つの重要な契機《モメント》としていたのではなかろうかと、今にしてつくづく思うである。

小林淳男先生にも、私の入学時から先生の逝去まで、あるいはそれ以後に亘って、貴重な教示と豊かな情感に浴することができ、今後何度か私の拙い文章にご登場を願わなければならないので、今はやはりまず先生独自の風貌の、私が最初の頃感じとったところを述べるに留めよう。教室における先生と言えば、何と言ってもご専門だった古代英語、『ベオウルフ』の詳しい講読解説が、まず思い出されてくる。当時としては大変な作業だったと思われるが、英文研究室の副手の女性の手になる原文のタイプのプリントが、次から次へと私たちに配られ、それを先生が古英語発音で読みながら説明していかれるのだった。私は、先にもちょっと触れたように多言語趣味的傾向を深めていたのだったが、この『ベオウルフ』は、ドイツ語訛のようでごつごつしていて、この時点ではとても馴染めず、残念ながらお手上げとなってしまったものだ。

　土居先生の場合と同じく、小林先生の講義や学生への教示の口調について言うと、水戸の出身である先生には、やはり北関東訛というか（あるいは県によって違いがあるのだろうか）独特の「行《い》ぐ（ぐは鼻音となる）」という発音があって、先生自身語学者らしくそれを充分に意識して、自分の発音は「いぐつう〔という〕ふうになるんだがね」とおっしゃったのが、独特な印象として私の心に残っている。また、いつだったか、講義中に、比喩として「石橋を叩いて渡る」というのを、「石橋を渡《わた》いで叩《たた》る」とおっしゃったのが、先生の舌の運びの微妙な証《あかし》として、微笑と共に思い出されるのである。先生の英語の発音は、真《まこと》に歯切れのいいブリティシュ・アクセントで、私にとっては先生の場合にも、日=英語の複雑微妙な、かつ自然な交錯を感じとり、それだけにそうした交錯の底に秘められている先生の研鑽の広さ、深さ、自然さから、私自身の文学への教示を不知不識のうちに得たことを、今にして思い知るのである。

以上は、若い私が率直に感じとった土居、小林両恩師の、親しみ深い、人間的な（と敢えて言う）印象を、そのまま描きとったのだが、もちろん両先生には私の生涯にまで亘る（ということは、のちの私自身の家庭にまで及ぶ）多大の助言を頂いた経緯を、今後いつか断続的にでも綴らなければならぬのは、言うまでもない。ただ、今は両先生の思い出はこれだけに留めて、杜都、東北大学生活の他のさまざまな面を記し、機至らば、その都度両先生の面影に立ち返ることにしたい。

インタールード

杜都の自然——さまざまな歌声

○広瀬川の河鹿《かじか》——初夏の夕刻、米ヶ袋下丁から河原へ。向山《むかいやま》（八木山）崖下の早き瀬の、数知れぬ拳《こぶし》大の石ころの上に、喉袋打ち震わせて啼く雄。雌を求めてか、と思うまに飛びさっていずこへか。それでもあの甲高く澄みきった、そして哀れを秘めた啼き声はそちこちに響き続ける。河鹿と書くのは、「ひろろと鳴く鹿の……」と古歌にあるように、その啼き声が鹿の鳴き声の哀れさを思わせるからだろうか。——私は、暮れなずむ空の下、河原にしゃがみこんで、長い間彼らを見つめていた。

○遠山緑　霧深く
　二声三声　啼く

かっこう
かっこう　かっこう

遠山緑　霧淡く
かっこうの音《ね》は
薄れゆく
遠く遠くに
かっこう
かっこう
（下宿の二階の手すりによって、向山を望む旧詩より）

○………（略）…………
道なき今の身なればか
われは道なき野を慕ひ
思ひ亂れてみちのくの
宮城野《みやぎの》にまで迷ひきぬ

心の宿の宮城野《みやぎの》よ
亂れて熱き吾身《わがみ》には

日影も薄く草枯れて
荒れたる野こそうれしけれ
………（略）………（藤村「草枕」より）

この長いさすらいの哀歌が、終りの数聯では、「わびしき野のけしき」の中に、次第に「春」が立ちあらわれ、「春やきぬらん東雲《しののめ》の／潮《しほ》の音《ね》遠き朝ぼらけ」となるに至るのだが、それに比べれば私の宮城野体験など、物の数ではないことになってしまう。それでも私は、仙台での学生生活の間、右に引用した藤村の詩行を、何度も愛誦したものだった。それは、私には歌だったのだ――遥かのちに私もまた、往時藤村が教壇に立った同じ東北学院で講師をしたというのも、のちに書く私の信州体験で、藤村の小諸、千曲川に関する詩文に親しんだことを考え合わせると、一種不思議な縁《えにし》のようにも思えるのだ。

――・――・――・――・――

〽さんさァしぐーれェかァ／かやァのーのあァめェかァーァ／おともせでェきてェぬれェかァかァるー
（ションガイナ）

ついに正調を歌い得ぬ、むずかしい唄だった。「さんさ」とは「俗謡のはやしの声」と『広辞苑』にあり、「江戸中期から祝儀唄として手拍子で唄い、また、酒宴などに三味線ではやし、踊りも加える」と説明されている。私も酒宴で本調子を聴いた覚えがあるが、これはついに幻の唄に留まり、ただその疑似メロディがわが心の奥に響き続けるばかりである。

〽きーみとふたァりでひろーせがァわ／せんだァいせんだァいなつーかァしーや

突如詩の高みから流行歌《はやりうた》の通俗性に転落したが、戦後も遥かのちに仙台にいっそう深い縁《えにし》ができた頃に流行した、確か「新仙台小唄」という歌からの右の二行は（私はこの二行しか覚えていないのだ）、今は詳しく述べられず、のちの肝腎のときまで、説明は思わせぶりに残しておかなければならない。それならなんで今持ち出すのかと詰問されれば、そこはそれ、前にも似たケースがあったように、先行しがちな想像力を大事にしながらもブレーキをかけなければならぬという、まさに文学放浪の宿命のせいに他ならないのだ。それに、予め注意しておかなければならぬが、これは私ののぼせ上がりのせいの引用ではなく、まさに純情な私に対する他人様からの揶揄の表徴としての引用なのだ。

——とここまで匂わせれば、この二行はそのままで元の唄そのものよりも、風情を高めるのではないだろうか。いやいや、「匂わせれば」などと妄言多謝、土下座叩頭に値する罪——これも文学放浪の溢路そのものと思い知りつつ。

VI　杜都の大学生活——豊かさと波瀾

1

入学した時の英文科の同級生は、五人。上級生は二人いた筈だったが、一人は退学したらしくて姿はなく、今一人もほんの数回顔を見せただけで、まもなく見えなくなった。だから昭和十六年の一年間は学生は右の五人だけで、内女性が二人、それに高齢ながら今も健在の阪田勝三氏（長く宮城女学院大学におられた）が、助手として授業に出ておられた。こう書くと当り前のようだし、私たちも当り前と思っていたが、しかし何と希有な、贅沢な構成だったことだろう。定員は確か二十名ぐらいだったと思うが、翌十七年に新しく四名入ってきても総勢十名足らず。その十名足らずに、英文科では先に書いた土居、小林両先生、それに専門を越えて交流する文学科の情況から言えば、まさに豪華な教授陣の謦咳に接することができるのだった。

それを思うと私は、自分がいかに幸運だったか思い知るのだが、今振り返って思い見ると、当時はそれがまったく当り前のように思えたことが異様だし、またその幸運に眼を開き得なかった自分を恥ずかしく、佗しく思いもする。が、それでも外面から言えば、当時は、日本の中国大陸侵略も激しくなり（南京虐殺事件は昭和十二年〔一九三七〕）、同年二月には日独伊防共協定、昭和十四年〔三九〕五月にノモンハン事件、同年八月には独ソ不可侵条約、そしてついに九月には第二次世界大戦勃発、といったふうに、急迫的に危機化し、かくして私の入学の年（昭和十六年〔四一〕）の十二月には、真珠湾急襲から太平洋戦争へと極限化していった時なのだ。英米語・文学は、いわゆる敵性語・文学として忌避されるに至るのである。

私立大学、特にミッション系の大学では、リベラリズムがまだかなり保持されていたと思われるが、大学一般、特に帝国大学系では、英文科の学生はどこでも少なくなりつつあったから、東北大学でも英文科の学生数の少ないのは、別に不思議でもなかったわけなのだ。因みに、平成十二年度版『東北大学文学部　同窓会会員名簿』を覗いてみると、英文科専攻の学生数は、創設当初（大正十二年〔一九二三〕）は一名に留まっているが、翌年の入学者から次第に殖え、卒業生数で五、六名が数年続いたのち、昭和六年卒業生は俄然十二名となり、大体同数が昭和十一年まで続いている。翌十二年から漸減ないし不安定の兆《きざ》しが見えはじめて、ついに十六年には卒業生一名、そして十七年は〇《ゼロ》名となり、私のクラスの卒業時の十八年九月（これは、のちに書くように、在学年限が三年から二年半に短縮されたためだ）でやっと先の五名に立ち戻ったが、私たちの次の学年は、あの学徒出陣に際会し、以後敗戦に至るまで二年間は空白になっている。

こうした数字を今振り返って思い見るに、昭和十六年入学の私たちと次の学年、特に私たちの学年は、まさしく歴史の活断層に陥ちこんでいたと言わざるを得ない。私は、先に書いたように、ともかくも東北大学入学は果して、杜都の生活を享受しはじめていたのだが、その同じ年の秋、大学生の誇りを角帽にひけらかして故郷の京都を、あるいは先に書いた東京や茅ヶ崎のそちこちを歩きまわって、大いなる志を育むべく意気高らかに大学に立ち戻った途端に、在学年限二年半に短縮の宣告を聞き、軍事教練で配属将校の何やらゆゆしげな姿を見て、まだよく分からぬながらに、心に深い衝撃を受けたのだった。その衝撃の深い歴史的な意味は、実は今にしてやっと思い知るといった体《てい》たらくなのだが。

私は、ずっとのちの（一世代《ジェネレーション》近くものちの）大学紛争の時、当時のいわゆる「団塊の世代」の急進的な学生たちから追求を受けて、彼らへの親近感と同時に、歴史的な深い断層の感を抱いたものだったが、そもそも断層ということは、右に述べたような情況から言って、私たち昭和十六年に大学に入学した者の歴史的運命とも言うべきものだったと考えざるを得ない。私たちは、先の年度と学生数からも分かるように、一世代にもならぬ、ほんの数年の間に決定的な断層を無意識ながら体験していたのだ。さらに思い出して頂きたい——本書で先に書いたように、京都市立第一商業では、私たちのクラスから制服がカーキ色に巻脚絆《ゲートル》ということになり、桃山御陵の大石段で撮られた全校生徒の写真に、くっきりと生々しく、私たちと上級生との間の断層が、黒の小倉とカーキ色の対照となって現われていたことを。——不思議とも、空恐ろしいとも今ふと考えるのも、当然もしくは自然なことではないだろうか。ただ私たち数年の間の人間だけのことではなく、何度も言うように根底的な歴史の（日本の歴史だけでなく、世界の、人間の歴史に繋がる）問題として。

思わずわが歴史的運命への思い入れに足を、いやペンを取られてしまったが、もう一度歴史的現実に足を、ペンを、据えて、わが杜都生活、まずはその（いささか曖昧な）中心だった学生生活へと、話を戻さなければならない。先にも書いた通り、同級生は五人、内二人は女性、あとの三人の内一人は（ＦＩさんとイニシャルで呼んでおこう）大阪出身の三十代の中年の方で、確か何か実務についてから改めて英文学研究を志したということだった。兄貴というよりは、むしろ若いおじさんといった感じで、私はそんな形でのちにいろいろ世話になったものだ。残る二人が私とＦ君――Ｆ君は確か二高出身だったが、一次試験は受けなかったのか、東京外語出身の私と同じ傍系入試で入った人。

ここでまたいささか御託めいた注釈をつけ加えなければならないが、ＦＩさんのような一般より遥かに年長の学生ということも、当時は別に不思議とも思わなかった、東北大学英文科の幅の広さ、従ってまた心の寛さの表徴とも言うべき特質だったが、何と言っても、（これも私は当り前のような気がしていたものだが）この時点での男子の大学における女子学生の存在ということは、珍しいことではなかっただろうか。何分私は元元世情に疎く、また考証することも手に余るといった体《てい》の迂闊者だから、思い違いがあれば許しを乞わなければならないが、例えば先の同窓会員名簿を覗いてみると、英文学専攻では、昭和二年卒（ということは大正十四年入学の第三回生ということになる）には、大原恭子さんの名前が見え、八年飛んで昭和十年卒には、今日なお健在の近藤いね子さんの名前が見える。いずれも当時の英文科では紅一点という存在だったに違いないが、共に研究・教育に大きく貢献され、殊に近藤さんは長く津田塾大学にあって、女性英文学者として光った存在だった。

女子学生の名前が見えるのは、英文学専攻だけではない。当時専攻としてあった学科の内、国文学等十学科ほどに、それぞれ一、二名ないし数名の女性名が見え、中には学窓結婚や師弟結婚として結ばれた方も稀ながらあって、学問と人間の心との結びつきとして、私を含めた何人かの後輩学生の範となったものだ。

そしていささか不思議なことに、幾つかの学科では、私と同じく太平洋戦争の始まる昭和十六年及び翌年（学徒出陣の年）に——既述のようにその前年、前々年には学生は殆どなかったのに——男子学生と共に女子学生が、数多くはないが次々と入学していることだ。敢えて失礼を冒して、今日広く名前を知られている方々だけを挙げれば、私と同じ昭和十八年九月卒の青木生子《くみ》さん（国文学・日本女子大名誉教授）、昭和二十一年九月卒の英文学者寿岳文章先生の息女章子さん（国語学）、昭和十七年九月卒の阿部次郎先生息女の大平千枝子さん（美学・西洋美術史—日本エッセイストクラブ会員）が、すぐ頭に浮かぶ。もちろん他《ほか》にもすぐれた女性学者あり、女性ばかり挙げてきたが、もとより男性卒業生にはすぐれた学者が極めて多かったのだ（私には、阿部次郎先生の研究室の助手をしておられ、のちに極めて親しく接した故山室静さんが特に印象深い存在だった）。

ところで、文学科全体の情況から、いよいよ最も身近な英文学専攻の仲間に話を戻せば、昭和十七年春新しい入学者五名を加えて総勢十名となり、他に特別の大学院生（聴講生だったのだろうか）として台北帝大から、工藤好美先生の推薦で入ってきた少し年長の一名を加えた私たちは、それぞれ専門の研究対象を模索する一方、さまざまな形で友交の場をもち、また土居・小林両先生もそれぞれ違った面ではあったが、私たちと一緒に、いや、多くの場合私たちをリードして、親しく楽しまれたものだ。これも既にそちこちに書いことだが、土居先生はかの堂々たる体軀で、夏は登山・水泳、冬はスキーを軽くこなされ、小林先生は、それとは逆に茶の湯、俳句、書画等優雅の道を悠々と歩んでおられ、共に私たちが仰ぎ見る範となられた。

もちろん、両先生との親しい交わりは特別の事柄であり、私たちは私たちなりの交友関係をもった上で、時どき先生と親しく接しただけだが、それでも先生方の存在は常に身近に感じられていたから、次に学生仲間の情況を書いてゆくうちにも、何らかの形で先生方の姿が濃く浮かび出ることになるだろう。と言って、私たち自身の相互関係も、けっして単純なものではなかった。とりわけ昭和十七年に総勢十一人になってからは、英文科だけの問題ではなく、戦争が投げかける複雑微妙な暗影の下《もと》に、他学科、いや、大学全体の問題と絡みあって、私たちは思いがけない出来事に、何か得体の知れぬ思いを抱くことが、次第に頻繁になっていったようだ。(以下は、かつて『群像』に発表した「時の渕」と題する小説として書いたことと重複する。)

入学した年の秋だったか、経済学科の学生数人が、ただマルクス経済学関係の本をもっていたというだけで検挙されるという事件があったが、これなどは、私には既述のように東京外語での同様な事件の経験があったから、そのときはああまたかと思った位のものだった。しかし、検挙された学生たちは、やがて釈放されて帰ってきたとき、まことに陰惨な顔をしていた一方、同時に検挙された女子学生の一人は、むしろ煙草を吹かして他の女子学生たちを鼻であしらう強《したた》かな女になっていたと聞いたが、私にはそれこそ得体の知れぬ事態のように思え、そのことが心の奥底に異様な痕跡を残したものだった。今なら、あるいは当り前のよう思えるかもしれぬが、こうした思い出は、やはり、今まで何度も述べた、私の陥ちこんでいた深い心の断層を裏返しに表徴していたように思える。

またこんなこともあった。私の入学の翌春関西からやってきたある大人びた美人の女子学生は、自分を愛していた法学科の学生を裏切って、工学科の学生と同棲し、最初の男を狂わせてしまった。そして、学生課へ呼ばれて注意されると、「男って、叩けば誰でも埃が出るものですわ」と、学生部長の教授に向かって言ったというもっぱらの評判で、私のような単純な人間には、その言葉の意味もよく分からぬながら、どこかでやはり、むしろわが心の闇を指し示していると感じていたように、今にして思うのである。こんなふうに書くのは、一面わが無知無能を暴露するに等しいが、そう悟り切るのが今にしてなおためらわれるのは、またもや我が田に水を引くことになるが、そのためらいこそが、八十路に至る明暗双双としての私の「文学放浪」の構造そのものであり、それ故にまたそれなりの実りも生まれ出たと考えたいからなのだ。

2

明暗双双とは、私の漱石論（『夏目漱石——近代という迷宮《メーズ》』一九九五）以来、私自身の文学体験を思うときの合言葉となってきた感があるが、さてまことに唐突ながら、男女の関係も、根底ではやはり明暗双双といった二重性、両面性を孕んだものなのだろう。漱石の作品の場合は確かにそうだ。『明暗』は言うまでもなく、『それから』、『心』、『行人』……、いや、彼の文学のすべてが、どこかで双双の二重性、両面性を孕んでいるのだ。それを私は、「近代という迷宮《メーズ》」と普遍化したつもりなのだが、今はむろんなそんな大仰なことを考えているのではなく、漱石個人のことは問わず、ただ私個、人のことを振り返っての思いなのである。私の場合も、平凡ながらやはり明暗双双だったのか。

　ある意味では、まさに然り。しかし、今思い起せば、何とけちくさく、しょうびんな（これは、『広辞苑』には載っていない、「とるに足らぬ」、「ちっぽけな」の意の京都言葉である）双双だったことか。例えば私は、突然ある女子学生から、彼女の親友の別の女子学生が私のことを思いつめて、悩んでいるから、会って（話を聴いてやってくれ、だけじゃなくて）受け入れてやってくれ、といった旨のことを言われたとき、もちろん最初はショックで頭がくるくる回転するようだったが、やがて気を取り直して最初に言った言葉はなんと、「貴女《あなた》たちはいったい何しに大学に入ってきたんです」という、責め口調の言葉だった。

　何という野暮な、あるいは何という無情な科白《せりふ》だ、と言われるだろうか。これまた、まさにその通り野暮にして無情。しかしそう言う口先の裏側の心の中には、歓喜に似た何ものかが閃めいていたことを、否定することはできない。その相反する言葉と思いの二つは、無意識の内に相剋しあいながら、同時に存在していたのであり、その二重性、両面性は、まさに明暗双双のヴァリアントだったと言わなければならない。それが証拠に私は、右のやりとりがあった仙台の北の海辺（菖蒲《しょうぶ》田《た》付近）の海水浴場から、最寄りの電車の駅まで帰る途中には、もう女子学生からの愛を拒否する根拠を失いかけていて、路傍に咲いていた桔梗の花を一本《ひともと》手折《たお》って、俯き加減に私の様子を窺っているらしい相手の女子学生に、そっと与えたりしたものなのだ。

　何というおセンチな、と今度は逆に冷かされるだろうが、これもまさにその通り、そしてこのおセンチはやはりあの野暮さ、無情さと双双の関係にあったのだ。——いや、今こうしてかつてを思い出しながら書いている、そして更に書き継ごうとしている私自身にしてからが、今なおこの野暮とセンチの双双を、六十年の歳月を隔ててなお心底に秘めている。そして繰り返して言えば、そのことが私の文学探究の起伏変転を作り上げてもいたのである。

というのは、それはまた、私がかつてから私の文学探究の今一つの道標としてきた、「頭《ヘッド》」と「心《ハート》」、知性と心情、いや、文明と自然等々といった双双的常套句《クリシェ》に繋がり、更には、今の私自身に即して言って、老いのために茫茫の往時を思い出せぬ自分に歯噛みしながらもなお、長かった「放浪」を今に再現したいという止《や》むに止まれぬ願いに繋がっているのである。

双双の迷路を一時《いっとき》逃れて——インタールード

○杜都にまつわる俳句（拙著『花の色』より）

爐辺《ろへん》去って月雪道を射る夜かな
雪に淡き影法師も肩をすくめけり
雪に淡く伸びゆく影を追いてけり

○土居光知先生逝去

秋に拾う大いなる師の骨《こつ》重し
叡知湛え菊花と共に逝きたもう

雪しんしん夢に浮き出し丘の松（仙台及び仙台付近以下六句）
雪しんしん夢に天女を見たりける
雪しんしん鴉の声の響きけり

スキーヤーの群ゆく雪きらり光る帽の上
青いスキー帽映《うつ》る車窓の外に雪の山
老爺一人眠る帰りのスキー列車の片隅

○小林淳男先生逝去に際して
師の眠る寺広やかに梅雨明り（仙台阿弥陀寺）
梅に訪えば古刹に著《しる》き師の墓標（以下三句水戸にて）
師の眠る市《まち》には潔き古梅園（偕楽園）
○生前の面影
命なり師の豊頬に若葉映え

右に挙げた句作の背景の説明は、『花の色』に譲るが、仙台は雪は例年そう深くは降らぬのに、ある年学年の始まった四月に大雪があり、不思議に明るい雪景色だったことを懐かしく思い出す。ただ、ここに挙げた句はすべて、今本文で書きつつある杜都生活の時より遥かのちの風景、風情であることを断っておかなければならない。スキーヤーを詠んだ三句は、仙台近くの面白山スキー場へ、土居先生を先頭に出かけたときのもの。この一種アナクロニスティックな構成は、やはり双、双、の迷路を常に逃れがたく孕む文学におけるインタールードの特権として、大らかに受けいれてもらえるものと信じつつ。

3

さて、右のインタールードによっていささか我に返って、今一度学園における私たちの現場に立ち戻れば、講義や演習以外の、研究室を軸にした友交の場は、しばしば専門領域を越えて、先にも少し触れたように、合同研究室の名の通り、私たちのグループでは、英文、独文、美学・美術史専攻（フランス文学は杉捷夫先生が非常勤で出講しておられたが、専攻はまだなかった）に亘って、学生は助手や教授ともかなり自由に接することができた。さらに、他の諸専攻との交流ということも、私たちのときの東北大学ではあり得たし、そうだからまた、既述のような人情の機微に触れる出来事にも立ち合うことになったのだ。

しかし、今思い返すと、私には、英文専攻の学生が創り出した『青葉』と題する私家版の回覧文学同人誌が、私たちの夢と願い、さらには悩みを表現する媒体としてあったことが回想される。「青葉」とは、伊達政宗が大修築した仙台城の異称である青葉城（堅固な石垣などの城址だけが残っている）、いや、その城址のある青葉山から採った題名だが（仙台市には青葉通り、青葉区など縁《ゆかり》の名が多い）、「青葉」と上部欄外に横書きに記し、その上に枝葉と小鳥の図をあしらった特別の原稿用紙も用意した、なかなか味わいのある手綴じの回覧雑誌だった（一五二ページの写真参照）。私自身の入学した昭和十六年度にはまだ出来ていなかったが、翌年学生数が十名を越えてから、急にこの雑誌を創る話が持ちあがり、まとまり、確か同年秋に創刊号が出たのだった。

この雑誌創刊には、前にちょっと紹介した台北帝大から工藤好美先生の推輓で大学院生として入ってきたBS氏——仮にイニシャルで呼ぶことにする——の異常なほどの熱情が原動力となったことは、否定すべくもない。そしてこの辺りからいよいよこの私の文章は、先に触れた、私がかつて小説「時の渕」に書いたことの現実版となるのだが、「事実は小説よりも奇なり」といった諺を思い浮かべながらも、書きざまこそ違え、結局はどちらも同じことなのだといった、かの双双の理《ことわり》が、またもやわが喉元にこみあげてくることになる。が、もちろんそれはともかくとして——

このS氏の異常な熱情は、雑誌『青葉』を生みだしたばかりでなく、その『青葉』に思いを秘めつつそれぞれにさまざまな文章を書き始めた数人の同人の間に、思いがけない波瀾を捲き起すことになった。というのは、このSさん（と呼ぼう）が、前に私が一本《ひともと》の桔梗の花を手折って与えたと書いたあの女子学生——いや、今この文章を書きつつあるときには、難病の一つと言われるパーキンソン症候群のために身体及び記憶障害で寝たきりとなり、難聴の私自身との意思疎通も満足にいかない、私と共に八十路にかかったわが妻ともう彼女を呼んでもいいのだが、そう呼び始めると、「小説より奇」なる「事実」も「奇」でなくなってしまうので、ここでは「事実」に即しながら、なお「小説」的雰囲気を活かす文学の試みとして、敢えて彼女をYSさん、あるいはS女と呼ぶことにする——あの女子学生への「死に至る病い」とも言うべき恋に苦悩し、またそのSさんの苦悩を、まことに無知無能にも世間知らずの私が直接に相対して癒《いや》そうとし、そこから起った複雑な成行きに何人かの第三者をも巻きこんでしまったからなのだ。

Ｓさんは、その頃、大分前に名前を実名で挙げたことのあるＳＩ君――阿部次郎先生の直弟子として挙げた美学専攻の、私の親友のことだが、ここでは右のＳ女の場合と同じ理由で、やはりイニシャルで呼んでおく――が暮らしていた、仙台駅からの市電の通りの二番丁角近くの下宿屋に住んでおり、私もＩ君に会うためにこの下宿屋をしばしば訪れ、Ｓさんとも立ちいった話のできる立場にあったのだ。これも合同研究室での関係が元になっていたのであり、その下宿では私は、まことに奇《く》しき縁とも言うべきだが、他ならぬ英文科のＳ女への彼の（実りなき）愛の告白を、Ｉ君をそばにして聞いたのだ。しかもこれは、あの夏の海辺で私が、私への彼女の切羽詰った思いのことを、彼女の親友の女子学生（Ｍさんと呼んでおこう）から聞く殆ど直前のことで、まことに奇《く》しくも間髪《かんぱつ》を容れぬ間《ま》のことだったが、私は軽薄にも、しかしまた真情をこめて（と今にして思うのだが）Ｓさんへの同情の言葉を、我にもあらず彼に向かって喋喋したのである。

いや、この情況説明も単純には肯定できぬ。なぜなら、私自身が早くから心のどこかで、Ｓ女に惹かれていた形跡があるからだ。これもかなり前の東北大傍系入試の件《くだり》で、私と同じ年の入学試験に不合格になってしおれていた、黒っぽいドレスを着た二人の女性の姿にちらと触れながら、急ぎ話を中断したことがあったが、この二人の女性こそ、まさに一年後には、右のＳ女とＭさんその人に他ならなかったのだ。私のＳ女への思いは、Ｍさんから彼女の悩みを聞かされるまでは、定かには立ち現れなかったが、いずくにかしかとあったと思われる。しかし、その思いの淡さのためであろう、Ｓさんの直情的な熱情を前にしては、私はＳ女への思いを完全に見失っていたと言うほかない。

私はＳさんが、Ｓ女が自分を嫌っている、自分を怖がっていると、苦しそうに言うのに対して、そんなことは問題ではない。貴方がその愛情を率直に、自然に彼女に吐露されれば、当然人間の心の問題として、彼女はそれを受け入れる筈ですと、あの陰気な畳の部屋で、Ｓさんに言ったものだった。貴方の純正な愛には、当然彼女の純正な愛が返ってくる筈です、と……。

君、愛とはそんな生やさしいものじゃないよ、とＳさんは言った。愛とは死によって初めて全きものとなるのだ。それくらい真剣でなければ、愛とは呼べないものなのだ。――確かそうした意味の言葉を吐き棄てるように言って、それから彼は思いがけない告白を、しみじみとした口調で、私に向かってしたのだった。――その告白とは、Ｓさんはそう遠くない過去に、彼と年齢の近い肉身の叔母に身も心も失うほどの恋をし、その近親相姦的愛に逆に激しく暗い罪の意識を感じて、未だ消えぬ深い苦悩（私にはそれは宗教的な苦悩のように聞えた）を抱いたが、その叔母にＳ女がそっくりだというのだった。

Ｓさんは、この叔母への愛とＳ女への愛の間に、何か運命的な関係があると思いこんでいるかに見えたが、そのことは、まだＳ女へは淡い思いしか抱いていなかった私にとっても、何故かひどく運命的なことのように感じられたものだ。私はふと、私自身が自分の叔母に――もちろん私よりかなり年上だが、早くに夫を亡くして、一人息子と暮らしていた、どこかに文学少女らしい面影を残している人だった――淡い恋心を抱いたことを思い出してもいた。まだ東京外語の学生だった時だが、この叔母に誘われて、彼女が息子と共に夏を過ごしている丹後の由良の民家に厄介になり、夕暮前の海辺へ散歩に連れていかれた。叔母は私のことを「健さん、健さん」と大人扱いしてくれたのだった。

そのために淡い恋心のようなものを感じたのでもあったろうか。――もちろんSさんの熱情の足許にも及ばぬ子供っぽい感情にすぎなかったが、それをふと思い出すと、Sさんの叔母＝Sさん＝S女＝私＝私の叔母という恋情の連鎖が、Sさんの告白を聴いたあと自然に、不思議な、と言うよりむしろどこか神秘的な心の交錯として、私に運命的なものを感じさせたとしても、それほど異とするには当たらないかもしれない。と言っても、もちろん、これにはやはり、あの戦争直前の緊迫した情況が深く関っていた、というのは、私は、Sさんの告白を聞いた頃、片方では大学生活を楽しみ、また町へ出て喫茶店やデパートの食堂で、コーヒーを飲んだり、軽いビール付のランチを食べたりするいささか贅沢な時間を持つ一方、他方では自分のなすべきこと――あの頃の言い方で言えば何をなすべきかということ――に、解答は得られずに常に心魂を苦しめ、悩ませ、どこかで常に死の影の下にいる（と中村真一郎氏の小説の題名を借りて普遍化する）ことを意識していたからだ。

在学年限短縮、戦争勃発ということが、もちろんその背後にあったが、必ずしもそうした現実だけではなく、そもそも学問（この言葉も今はあまり意味のない死語に近いものになってしまったような気がするが、あの頃は、大学生活は一面この観念的な言葉を中心にぐるぐる回転する趣があった）はこの時代に何のためにするのか、という不可避な疑問に対する答が容易に発見できず、その悩みがいつも死の想念に繋がろうとするのだった。そして恐らく私は、Sさんのあの告白を聞き、また私自身の、あの恋情との連鎖による一種神秘的な心の迷路を感じたとき、不知不識の内にその迷路をこの死の想念に結びつけていたに違いない。そこに何か運命的なものを感じたのも、そうした結びつけそのものが、どこかに神秘的な必然性を孕んでいるように思えたからに他ならないのだ。

そしてこの運命性、神秘的な必然性は、S女へのSさんの愛（というより、そもそもの始まりからの失恋）の告白を聞いた殆ど直後に、私自身がMさんを通じて、私へのS女の恋情を聞き、かつその恋情を殆どすぐに一本《ひともと》の桔梗の花によって受け入れてしまったことのために、決定的なものとなったと言い得るのではないか。意図してそうなったのではない。私は、Mさんに向かって、何しに大学に来たのかなどという埒もない言葉を、半ば本気で投げつけていたし、S女への思いが次第に強くなるのを感じて、ついに一本の花にその思いを籠めながらも、どこかでSさんのことを、むしろ考えまいとする意志を通して考えていたのだ。それなのに、そのまことに両面的な心の揺れの内《うち》に、外面的には結局Sさんを裏切る明らかな形へと突き進んでいたのだ。

だからその心の揺れは、むしろ止《とど》まる処を知らず、次次と思いがけない方向に進展していって、卒業と兵役という外的な力によって、やっと一つの段落をつけることになったのである。しかしこれも一つの段落にすぎず、別の形で進展して文学放浪の道をさらに難路と化したのであるが、その仮の段落に至る経緯を次の部で披露して、さらにおよそ非（むしろ反）文学的だった戦中そのものにおける文学放浪へと書き進めていかなければならない。

〈付〉としての絵図

○恩師小林淳男先生（康峰山人）より私にあてた葉書二葉（一三六ページ）。

一枚は昭和二十九年八月十七日付、信濃追分の私たち夫婦あてで、「秋立つや芭蕉にうごく雲の影」の句とへちまの絵。他の一枚は、昭和三十七年五月十六日付、私が東京大学に赴任したことへの祝いの葉書で、「いのちかな　谷は若葉に　燃えさかり」の句。今私がこの本に書いている時期よりも遥かのちのものだが、次の阿部次郎先生からの年賀の葉書（昭和二十九年正月、私たち夫婦あてになっているが、これは今思いがけないと知る、先生のご厚情のあらわれである）と共に、東北大学の先生方の直筆として、記念に掲げたいのである。

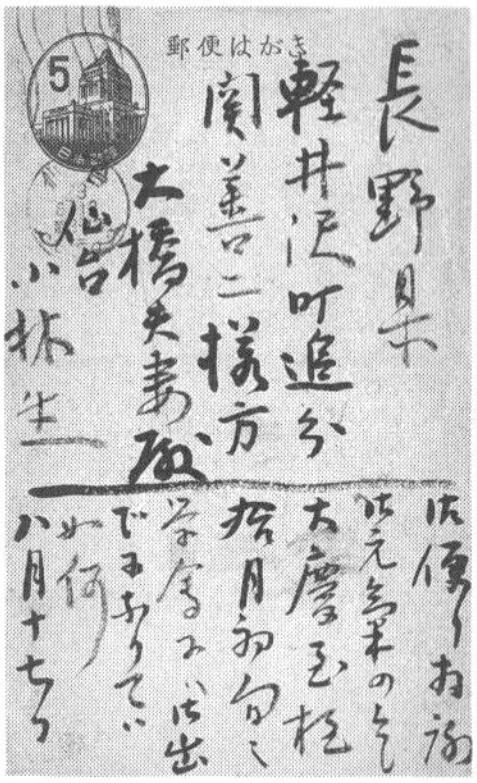

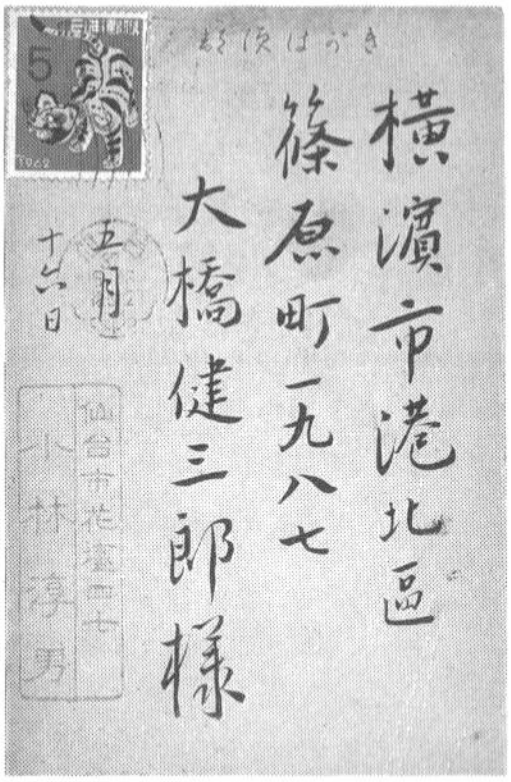

小林淳男先生の葉書（表・裏）

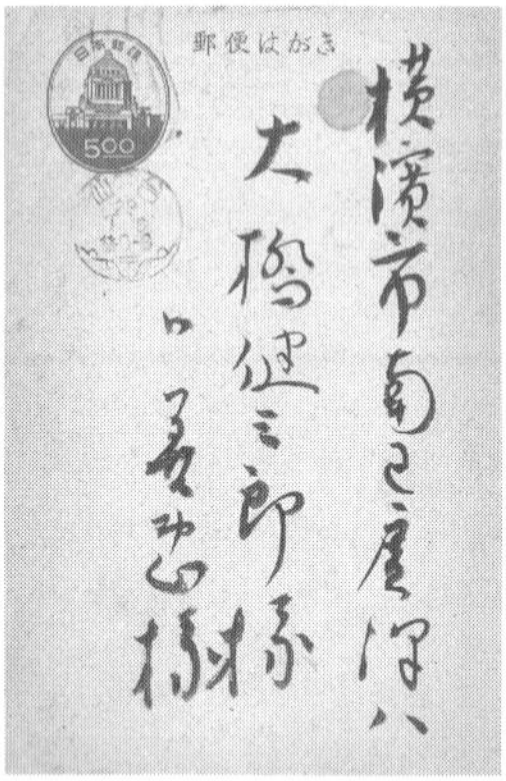

阿部次郎先生の葉書(表•裏)

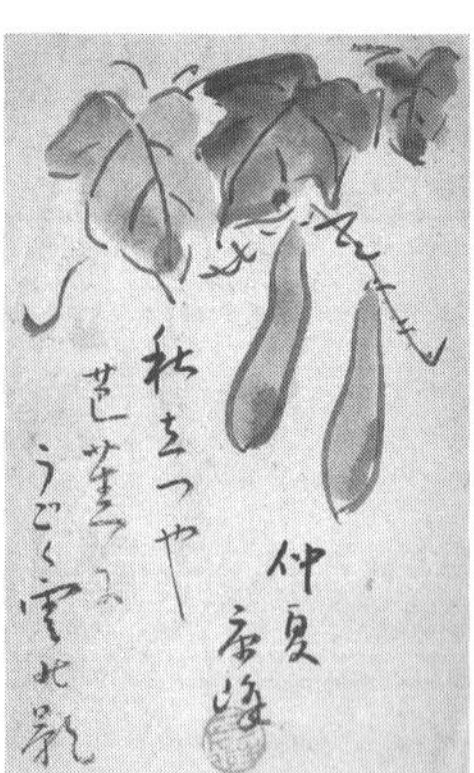

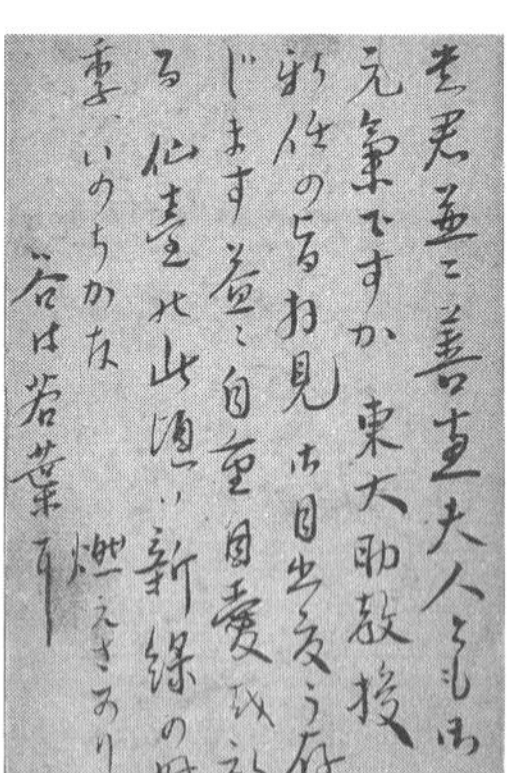

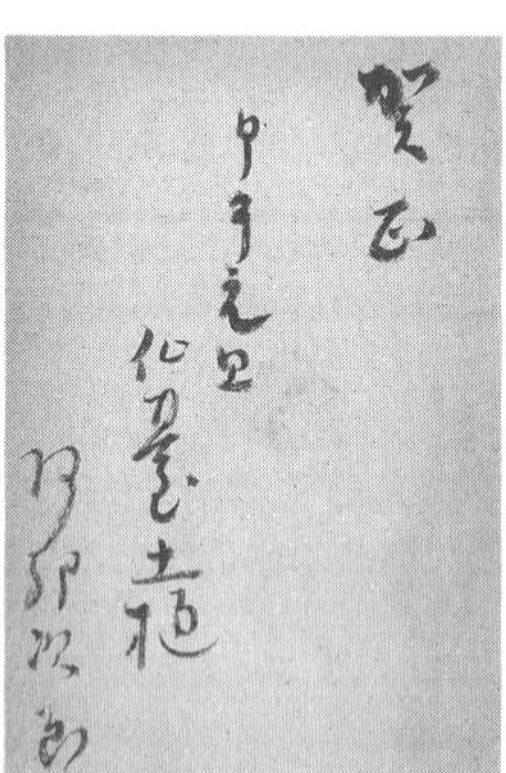

Ⅶ

愛と学問の行方——大学生活に打ち寄せる戦時の波

1

前章に書いた、S女、S氏と私との間にあっという間《ま》に起った、複雑微妙な一種の三角関係は、三人に、それぞれ個性的な形ではあるが、いかにそれに相対するかという苦しい、しかし切羽詰った対応を強いないではいなかった。それぞれに苦悩が激しかったことは、私にも直接に感じとられたが、しかし総じて言ってS女とSさんの二人には、激しい苦悩の内にも自己の行くべき道ははっきりと見極めている気配が、私にも感じられた。ところが、私自身は忽ちにして愛と友情の矛盾相剋に自らを噴む、真《まこと》に不毛な状態に陥ちこんでしまったようだった。私は一方では、のちに親友のSI君が、相談役になってくれながらいささか下世話な口調で、「結局君は、S女への恋の鞘当てで、Sさんに勝ったんだよ」と割り切って言った言葉を、あたかも先取りするかのように秘かに勝利感に酔い、「われはしもやすみこえたり　ひとみなのえがてにすてう　やすみこえたり」といううろ覚えの古歌を、何度も胸中で誦してみたりしていたのだった。

だが、それとは裏腹に、愛を得ぬSさんの苦しみにあのように同情して、むしろ彼の勝利を高らかに予言していた、あの熱気に満ちたおのが心情にも拘らず、Ｓさん及び自分自身を完全に裏切ってしまったことに心を嘖まれて、内心すっかりうろたえていたと言う他《ほか》ない。あの桔梗の花の直後から、うろたえは既に始まっていたと言っていい。まったく偶然のことだったが、その日下宿に帰ると、父の商売の失敗で私が学資を仰いでいた、母方の祖父の死の知らせが届いていて、私はいわばその知らせに乗じて杜《もり》の都から、つまりＳ女やＳさんやすべての関係者から逃亡するような気持で、夜行列車を乗りついで京都へ戻ったものだ。その間《かん》何を考えていたかも分からず、まったく茫然たる内に、葬儀がすむとそのまままた汽車を乗りついで、仙台へ帰ったのである。

これは、小説「時の渕」に少し詳しく書いたが、それからの数日は、まったく夢（どうやら夢魔に近い夢）の連続のようだった。覚えているのは、それから数日たった日の夕暮前、偶然大学正門の近くでＳ女に会うと、彼女は私に心が通じたと知ってだろう、もう明るく微笑えみながら私の方によって来て、「ああ、とうとう貴方のそばに来た」と言い、寄りそうような仕草をしたことだ。これも、私にとっては不意打ちのようなもので、私は愚かしくもちよっと身を引くような姿勢を見せたのだが、青いワンピースを着ている彼女の姿が、手を触れたくなるほど艶《なまめ》かしく見えたものだった。

そしておそらくそれから二人は、手こそ触れないものの（これは事実である）、何度も目だたぬように寄りそって歩いたに違いない。小さな学生グループのことだから、これはもういわば公然の秘密のようになっていたのだろう、次に覚えていることは、どういう経緯でだったか、私とＳ女が藤村ゆかりの宮城野原の一本《ひともと》の木陰に坐り、前に同級生として紹介した（Ⅳ「杜都の大学生活」）大阪出身の中年のおじさんといった感じのＦＩさんが、少し居直った姿勢で私たちに向かって、「今すぐ一緒になってしまいなさい」と、命令するように言っていたことだ。そのとき、「彼女は膝に赤いパラソルを置き、彼（私のこと）は白絣《かすり》の着物を着て、カンカン帽を手にもっていた」と、「時の渕」に書いているが、これは、今から言えば滑稽だろうが、あの頃としてはごく普通のスタイルだったのである。カンカン帽は、今日では滅多に見られなくなってしまったが、あの頃はむしろモダンな流行のスタイルで、着物にこの帽子というのは、学生の脱制服姿とも言うべきものだったのだ。

　こんな姿でデートするのだから、何か貫一お宮の出来損いみたいだが、私の内面は金色夜叉のような世俗的なものではなく、魂魄夜叉とも言うべき、Sさん並《なみ》に死と愛の境目のようなものだった（と言えば言いすぎだろうが……）。そんな中で、いつしかまたかの親友のSI君（以下I君と呼ぶ）が、私の苦悩を見かねて、相手のSさんに、私たち二人の愛を理解し許してもらう使者の役を買って出たらしく（というのは、私はそう彼に頼んだ覚えはなかったが、やはり自分でSさんに告白し、懺悔すべきではないか、とちらと思った記憶があるからである）、あるとき私に向かって、ちょっととぼけたような顔をしながら、次のような意味のことを言ったのを覚えている。——《君と彼女のことは、Sさんはよく理解してくれている。君ならきっと彼女を幸福にしてあげられる、とSさんは言うのだ。自分にはその資格がないから、身を引く、とね》（「身を引く？」と、私はショックを受けて、心の中で叫んだものだった、「身を引くって？」）、《ただもう君には会いたくない、ということだった。……》

　そう言って、I君は、何とか笑いに紛らそうとしてか、ちょっとおどけた顔をして黙ってしまったが、私の方は、かのうろたえが最高潮に達していて、I君の好意を無にする気持はまったくなかったのに、思わず「やっぱり僕が直接Sさんに告白し、懺悔すべきだった。そして僕の裏切りの許しを乞うべきだった」というふうに言ってしまったに違いない。するとI君は、すぐに単刀直入にいったものだ、「君もセンチメンタルだな。もう彼女を自分のものにして、幸福の絶頂にいるのに、そんなことをして何になる。君はSさんに勝ったんだから、変にSさんに同情すると、彼女への愛を冒瀆することになるぜ。ここまできたら、もう毅然として、彼女を支えて愛を現実のものとしていくのが、男の務めじゃないか」——それももっともだと、私は思わざるを得ず、その意気込みでSさんに相対するよう決意を固めねば、と、魂の入らぬ若気の意気込みを示そうとすると、I君は、うっふっふとおどけ笑いをして、「君は何も鼻白むことはないんだぜ。ともかく恋の鞘当てに勝ったんだ。それに彼女は、器量もよし、姿もよし、心情もよし、何も文句を言うところはないぜ」と言って、逆に私の気をそらしてしまう。

　彼もまたけっして外に見える太っ腹を、内でも持していたわけではなかったのだな、と私は今にして思うのだが、しかし私の内心のうろたえは、外面の成行きが思いがけない方向にさらに進んでゆくにつれて、ついに、もうゆくとろまでゆくほかない、といった趣きを呈していたと言わざるを得ない。例えば、Sさんが「身を引く」とI君に言ったとしても、かの回覧雑誌『青葉』を中心にした私たちの交友は途切れることはなく、私、S女、Sさんの三人は、他の友人たちと一緒に研究室などで、何度か顔を合わせることになり、その度《たび》に私の心はいっそう乱れて、ゆくとろまでゆかざるを得ない気配だった。

　そんなときに一度、私はSさんを前にして、かの裏切りの苦しさに耐えかね、二人だけの話として彼への釈明の言葉を言い出そうとすると、Sさんは顔を蒼白にし、唇を震わせながら手を振って、「ああ、もうそのことは言わないで」と遮るのだった。そうなると私はどうしようもなく、また暗闇のような自分に突き戻されざるを得ず、Sさんの蒼白な面長《おもなが》の顔が、突き戻されたおのが心の闇の中空に、幻のように揺めくことになる。すると、S女へのわが思い、いや、彼女の肉《にく》(これは漱石が使った意味においてである)そのものも、その中空にたゆたったまま、わが胸内《むなぬち》を、わが臍下の性を揺さ振ることをやめてしまう——辛く苦しい一時《ひととき》……。これは大袈裟に聞えるかもしれないが、実際年齢を超越したSさんの純粋さは、他にその例を知らぬ迫力をもっていたものだ。

そしてそんな状態の中で、私は昭和十七年九月に(在学年限二年半に短縮のために)三年生となり、あと一年間は卒業論文に専念しなければならぬ身となったのである。前にも暗示したように、かつてから私にはまた、この(いわゆる)非常時に、英文学の徒として何をなすべきか、学問を真に意味あり、実りあるものとするには、何に、どうアプローチすべきかといった、観念的な問題が執拗に纏いつき、それが夢と現実の矛盾の中でゴルディウスの結び目のように解きほぐし得ない難問だったから、この卒論の問題も、わが手に余る難問題だったのだ。それとS女との恋愛、さらにSさんとの苦しいいきさつ——幸か不幸か今ではその記憶すら薄れてしまったが、当時は、おそらくそれを記憶に留めることもできないほど、私の頭と心は混沌としていたに違いないのである。

若い頃だから、当然楽しい思いもあったはずなのだが、その混沌の中では記憶に残らず、そんな中で突如生き生きした記憶として今甦ってくるのは、その年の暮れ、京都へ帰っていたSさんが重病だという知らせを受けたこと、そしてその知らせに激しく突き動かされて私がとった行動、に他ならない。それに、先廻りして言っておけば、Ｓさんが京都出身だということは、何という運命的なことかと、次第にわが心深くに沈みこむことになる。ただそれだけではない。何とＳさんは、私が卒業した京都市立第一商業の私より三年前の卒業生で、彼の家は西陣近くにあったのだ。そのＳさんの私宅を、冬休みに帰省した私は正月になってから訪ねて、最後の対面をしたのだった。

　このときのようすは、例の小説に詳しく叙述的に書いたから、ここでは掻い摘んで書くことにする。――「さん」抜きでＳ氏と呼ぶが、西陣の同氏宅はまったくの仕舞屋《しもうたや》で、二階でベッドに寝ていた彼を訪ねると、熱に浮かされたためか黄ばんだ顔をして、静かに、敗血症の診断を受けたからもう駄目だ、と言い（たしか「ついについにわが命運は尽きにけり／敗血症と診断されぬ」という、〔言葉は少し違うかもしれぬが〕彼の短歌があった）、私が、「入院されればよくなりますよ」などという口先ばかりの（そうなっているのが自分でも分かった）慰め言葉を言うと、彼は首を振って、そんなことより、Ｓ女を幸福にしてあげてくれ、と言う。すると傍らにいたＳ氏の妹が、こらえかねて嗚咽し、「お兄さんが可哀そうです」と言ったのだった。Ｓ氏が、たしなめるように彼女の名を呼んだが、私はこの女性に恨まれ、憎まれていることを思い知らないではいられなかった。――こうした予期しなかった成行きが、既にうろたえ極まっていた私にどんな陰鬱な衝撃を与えたかは、もう読者にも自《おの》ずから分かってもらえるものと思う。

　そしてまもなく私は、Ｓ氏が亡くなったという知らせを杜の都で聞くことになる。すると、私の周辺の情況が、特にＳ女を中心として、これもまた思いがけない方向に転回もしくは展開しはじめるのだが、その経緯にはこの時期のさまざまな外的情況がつき纏っているので、章を改めて書き進め

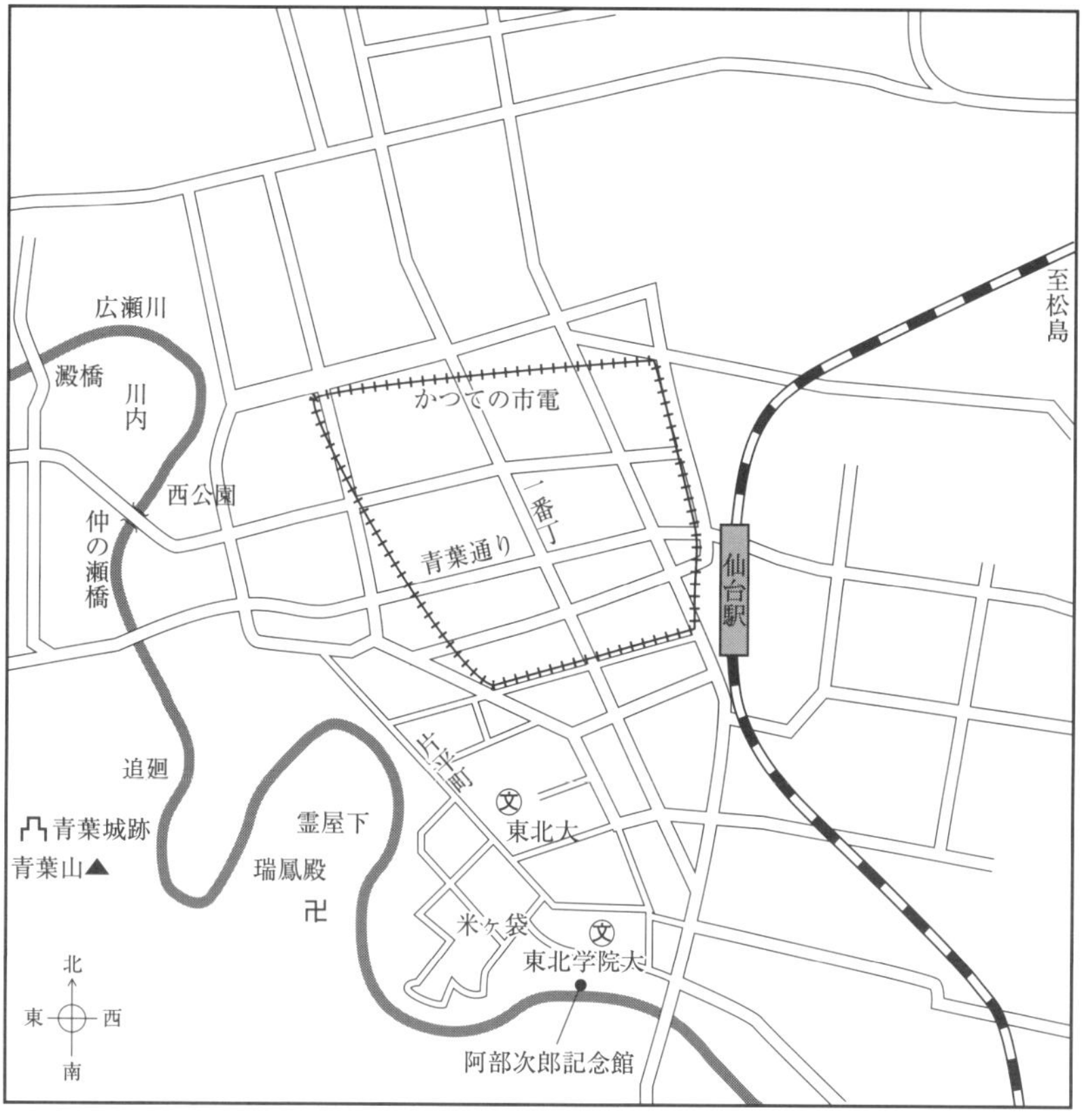
至松島
広瀬川
澱橋
川内
かつての市電
西公園
一番丁
仲の瀬橋
青葉通り
仙台駅
追廻
片平町
青葉城跡
霊屋下
東北大
青葉山
瑞鳳殿
米ヶ袋
東北学院大
北
東
西
南
阿部次郎記念館

仙台市地形概略

なければならない。

2

前章の終りに暗示した、S女との愛を中心にした私の周辺の情況と、それに複雑微妙に関っていた外的状況との交錯（もしくは乖離あるいは矛盾）を、簡潔かつ充分に述べることは至難の業だが、しかし敢えてそれを試みようとすると、文学という語を付した本書の表題から言って、何と言っても私のプライヴェイトな体験と裏腹をなしていた文学研究の問題、この時点では特に、完成期限もあと半年《とし》余りに迫っていた卒業論文執筆の情況について、いささか述べておかなければならない。なぜならこのことは、先にも何度か書いたように、ただの卒論提出の必要といった単純な問題ではなく、この異常な切迫した時期に、いかに自分の、英文学研究の学徒、と言うより、むしろ文学研究者としての存在証明を果し得るかという、切羽詰ったぎりぎりの課題にほかならなかったからだ。大袈裟な言い方だが、真実という他ない。

　まず何を主題として論ずるかという問題があったが、まったくの初心の英文学専攻生（アメリカ文学はまだ全くと言っていい程念頭には浮かばなかった）としては、広く深い課題を夢見ながらも、まずはやはり取り組みやすい作品もしくは詩人、を対象に選ぶほかなかった。結局はそれで心満たず、卒論の他に詩論に類したものを平行して書いて、これはついに卒業と共に未完に終るのだが（後述）、まず対象とすべき文学者を選ぶにも、かなり紆余曲折があり、これにも究極のところ充足感と不満は、やはり双双の関係にあったと言わなければならない。いや、遠廻りはやめて、端的に言えば、私は、卒論の対象として、英国浪漫派詩人の中でも特に、サミュエル・テイラー・コールリッジを選んだのである。

私は生来気の多い質《たち》で、この場合にも、ブレイクは土居先生の解釈・鑑賞を越えることは到底できないので、惹かれながらも初めから断念していたが、同じロマン派詩人の中でもワーズワースは親しみやすかったのが仇《あだ》で却って敬遠し、バイロン、シェリー、キーツなど、特にキーツに惹かれながら、あまりにも正統的解釈が横溢しているように見えたものだから（私にはむろんそう認識する学力はなかったが）やはり敬遠せざるを得なかった。ロマン派詩人だけではない。シェイクスピアは、外語の生徒だったときから、既に書いたように、メドレー先生や井手義行先生の影響で随分親しみ、感動し、旧アーデン版を神田の古本屋で集めたりしたし、特に『ハムレット』や『マクベス』、『オセロ』などは（『リア王』ももちろん凄いと思ったが、どうも私には馴染めない所があった）、今でもかなり長くさわりの台詞《せりふ》を暗誦し得るほど愛誦したものだ。

土居先生は、当時話題になっていた「ニュー・ケンブリッジ・シェイクスピア」をテキストにし、ドーヴァー・ウィルソンの註釈の新しい問題性を説かれたが、私はこの時点では、やはり卒論としては手が出せない思いだった。ただ私の文学探究に引きつけて言えば、私が暗誦していた『マクベス』の、あの "To-morrow, and to-morrow, and to-mmorrow" から始まって "Out, out, brief candle!／Life's but a walking shadow,…／It is a tale／*told by an idiot, full of sound and fury,*／*signifying nothing.*"（イタリック筆者）に至る独白は、言うまでもなくウィリアム・フォークナーが『響きと怒り』（*The Sound and the Fury*）で、いわば一種の本歌取り、もしくはパロディを、深々と、そして鮮やかにやってのけた独白であり、私には『マクベス』は、東北大生のときから、フォークナーに打ちこみ始めた東大定年の数年前迄の、一世代《ワン・ジェネレーション》余に亘る文学探究の、一つの重要な起点となったのである。

さらに、『響きと怒り』には、例えばクェンティン・コンプソンの影像にハムレット的なものの遠い反響《ディスタント・エコー》も聞きとり得るし、フォークナーは、おそらく西洋近代の矛盾を逸速《いちはや》く感得したシェイクスピアの想像力を、約三世紀余の後の二十世紀半ばに、現代的に受け継いだ希有な作家のように、私には思えるのだ。だが、しかし、卒業論文の対象としては、私には小説はまだとても手に負えなかった。既に何度も書いたように、切羽詰った気持を持ち続けていた私は、結局のところ散文ではなく、詩にしか思いを託せない心境だったのである。

それにこの時期の私の小説の読み方は、これも前に述べたように、漱石——それも作品そのものよりは講演や評論——に導かれたものだった。殊に十八世紀イギリス文学、特にスウィフトやデフォーを論じた『文学評論』は、その詳細な議論にはあれよあれよと目を見はるだけで、とても忠実についてはいけなかったが、この本はむしろ全体の特質から、これも既に触れた、のちの私の（漱石を軸にした）知と情、頭と心の（近代的な）背反と交錯という、文学解釈の基本的シェーマを補強してくれる重要な一因子となったと考えられる。——この私の読書歴からして、十八世紀小説から横にずれて、ロマン派詩人の中でも特に知的で、かつ情的なものへの回帰への深い心情のために、一種の分裂症に陥ったともいうべき、サミュエル・テイラー・コールリッジへいつしか惹かれてしまったのも、今から考えて私なりに自然なことだったと思うのである。

どうやら理屈が多くなってしまったが、この私の悪癖は、漱石も右の著書の中で言っている通り、説明するとなると不可避的に陥ちこんでしまう近代知の運命の一環として、お許しを願って、その卒論が先生方にどのように評価されたか、ということをつけ加えておかなければならない。まず面接時における土居、小林両指導教授の開口一番の批評を記しておくと――土居先生は、「君のような健康な人が、どうしてコールリッジのような不健康な詩人を選んだのかね」(傍点筆者、以下同じ)と言われたものだ。(おそらく先生はコールリッジが一時阿片常用者になったことなど、考えておられたのだろう)。小林先生は、「君は歌詠みだから、論文も一筆書きのような所があるね」と言われたが(その頃私は、かの同人誌『青葉』に詩や短歌をも寄稿していた)、それから質疑応答が暫く続いたあと、土居先生、「それでもあれあれと思う所もあるのね」、小林先生「うん、うん」……。

右ははっきり覚えているところだが(質疑応答の経緯は忘れてしまった)、そのときは貶《けな》されたような、褒《ほ》められたような、どっちつかずの気持で、暫く頭がくるくる廻転していた覚えがある。おそらく褒貶《ほうへん》相半ばしたと今では思いたいが、力点はむろん「貶」の方にあったことは否みがたい。それでも、「一筆書き」とか、「あれあれと思う」という率直なコメントは、私にはありがたい思いだったし、自分の胸に問うてみても、万事が同様な観を呈していたから、まずまず喜憂相半ばと観念していたというのが当たっていよう。この頃の私は、詩におけるイメージと旋律《メロディ》の交錯に関心をもち、従って観念よりは詩の言葉の韻律による象徴化、あるいは寓意化に注目していたから、コールリッジの民謡風の詩は、『老水夫行』にしても、『クーブラ・カーン』にしても、右の意味で特に私の心を惹きつけていたのであろう。だからまた、卒論そのものにおいても、論よりは「一筆書き」のようなもの、「あれあれ」と思わせるものが表《おもて》に出すぎることになったのだろう。

　英文タイプライターで打ったこの論文は、今でも乱雑な書庫の片隅に残っている筈だが、この論文を書いた頃の若い私は、いささか余談になるが、英文タイプライターには頗る巧みで、テクノとは言わぬまでも器械をいじくることは好きだったものだ。しかし、遥かのちの戦後昭和三十年頃電動タイプライターを購入したのが別れ目で、さらに購入したゼロックス・コピー器械やカセットも、まもなく放ったらかしにしてしまい、今日では日常の必需品であるエアコンや加湿、除湿器にさえも何とか触れないですましたい、まったくのテクノ拒否症候群《シンドローム》患者となりはて、パソコンもファックスも、拒否と言うよりは、強いて忘れ去っているありさまである。原稿も手書きで、もし手書きのプリント拒否という目にあったら、もう何もかも諦めて沈黙の存在となってしまう覚悟を、秘かに胸に秘めている。——そういう意味でも、私の卒業論文は、私にとって一つの記念碑となる筈なのだが、実は、その卒論に対しても、私自身がなくもがなの文句をつけていた次第なのだ。

　というのは、これは前にも触れておいたのだが、私は卒論に如何に全力投球しても、その論旨には、私の胸に蟠《わだかま》っている諸々の問題の、基本的な論点をすら盛り込むことは到底できない、という思いがあったのだ。それは、漱石が『文学評論』の中で基本的な問題の一つとして論じている、「いかに（How?）」と「なぜ（Why?）」との背反に繋がる思いだったと言うべく、卒論の方は、当時の文献は少なかったとは言え、ともかくも最低必要な文献と然るべきテキストがあれば、「いかにして」詩人がこれこれの詩作をなし、批評理論を打ち出したかを、ある程度納得のゆくように辿ることはできるだろう（今私の卒論の論旨を述べる元気はない。表題も忘れてしまい、ただ、たしか副題に“Hopes and Fears”と詩人の詩句を引いて、やはり「希望と恐れ」といった両面性、あるいは内的相剋を論じた覚えがあるが、大半は忘れてしまっているし、書いたものを探し出して、今ここで説明するのは場違いで、値打ちのないことでしかないと思う）。

しかし、「なぜ」詩人がそのような想像力の駆使に赴いたか、赴かざるを得なかったか、という問題を根本的に究明するとなると、ただ文献や資料あるいは本文《テキスト》の因果律的な（と言ってよかろう）追跡だけでは、どうにも納得のゆく答は得られない。あれこれ、さまざまに試みても納得できず、結局は、そもそも文学とは何なのか、文学自体の中でも創作とは、批評とは何か、そもそも想像力とは、いや、遥かのちに現代的課題となった書くこと（écriture）とは何かという、時空を超えた根本問題が、そこに籠っていたに違いないのだ。もちろん当時青二才の私が、そんな大それた課題を自らに課していた筈はないが、それでも作品としてのコールリッジの詩、及び批評の成立の研究だけでは、ついに自分の心の根底に蟠っている問題を解こうとすることにすらならない、といったいらだちが、私の心を騒がせていたことは確かである。この心の騒ぎが、おそらくまことに青臭いことながらに、私の「文学放浪」の道の早い頃の超難所を意味していたことを、無視し去ることは到底できないのだ。

かくして私は、卒論を書き続けると同時に、そもそも詩とは何か、その本質はどう説明し得るか、いや、それだけでなく、私自身がどういう根拠で詩作に専念し得るか、いやいや、もっと初歩的な卒論だって、『青葉』への寄稿だってなし得るか、ということを同時に考えざるを得なかったのである。——今同時にとつい書きつけてしまったが、しかし同時にと言い出せば、右の問題と並んで私の課題となったことは、他にもいくつかあり、中でも、唐突ながらかのS女との恋愛関係も、右のような難題と不可避的に表裏もしくは対極をなしていたし、そのこともいずれまもなく書きつけなければならなくなる。ただ、まずはともかくも、卒論を書きながらそれへの批判として書きはじめていた別の文章のことを、簡単に書いて、この章を締め括ることにしたい。

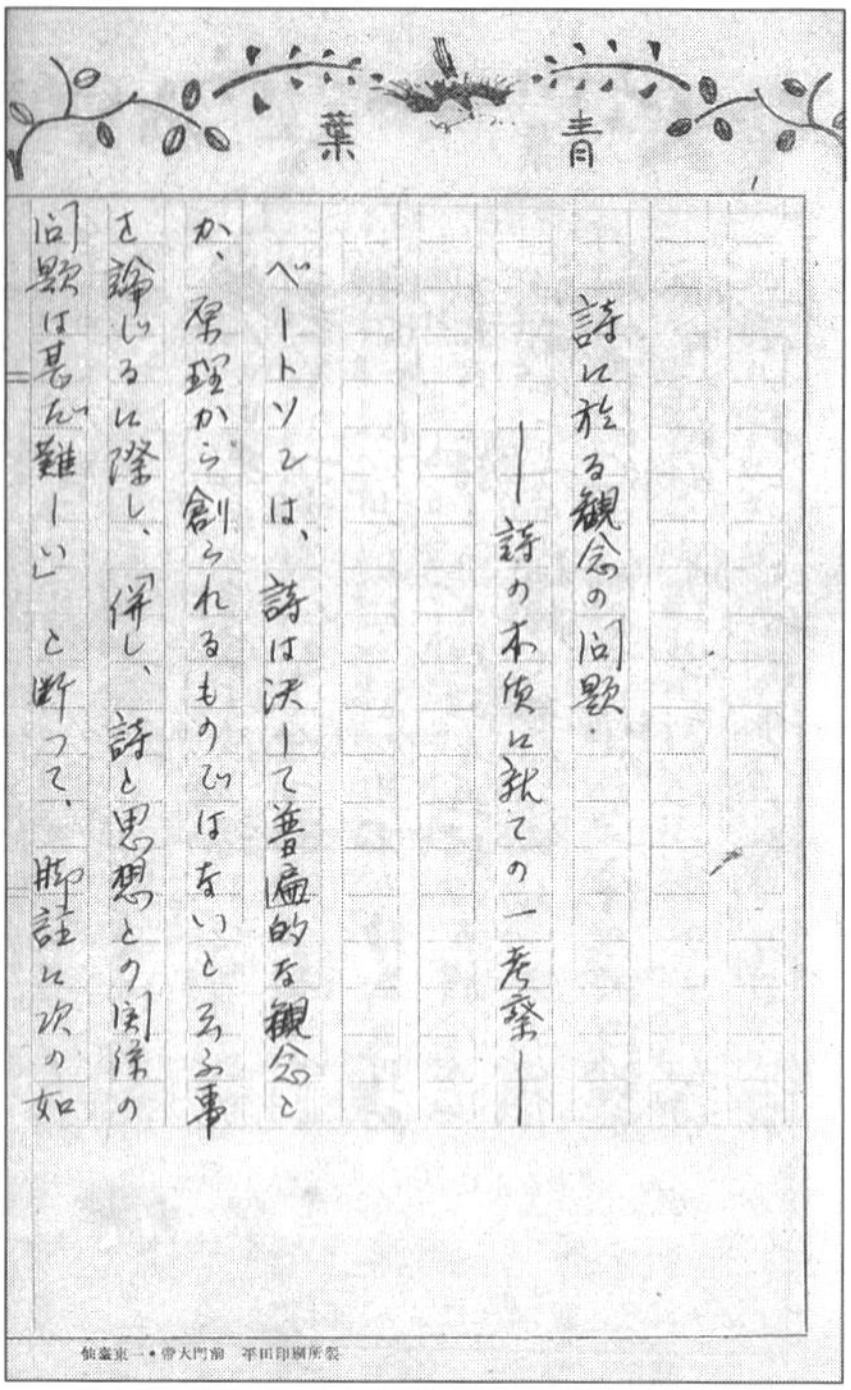
青葉

詩に於る観念の問題
——詩の本質に就ての一考察——

ベートソンは、詩は決して普遍的な観念とか、原理から創られるものではないと云ふ事を論じるに際し、「併し、詩と思想との関係の問題は甚だ難しい」と断つて、脚註に次の如

回覧雑誌『青葉』

その別の文章とは、「詩に於る観念の問題——詩の本質に就ての一考察」という仰々しい題のものだが、仰々しいだけに、とても卒論と平行して書き上げることはできず、かの回覧雑誌『青葉』誌上に未完のまま留まってしまったのも、当然のことと言わなければならない。なぜなら、私は、当時のかなり尖鋭な批評家だったF・W・ベイトソンやA・C・ブラッドレーばかりでなく、当時注目されていたT・S・エリオット、見直されていたマッシュー・アーノルド、それにコールリッジやシェリーの批評理論を引用しつつ、表題の問題を論じているのだが、「詩における観念」という問題そのものが、詩という現実《アクチュアル》の形との不可避的な対極をなして、常にぐるぐる廻りする特質を秘めた課題なのだから、そのこと自体にまだ気づいていなかった私の若書きの理論が、その一種のゴルディウスの

結び目を断ち切れる筈はなかったのだ。

ただそれにも拘らず、この時点で私がリサーチ的な卒論と同時に、この理論の迷宮に敢えて踏みこんだという事実が、いささか我田引水ながらに、「わが文学放浪」の一つの有意義な道標となったことを、同様なぐるぐる廻りを八十路の今日まで続けてきた今の私は、若くして文字通り身を以てした貴重な経験だったと見てとることができるのである。私には、耄碌《もうろく》と壁一重のこの八十路にして初めて、理論と実践、知と行為、さらに言えばまたもや頭と心、知と情といった対極のものを、ありのままに見、かつ捉えることによって、新しい真実探求の道の新しい展開が可能になるのではないか、という思いもなきにしもあらずなのである。……

と、またペンが空滑《からすべ》りしはじめるのを抑え止めて、先に仄めかした卒論への同時的アンティテーゼとなった情況の一つである、かのS女との関係の既述に続く経緯を、やはりありのままに書いておかなければならない。——

3

S女との関係の、既述に続く経緯をありのままに、と前章の終りに書いたが、実はそれも、と言うよりは、それこそを例の小説「時の渕」の主題として、冒頭から詳しく、しかも情感をこめて小説的に書いたので、今それを繰り返すことは、私にはとてもできない。だからここでは、小説的にというのを排して、願うらくは小説よりも奇なる事実として、端的に書き記す努力をしようと思う。例えば、私は、先に書いたS氏と私たちとの三角関係の終局としてのS氏の死後まもなく、（早春の頃からと判断するが）いつしかS女との夜の逢引を重ねるようになり、同時にかの卒論や、それへの自己批判としての未完の詩論に腐心していたのだが、そうした二様《によう》の行為がどのように関連しあっていたかは、端的に言って、ただ同時にと言うほか説明のしようがないのである。

「時の渕」では、主人公（本村《もとむら》祇《ぎ》三郎と名づけた）と玉樹《たまき》あつ子との愛の経緯が小説の主題となり得たし、卒論のことなどほとんど無視することが出来たのだが、今ありのままの事実として書こうとすれば、当然その関係も明らかにできなければならない。ただ同時にと言うだけでは、意識の分裂と言うのと同義になりかねないのだ。だが、また考え直してみれば、人間の心の働きとはそのようなもの――知と情が別々に働くものなのかもしれない。だから漱石流に言って、「知に働けば角《かど》が立」ち、そんなときには愛にも冷酷、きっとS女を泣かせることになったに違いない。

実際、（これはのちにもう一度触れることになるが）卒論ばかりでなく己が学問そのものが、まもなく自分を否応なしに拉しさる戦争と死によって無と化してしまうであろう悲哀を、彼女に手紙で書き送ると、彼女は彼女の寄宿先を訪ねていった私の膝に縋って、「死んじゃいけないんじゃないの」と言いながら嗚咽したのだった。これは、決して脂下がりの思い出話などではない。私はただ茫然として言葉なく、慰めの腕も差し延べず、僅かに肩をさするばかりで、やがて彼女を振り払って、とは言わぬまでも、振り払うようにして立ち上がり、階下に降りてその彼女の寄宿先の家を立ち去ったのだ。愛の本来から言えば、何とも冷酷な仕打ちだったが（私は、これに似たさまざまな冷酷な仕打ちを、今までおそらく何回も繰り返してきていることを告白しなければならない――それが事実なのだ）、また止むなき心と身の動きでもあったのだ。

その冷酷な私がその彼女と、つい数日前の夜、二体の地蔵を囲んだ広瀬川沿いの小さな休み場所の石のベンチに抱き合って坐り、ひたすら抱擁に身も心も無と化そうとしていたとは、何という自己矛盾、何という節度なき振舞よ、と非難されるだろうか。かりに非難されても、これもまたどうしようもない身と心の動きに他ならなかった。つまり、自己矛盾を起していたことになるのだが、実際いつからどうしてこの地蔵の休み場に行くようになったのかも、まったく定かでない。あるいは、かのS氏の死でいわばタブーが解けたからだったろうか。それももちろん関係はあったろう。しかし、もしただそれだけのことだったとしたら、既に述べたあのS氏に捧げた私の真情は、すべて虚妄だったということになりかねない。いくら自己矛盾を起していても、そこまで非人間的になれるものではない。

堂々めぐりになるからこのことにこだわるのはやめて、逆に、経緯も定かでないうちに次第に深みにはまりこんでいったランデブーの成行きをざっと眺めてみよう。ただ昼間に並んで歩いていたときから、いつしか日が暮れてから会うようになった私たち……。私自身は、夕食後の散歩と称して下宿を出、彼女が友人と部屋を借りている家の方へと向かう。その家の近くに西公園という小さな公園があり、（この辺りもはっきりと覚えていないが）その公園のベンチに、いつのまにか私とS女は並んで坐っている。そのうちに二人は歩き出し、手も触れあわないで広瀬川の橋——道順はすっかり忘れてしまったが、今仙台の地図を見ると、仲の瀬橋とあるのがそれだったろう——を渡り、川が大きく輪を描いている内側（川内《かわうち》という）を澱《よどみ》橋の方角に向かって歩いてゆく（一四五ページ地図参照）。

この澱橋のこちら側の袂の近くに、かの抱擁の場所たる地蔵の立っている休み場はあったのだが、もう六十年近くも前のことだから、この辺りはすっかり変わっているに違いない。実は、小説「時の渕」の一つのテーマは、約四十年後にこの象徴的な場所を探し当てる経緯にあったのだが、この小説の発表は、昭和五八年（一九八三）十月号の『群像』だから、それから既に二十年近くたった最近は、まったく訪ねていないから、どうなっているだろう。ただ私は、この記念の場所は忘れられないと思っているから、きっとそのまま残っているに違いないと断定して、わが老いらくの胸内《むなぬち》にまざまざと甦る、あの若き我らが愛の思いと振舞を、今少し書きつけてみると――。

プラタナスの大きな葉が二人の姿を覆っているこの小さな休み場の板石に抱きあって坐り、抱擁と接吻による性的快感を享楽しようと、無我夢中の境に入りながら、しかしどこかでその無我の境を遮る邪魔物の存在を意識している。「帯が邪魔だ、着物が邪魔だ」と、無言で叫んでいる私自身が、自分の着ている黒の小倉の学生服をもて余し、呪咀している。彼女は、夜は袴をはき、帯をやや胸高に締めていて、肌に手を触れることもできないが、私の学生服もいらだたしい邪魔物ではなかったか。

それだけではない。その地蔵の休み場のそばから、川原に下りる細い坂道があり、いつしか二人はそこを下りて、そう広くはないコージーな一隅を川原の草地に見出し、そこに横たわって抱きあう。そのとき私は、初めて着物の下の肌のほの暖かさを感じて、自制することも忘れて生《なま》の性を求める。すると彼女は、それをまともに受けとめ、暫く黙っていてから、一言「でも、結婚してからにして」と言う。「結婚？　結婚なんて、どうしてできるんだよ」と私は、思わずむきになって低く叫ぶように言ったのを覚えている。すると彼女は、動揺して抗弁をするどころか、ふいとそのまま黙ってしまうのだった。

　こんなふうに書いてくると、事実の筈なのが妙に小説めいて見えてきて、またもや頭が混乱してペンを置きたくなってしまう。ただあのときの私の思いにいささか忸怩たるものがあったことだけは、事実として覚えているのでつけ加えておきたい。その思いを説明してみれば、こうだ。――またもや私は、戦時下の学生の身動きならぬ生を運命的なものと思いなすことによって、「結婚してからに」という彼女の、当時としてはは極めて自然な純潔心を拒み、まもなく死をもたらすこの戦時下に結婚などどうしてできるか、といった理屈に身を鎧《よろ》っていただけであり、性を無理強いする意欲もなく、その理屈の空疎さに、自分ではそれと認識していなかったが、内心忸怩たるものを感じていたのである。

　今にしてそれをはっきりと認識し、おのが弱点を感じるわけだが、しかし、こうしたことの根底には、私が多分普通の人間として、結局は時流に流されていたという事実があったのではないか。老人《おいびと》となった今の私は、時流というものの大きな普遍的な力を感じて、心中秘かに呻吟するのである。現在の若い男女にしてみれば、結婚という身の処し方、いや、制度そのものが、充分な根拠をもたぬものに思えるだろうが、しかし、そう思うのにも、時流によるのではないというどんな確然たる根拠があろうか。事実は、時流の変化急にして、我々は右往左往しているというのに近いのではないだろうか。いや、小説めくことを止めようとすると、またもやゴルディウスの結び目のように理屈がこんがらがってくるが、むしろそのこんぐらがりを現実（リアリティ）として受けとめることによって、逆に新しい血路が、新しい道を見出し開いてゆく可能性が生じてくると思わざるを得ないのだ。

もちろんこれは理想であって、現実には孤独で苦しいことだが、結局はすべてそこへ戻ってくるという真実を私は自分の経験から発見し、思い知らされたのだった。実際私は、そうした心辛《づら》い繰り返しを何度経験したことだろう。この戦時下の恋愛にして然りで、右往左往も極限に近づいていたと言わねばならない。例えば、あの早春の広瀬川原における結婚否定からほんの少したった頃には、もう私は、(はっきりしたことは覚えていないが)どうやら結婚の方へ心が傾いて、前に書いた茅ヶ崎の姉の処へS女を連れてゆき、彼女共々実情を打ちあけたに違いない。その証拠に、姉から京都の両親に、この結婚を親許として進めるよう計らってほしいという依頼があったことは、確かなのだ。

それればかりではない、この時には既にS女から彼女の両親に、親許としてこの結婚を進めてほしいという願いがなされ(私もそれを承認していたに違いない)、彼女の両親はきっぱりこれを拒んでいたのである。どうやら、彼女が一人娘であったこの両親の家S家は、秋田県のH町(現在はK市)にある代々の大酒造家で大地主だったから、没落した京町家出身の、まだ学生で将来を保証されていない若者に、大事な娘はやれないという、よくある事情だったらしいが、私の方の親も、先方が反対しているのに頼みこむほど落ちぶれてはいない、という意地だったのだろう。そこで、結婚問題は一時破談状態になったのだが、おそらく私とS女とで二人の恩師土居光知先生に悩みを打ちあけ、またおそらく先生はS女を気に入っておられたのであろう、確か学会出張のとき寄り道をしてS家を訪れ、二人の結婚について好意的な助言をして下さり、それで先方も承諾へと傾くことになったのだ。

いやはや、私自身は、情けなくも「個人の尊厳」(これは、のちに私がアメリカ研究を通じて知った、近代精神の理想的理念の一つである）を失した、仕来り任せ、制度任せ、時流任せ、他人頼みのふぬけたていたらくだったことか。自己としての何の個人の尊厳ももたなかったのか。おまえは、もう一人の恩師小林淳男先生にも、先生のやさしさに乗じて助言を乞い、「事は自然に、自然に」という、心に銘記した言葉を戴いたではなかったか。「自然に」ということは、無理をせず、納得のゆく道を選べば、事は自ずからなるということだ。——それなのに、何という腰の定まらぬ、不様《ぶざま》な態度だ。……

　もちろん、これは、八十路の今、いわば総括的に自己批判をしているのだが、過去のそれぞれの段階で、スケールこそ違え今述べたような形で自己を非難したことを、私は知っているし、しかもまた時流もしくは事の成行きに身を任せて、さらに次の段階における同様な経過に唇を噛むことになる。今もそうなのだろうか。かもしれない。しかし、それぞれの段階でそう思い知ったことが、いささかでも私を鍛えてくれて、いささかでも私自身が真実の世界に踏み入ったという思いも、なきにしもあらずなのだ。この私の拙い著作が、少しでもそれを証《あかし》してくれていることを願わざるを得ない。——少なくとも「わが文学放浪」の道、その道程としての私自身の成長を、私自身の人間としてのいささかの広がりと深まりを証してくれていることを。……

　いや、またもやペンがあらぬ方へ走ったが、ともかくも私は、右に縷々述べてきたような経緯で、何とか卒論もパスして、（辛うじて良という危うさだったが）昭和十八年九月に東北帝国大学法文学部を卒業し、もちろん戦時中とて教師としての就職口もなかったが、これもまた土居先生の助言によって、折柄の大学・高専の学生を対象にした海軍教授募集というのに応募し、十月から海軍兵科豫備学生として海軍生活に入って、次の文学放浪の道へと進むことになる。ここでプライヴェイトな生活は現実面では一時中断されてしまうのだが、プライヴェイトな生の絆《きずな》は絶えることなく、むしろ目に見えぬだけに一層強くなったかの如く、既にＳ女との生活は、土居先生始め、両家並びに友人たちの理解のもとに、いつか現実のものとなる手筈となり、私はそのことでも自分で動くことは全くできず、ただなるようになる、と言ってもケセラセラどころではない、何がどうなるか見当もつかぬまま、まずは広島近くの江田島で海軍予備学生の訓練を受けることになったのである。

この経過についても、「文学放浪」として書くべきことはなお多くあるが、一まずはここで一段階を画して、杜都の学生生活の話は終り、次の海軍軍人生活の件《くだり》へと進まなければならない。

インタールードとしての補遺二、三

このⅦの部では、話が余りにも個人的《パーソナル》な件《くだり》に入りこんだので、自分でもおかしい位にペンが堅くなりがちで、またそれを何とか和らげようとしたための、かなりぎくしゃくした感じが残っている。そこで、これもまたうまくいかないかもしれないが、少しばかり軽い余談を補遺の形で入れてみる。気に入らなければ、どうかスキップして下さい。

Ｓ女の故郷が、既述のように秋田県のＨという町（現在のＫ市）で、十和田湖にかなり近く、ちょうど彼女との話が実家の拒否でもつれていた頃、特にそれを意識したわけではなかったが、前に書いた、私とＳさんとの間に仲介に入ってくれた親友のＩ君と、ともかくも名所たるこの湖を見て、有名な奥入瀬《おいらせ》渓谷を下ってみようじゃないか、という話になり、身軽なリュック姿で仙台から出かけたことがあった。仙台からだと、まず盛岡に出、Ｈ線でＨ町を越えた十和田南だったか、そこからバスで大湯に出て、湖へ向かうことになる。

別に何ということはなかったのだが、Ｈ町を通過する汽車の中では、やはり降りるべきような、行ってどうなるとふてたような妙な気持だったが、Ｉ君もＩ君で、降りてＳ家を覗かせようか、どうかなといった気持らしく、私の顔をじっと見たり、ちらり目をそらしたりしては、深刻な顔つきになったり、苦笑いのような照れ笑いをするだった。ただそれだけのことだが、そんなとき私はいつ知らず、〽湯瀬へ戻ろか、Ｈへ行こか、それとも大湯へ真直ぐに〵といった、さまにもならぬ都々《どど》逸《いつ》を、声には出さず口ずさんでいるのだった。——今振り返るとこれもまた、〽照れか、ふざけか、ど根性《こんじょう》か、それとも野暮な深なさけ〵と都々逸調になってしまう。——実際は何のことはない、とてもＨ町では降りられなかった、というだけのこと。——

ところで、杜都でのことは、かなり際どい場面が相継いで、ごくのんびりした普通の学生生活を書く余裕がなかったが、実際は、気の張る出来事のふとした合間には、大した楽しみでもないが、私独りで飯を喰いに出たり、時に一杯飲みに出かけたこともあったのである。それに、前にもいささか触れた、級友たちとの交遊や、土居、小林先生を先頭にした小旅行もあったし、こうしたことにもいささか触れておかないと片手落ちになるので、少し書いてみたい。

私独りの遊びとか楽しみと言えば、前にちょっと触れた、広瀬川原での河鹿《かじか》眺めや向《むかい》山の散歩ということもあったが、大学の北門を出て一番丁へ、それを一筋北へそれると、国分丁に丸善の仙台支

蔵王山麓にて（真中に土居先生、その右が著者）

店があり、ここでの洋書探しは日課に近いものになっていた。東京の神保町の古本屋街とは違って、ここは静かでアンチームな感じがあり、また芭蕉の辻という、市の中心で歴史的謂《いわ》れもいろいろある名所が近くにあり、このあたりには独特な古風な雰囲気があった。この芭蕉の辻からまた一番丁に戻ると、三越などのある繁華街だが、この通りに、当時はごく小さくてアトホームだった藤崎デパートがあり、ここの食堂で、学生ながら和食の定食を味わうのが、秘かな気取り的誇りであり、贅沢だったものだ。今はどうなっているだろうか。

三越の近くには、また、南側だったと思うが、なかなかシックなバーつきの軽食堂があり、ここでは独りでビールを、さらに今度は一番丁を逆に大学北門の方へ戻った門の近くに、ほんの小さな居酒屋があって、ここはたまに下宿の夕食前におでんと日本酒を……。いや、こんな益体《やくたい》もない独り遊びとは反対の、先生方や友人との遊びでは、既にそちこちに書いたが、忘れ得ぬのは、実に健康だった土居先生を先頭にする夏の蔵王登山、冬の（仙台近くの）面白山でのゲレンデスキー、それに小林先生とのことは『心ここに――エッセイ集』に収めた文章に書いているが、先生と連れだって、市の北外れの山間部にある山の寺へ行き、ぶら下げていった鶏を庫裡で鍋にして一杯呑み、また、寺の大黒さんの作ってくれたくるみ餅に舌鼓を打ったものだ。

それより小林先生には、花壇（地名である）のお宅へ学生数人と共に午餐に招待して頂いて、奥様のサービスで、まず抹茶から始まって、お茶漬け、それから本番の酒盛りとなり、向《むかい》山の鮮やかな紅葉を眺めながら俳句をひねったりする、風雅の楽しみと歓びを味わあせて頂いたことが、今も忘れられない。——しかし、ただそんなことがあったと今書いても、殆ど興とはならないし、他《ほか》にももちろん松島への行楽、あるいは近くの秋保《あきう》温泉など、行楽地での思い出もいろいろあるし、また、杜都へはのちに戦後数年暮らすことになり、先生方との交わりもさらに深まってゆくから、先生方のことやさらなる杜都での経験は、のちの話題にとっておき、ここでは土居光知先生が私たち夫婦に送って下さった葉書（一六四ページ）を読者にお目にかけて、この部の締め括りとしたい。この葉書は、遥かのちの戦後数年たった一九四九年正月に頂いたものだが、小林先生とはまた違って、先生の風貌からは想像もできないような、朴訥とも言うべき若々しい字体で、私にはあのブレイクの詩を独特な訛のある英語の発音で音読された時の感銘が思い出されて、見る度に先生との縁《えにし》をありがたく思い返すのである。（文中に「れう子」とあるのは奥様、「柴田君」とあるのは、ドイツ文学の教授であった柴田治三郎先生のこと）。

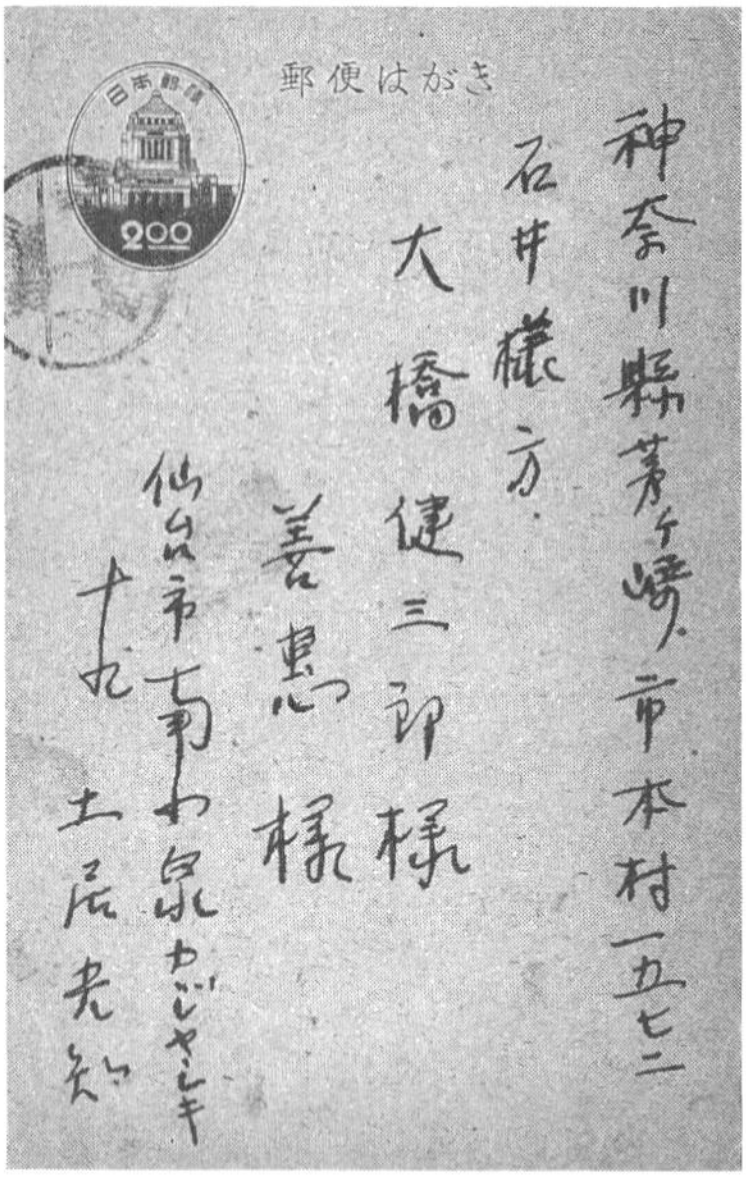
郵便はがき

日本郵便 2.00

神奈川縣茅ヶ崎市本村一五七二

石井様方

大橋健三郎様

善恵様

仙台市七郷わ泉カジヤシキ十九

土居光知

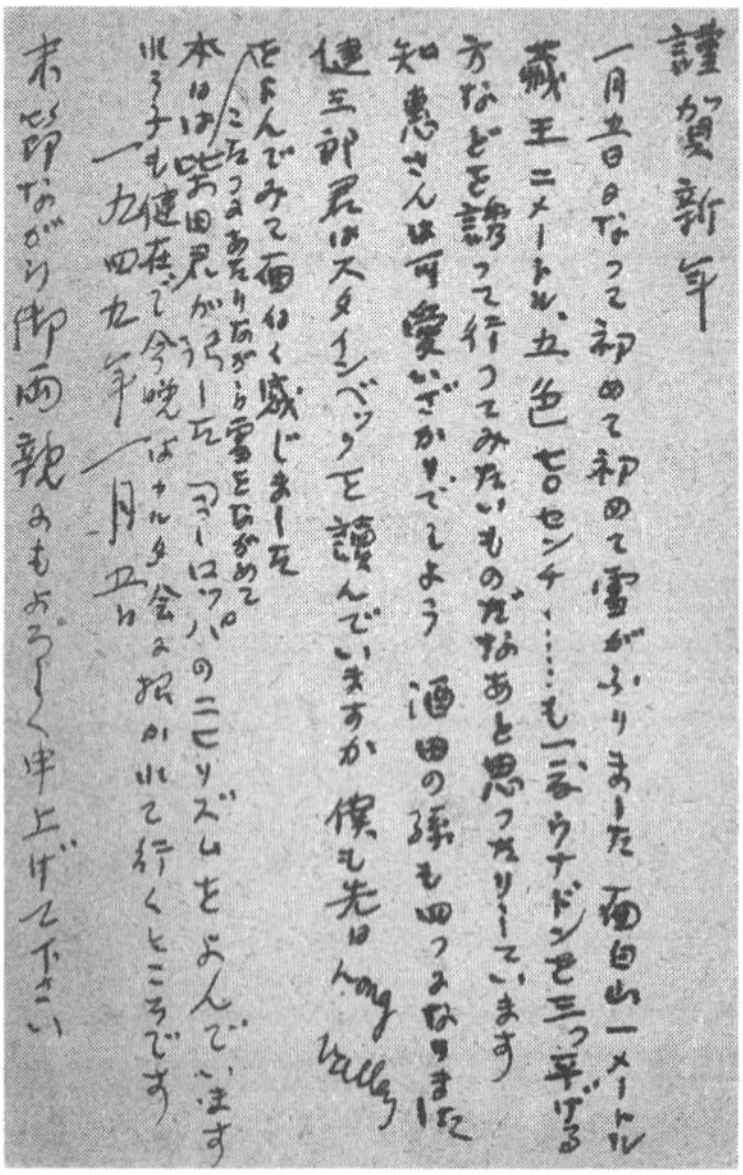
謹賀新年

一月五日になつて初めて初めて雪がふりました 面白山一メートル

蔵王二メートル、五色七〇センチ……も一ぺんウナドンを三つ平げる

方などを語つて行つてみたいものだなあと思つたりしています

知恵さんは可愛いざかりでしょう 酒田の孫も四つになりました

健三郎君はスタインベックを讀んでいますか 僕も先日 long valley

をよんでみて面白く感じました

こたつにあたりながら雪をながめて

本日は咲田君から一左 ヨーロッパのニヒリズムをよんでいます

以子も健在で今晩はサルタ会に招かれて行くところです

一九四九年一月五日

末筆ながら御両親にもよろしく申上げて下さい

VIII

軍人落第——わが海軍勤務情況

1

前のⅦ部で書いたように、私はともかくも昭和十八年九月に東北帝国大学法文学部を在学二年半で卒業し、土居光知先生の奨めで海軍教授というのに志願し審査をパスして、海軍予備学生として広島県江田島の海軍兵学校の一隅に設置された隊に入隊したわけだが、それがどのように私に、そして私の文学志向に影響を与えたかを充分に浮かび上がらせるためには、私を取り囲んでいたそのときの情況を少し綿密に書いておく必要があると思う。まず第一に、この海軍教授の資格を得たということが、真実にどんな意味をもっていたか、私に分かる範囲で少し究明しておかなければならない。

この資格獲得にはたしか筆記試験はなく、面接だけだったと思うが、海軍教授というのは、本来は文官で武官ではないのが当然である。私たちの期以前に海軍教授になった人は、初めから文官として、海軍関係の学校の教授に任官するのが立前であった。私の先輩にも全くの文官として海軍関係の学校に着任した方が、ごく少ないながらあったのである。

ところが、私たちの大学卒業時に募集があったのは、海軍教授という文官の立前ながら、折柄の緊急戦時態勢に役立つように、文官であると同時に武官としての任務をも課せられなければならぬ、という海軍における時局的要請のためでもあった。かくして海軍教授を志願してパスした私たちは、この期から同時に武官でもなければならぬという立前で、重ねて海軍予備学生を志願させられ、入隊した予備学生隊は、ただの文官でも武官でもなく、兵科としての教育部隊に所属する隊という、ややこしい形のものだったのだ。ただこの教育部隊としての江田島における予備学生隊の隊員には、まず海軍教授を志願し、同時に武官としてのステータスを担わせられた者ばかりではなく、そう多くはなかったが、初めから戦闘要員としての予備学生を志願しながら（飛行科、航海科、兵科があったが、私たちのは、兵科ながら教育要員という妙な鵺《ぬえ》的なステータスだったと言えよう）、身体検査の結果か、さらには海軍の必要によって、私たちの方へ廻された者もいたのである。

だからこの人たちの中には、第一線に出て戦おうと決心しながら、意に反して非戦闘部隊へ廻されたのが不満な者もいて、私たち海軍教授系グループとはどこかしっくりいかない所があったし、私たちの方は、戦う軍人でないという一種の精神的引け目を、いつもどこかに感じさせられていたものだ。私と一緒にこの予備学生隊員となった東北大同窓の親友のＩ君は初めから、「海軍教授てえのは、体《てい》のいい徴兵忌避だぞ」と言って、やや自嘲的ににやにや笑ってみせたりしたものだったが……。それに、そもそも予備学生は、大学卒ばかりでなく、高等専門学校卒業生も応募でき、その方が人数が多かったが、彼らと大学卒との間には三年の開きがあって、さまざま互いに内向し合うコンプレックスが、隊員の中にどこか蟠っていた感があり、特に旧文理大の予科といった趣のあった高等師範（東京と広島）出の人たちとの間には、私などそれまで全く知らなかった違和感が内在しているようだった。

もっとも、兵学校所属の予備学生隊では人数も少なかったから、その異和はそれほど表面化しなかったが、三か月後にそれぞれ各地の予科練航空隊に配属になってからは、例えば私が廻された土浦航空隊などでは、隊員の人数も多くて、しばしばその異和が際立つ時もあったものだ。だが、これはまたのちの叙述に任せて、やはりまずは、私自身にとって初めての江田島における海軍体験を少し書いておくべきだろう。海軍における訓練そのものは表面なかなかスマートで、西洋風（おそらく英国風）の所があった。例えば、戦艦の梯子（階段）のことを「ラッタル」と言ったが、これは英語の'ladder'のカタカナ訛で、他にも幾つかあったが（洗濯盥を「オスタップ」と言ったのは'Wash-tub'から）、それらを日本語で言うことはなかった。

ところで、特に海軍的と言われていたのは、デンマークの柔軟体操を取り入れた海軍体操で、陸軍のしゃちこばったのとはまったく違って、誘動振という両腕を前・横に柔らかく振る基本体操から始めながら、号令でさまざまな型へと移行し、また戻り、また別の型へと移行する、極めて自在で、筋肉が伸びやかになり、かつ引き締まる感じの体操である。私は戦後教職についてからも、朝夕、習い覚えた海軍体操を庭先で二、三十分やることにしていた。娘たちの小さかった頃原っぱへ連れ出して、この体操を少しでも覚えさせようとして、近所の人たちからの顰蹙《ひんしゅく》を買ったことがあった位だが、たしか五十代が最後で、段々型も崩れ、回数も少なくなった。しかし、今でも、朝起きてから書斎でほんの少し、真似事をなぞっている次第である。

しかし、このⅧ部の表題に「軍人落第」と書いたように、軍人修業で曲りなりにもできたのはこの体操だけで、他はすべて殆ど体《たい》をなさぬばかりか、努力する意志にも欠けていて、しばしば上官から怒鳴られ、厳しい注意を受け、上官たちの評価が悪かったせいだろう、約十か月後鹿児島予科練航空隊で海軍少尉に任官したあとは、何か月かで戦友が中尉に昇進してゆくのに、私を含むほんの数名の者は、ついに敗戦除隊の時まで少尉のまま、みずから「御茶挽《ひ》き少尉」と称する仕儀と相成ったのである。

　軍人落第（「人間失格」では決してない「軍人失格」）も已むなしと、我ながら思い当るわが振舞を一、二白状すれば、例えば土浦航空隊にいたとき（昭和十八年十二月～翌年三月）、ここの冬は霞ケ浦の北風で真《まこと》に寒く、私は何度か風邪を引いて、「分隊士付」という任務を「休業」したばかりか（「分隊」は確か陸軍の中隊に当たり、「分隊士付」は小隊長のようなものだったと思う）、「休業」中は特定の場所で自習していなければならないのに、上官がいないのを幸い、吊床《つりどこ》（娑婆〔一般社会のこと〕では「ハンモック」と言う）を吊るコンクリートの棚の上で、毛布にくるまって寝ていたところを、分隊長（陸軍では大隊長に当たる）のN大尉《だいい》に発見されて、睨まれたことがあった。この大尉は、珍しく度量の大きい人で、予備学生からもかなり畏敬されていたが、それだけに私に対する考課表は厳しく書かれていたに相違ない。

　それに、江田島でも私は、カッター訓練中に腕の力がひどく弱り、ハラキリ寸前に、心弱くも休みの番の反対側の舷の漕ぎ手と座を代わってもらったものだ。そのときの教官は、私の先輩に当る東北帝大出身の第二期予備学生上がりの少尉で（兵科の海軍予備学生は、戦時体制が急迫してから募集され始めたらしく、私たちは三期だったが、私たちの次の期はもういわゆる学徒出陣で、予備学生になる前に、海兵団で一水兵として過酷な訓練を受けることになったから、この点でも私たちは、まさに歴史的変革の深い断層に位置していたと言えよう）、私には特に関心を抱いているようすだったが、それだけにこの私の卑怯な身ぶりに真実腹を立てたらしく、青筋を立てて叱りつけた。私は、陸へ上がったら海軍流の儀式《リチュアル》とも言うべきビンタを喰《くら》うものと覚悟していたが、それもなかったのは、私への思いやりだったのか、それともただそれには及ばぬと思っただけだったのか。

（この海軍流のビンタというのは、親指を外に出した普通の拳固《げんこ》ではなく、親指を四本の指で隠して相手の頬を打つもので、当りはかなり和らかい。だから、頬裏が傷ついたり、歯が痛んだりすることはない筈なのだが、それにはなかなかコツがいるので、傷つける場合も結構あるのだ。私も一度やられたが、その場合血が少し口中に流れ、暫く軽い横ばれが残ったものだ。さらに、打つ前に、両手を後へ引かせて、「股を開け、歯を喰いしばれ」と号令をかけるのだから、血など出る筈もないのだが……。ただ、こういう武張った所と思いやりの混じったあたりは、軍人失格の私にも、日本の武士道とはまた違った海外風のグレイスというものを、感じとる所もあったのだった。）

しかし、総じて私は、比較的紳士的だったこの兵学校における海軍生活でも、いつも内面に籠りがちで、たまに同僚と共にはしゃいでも、はしゃぎ自体が様にならぬ気後れを感じざるを得ないのだった。そういう私は、この江田島では、初めて出会った佐伯彰一君の見るも鮮やかな活躍ぶりには、わが身に比して超賛嘆の気持を抱かざるを得なかった。佐伯君とは、ここで識りあったことから、のちの「わが文学放浪」に、すぐに目立たぬながら際立った一つの色合いを添えてくれたものだったが、江田島時代は私など及びもつかぬ花やかな存在に見えた。

例えば、兵学校では、古鷹山（近くにあった、頂きの少し尖《とが》った小さな山）の頂上までの往復走行という行事があったが、足の遅い私などは、出発点から山裾にかかる間にビリッケツの方に遅れがちで、例えば佐伯君が、他の何人かの先頭に立って彼らを従え、小富士形の古鷹山を駆け上がっていく後ろ姿を、呆気にとられて見つめていたものだった。頂上で登頂のしるしの紐か何かをつけてくれるのだったが、彼はそれを指に捲きつけて、麓の方へスマートな痩身を走らせてゆく。彼がもう出発点へ戻ると見えた頃に、こちらはえっちらおっちら、さして高くもない古鷹の頂上に向かってゆく。何とも様《さま》にならぬわが姿だったが、ここまで落ちれば、もう訓練もくそもなくなってしまうのだ——。

　この時は、佐伯彰一が何者なるかまだ知らなかったわけだが、それからかなりのちの戦後に、アメリカのガリオア留学生の試験の時に再会してからは、急激に親しくなり、実にさまざまな面で彼に刺激され、啓発されて、八十路の今に及んでいる。彼は富山県立山の神社の宮司の一族で、確か父君が実業家となって、彼は東京で生まれたが、佐伯一族は富山の名門として知られ、日本人の最初のヒマラヤ登山隊のシェルパ（登山隊の案内、荷役）の一人が、この一族だったことが思い出される。——つい親しい友のことでペンが走りすぎたが、佐伯氏のことは、今後も何度か触れなければならなくなるので、今はここで一応やめて、海軍生活の方へ戻らなければならない。

　江田島の兵学校でのことは、他にも、年中行事だと言われた、古鷹山と同じような形式での、厳島（宮島）の弥山《みせん》（標高五三〇ｍ）登山というのがあり、これはもう私などの出る幕はなく、えっちらおっちら歩いて登るのも大変な苦労だった。行事で幾らか楽しかったのは航海訓練で、巡洋艦だったか、そう大きくないのに乗り組んで、操舵や海面観測の仕方を教わりながら、これももう記憶が定かではないが、瀬戸内海を広島方面に向かい、どこかで艦をおりて厳島神社に詣でたこと。

この航海では、兵学校構内とは違い、司令を始め他の教官も打ちとけて、あるときなど彼らの酒席に何人か呼ばれて、何かエンターテインメントで座興の役を果すということがあったりした。私は謡曲ができるというので——書くのを忘れていたが、東京外語では宝生流、東北大学では、学生の謡曲クラブに入って観世流を習うという、節度のないやり方だったが——この航海では指名を受けて、前の予備学生の何かの芸に次いで、わが謡をとはりきっていたのだが、上官の興が酔いのために謡曲などから霧散したのか、わくわくしながら待っているうちに、もう用なしとしてお払い箱になってお茶を挽いたのは、何という侮辱だったことか。それでも私は、酔顔の大尉《だいい》に敬礼ならぬ、お辞儀をして、むなしく退散したのだった……。

ところで、この海軍生活第一歩での私の文学志向は、どんな道を辿っていただろうか。堂々たる道でなかったことは、説明するまでもなく誰の目にも明らかだろうが、果して道はついていたのか。消え失せた筈はない、ともかくものちの、そして今に至るまでの生活にまで繋がっているのだから。隘路だっただろうとは、読者も感じているだろうが、それならどんな隘路？——江田島の予備学生隊の隊長格だった大尉《だいい》は、最初の頃の訓話で、「本は読むな、読むなら捕物帳を読め」と言ったものだ。おそらく予備学生は大学卒が主で、それも教育要員養成の隊だから文科系が多いので、これは精一杯の諧謔《ユーモア》を籠めた訓戒だったのだろうか。当時評判だった『右門捕物帳』を覗いたことのある私などは、そのユーモアを感じはしたものの、やっぱりそんなところか、という白《しら》けた気分を禁じ得なかった。

のちにはときどき、いっそ文学書など焚書《ふんしょ》にすべきだなどと、逆の憶いを抱くこともあったが、それでも秘かな「文学放浪」の道は、細道ながら途絶えることはなかった。実は、この江田島の隊に入るときにも、軍隊では読書、特に文学書は禁制だと聞き、かつ覚悟していたのだが、秘かに岩波文庫を二冊筐底に秘していたものだ。と言っても、詩や小説を持ちこむ勇気はなかった。と言うより持ちこんでも本気で読めぬから無駄だと思い知っていたから、何と、いわば苦肉の策として、『古事記』と『記紀歌謡』を雑嚢《ざつのう》の片隅に埋めておいたのである。天皇家とも関係の深い本だからというざんない思いもあったが、私自身がこの頃、人の心の自然なあらわれを、近代以後の詩よりは、古典の詩心に見出していたせいもあったのである。

しかし、やはり、それらを自習時間や休憩時に読むことはなかった。読んでも頭にも心にも入らなかったのだ。かくして「わが文学」は、このときから土浦、鹿児島に至る約一年間は、文学書によって道に着くことは全くなく、むしろそうした文学書禁制のために内向、と言うより内攻して、私は、これも隠しもったノートブックに、取りとめなき思いを綴る日記風散文の間に、短歌や俳句（これは川柳調になりがちだった）、それに我流の詩行を殆ど殴り書きしたのである。それらのノートブックや手帖は、もう乱雑を極めてしまった書庫で手にとることは不可能となったが、その微かな記憶もしくは余韻が今なお耳底深くに聞えてくることがあり、文学放浪の道の所在を確認するよすがとなっている。

そしてまた、わが愛の道も、この江田島の三か月間は、現実には彼女からの面会もなければ、こちらからの外出で会いに出かけることもなく、ただ心の中に、それも隊生活の閉鎖性に閉ざされがちに、細々と続いているにすぎなかった。ただ面会と言っては、私の父が、I君の父君と一緒に（どうして識りあったのか分からない、偶然門の所で一緒になって、互いに名のりあったのだろうか）、正式に手続をして現れたことが、と言うよりその二人の姿が、眼底に残っているだけなのだ。——だから、この海軍生活への入門《イニシェーション》の話も終りにして（思いがけなく長くなった）、海軍生活の次の段階、そしてその中での新婚生活、また敗戦による解放（？）へと、話を進めていこう。

インタールード——海軍で歌った歌

海軍で歌った歌と言っても、予備学生訓練中は、実際に声に出して歌うのは軍歌だけだったし、これは行進しながらの歌で、そのときはそれなりの爽快な感じもあったものの、やはり普通の人間の生活（海軍で言う娑婆《しゃば》の生活）とは懸け離れていたから、今ここで事々しく紹介するのはアナクロ的で、無意味と言う他ない。私の経験から言えば、兵学校から土浦、次いで鹿児島の予科練航空隊での訓練を曲りなりにも終えて、入隊後十か月で予備少尉に任官したあと、いわゆる上陸（外出のこと）は、土曜日などはレスと称する（これも「レストラン」のカタカナ省略語）軍が特約している料亭での教官の宴会に加わり、慣れるほどに酔いに任せて高歌放吟した民謡の海軍的替え歌は、軍＝娑婆双双の乱調子が解放的で、歌って大変楽しかったものだ。

これは任官後でまだ先のことだが、いずれ披露することになるその時期の多様な情況の一端を、今からいささか仄めかしておくのも一興と感じて、そうした歌のほんのさわりを匂わせておけば……

〽イーンチが恋《こォい》しゅてェ／眠れぬ夜《よォるう》はァ／語《かアたア》りあかァそよ／デッキの夜風《よォかアぜ》／進路《しんろ》遥《はアるウ》　遥《ばアるウ》　南洋越《こォ》えェ

てェ／夜《よォるウ》の空《そォら》に十字星〰

「ラバウル小唄」という軍歌調の歌謡の替え歌だが、色んなヴァージョンがあるらしく、ここに書いたのは記憶からのもので、ヴァージョンが混じりあっている恐れがある。「インチ」とあるのは、前に触れた、梯子のことを「ラッタル」と言う類の海軍用語の下世話版で、「インチメイト」(intimate)のカタカナの省略語。「親密な」という意味から転じて、下世話な意味での馴染の女、殊に遊興の場における相方《あいかた》。戦時で死地に向かう航海だから、こうした下世話な男女関係にも、一抹のパセティックな情緒が盛りこまれていたと言っていいだろう。いや、今はまだそこまでは言えない筈だから、今暫くは、さらに思い出すままの海軍生活の情況を書いていかなければならない。

2

戦時中の、前線にも出ない海軍体験など殆ど無内容で、今から十年前、いや、四、五年前のかなり年をとった私でも、そのありようをただ懐旧的に無批判にはとても書けるものではなかった。今でも実際はそうなのだが、八十路で若い頃のありようを見極めようとすると、むしろ無内容さ自体が不思議に現在に意味を孕んでくる。それに、江田島の兵学校の予備学生隊は、人数もそれほど多くなく、物故者もふえて、日本人の記憶から、いや、日本の歴史からさえ完全に消え失せようとしている今、その無内容さそのものの意味が、逆に歴史の中で甦り、かつみずから歴史を孕んだ掛替えのない象徴のように見えてくるのだ。

　私が江田島の次、その次に配属になった土浦及び鹿児島予科練（正式には海軍飛行予科練習生）航空隊は、配属の予備学生の数も所属の科も遥かに多く、かつ兵学校とは違って、当時既に、〽若《わァか》い血潮の予科練のォ／七《なアなア》つボォタンは桜に碇《いイかアりイ》／……〽と、予科練習生を称え歌う軍歌調の歌謡曲で広く一般に知られていたから、今日でも記憶に残している人も、まだかなりあろうか。しかし、単なる懐旧ではなく、歴史との関連におけるその意味を捉えようとすると、やはりその「七つボタン」が表徴したものもまた、歴史から消え失せようとする空ろさを秘めていて、意味をポジティヴに捉え直すことを拒み、むしろやはりその空ろさ自体の意味を問うことを強いるのではないだろうか。これは、何も、他の体験者にそういう見方を強要しているのでは毛頭なく、ただ私一人の、あるいは私に似た気持をもっている人の内向的な問題として言っているのである。そしてその背後に、おそらく高齢という現実の制約が蟠っていることは、充分に承知の上でのことなのだ。

　またもや理屈が先走っているのが自分にも見え見えになってきたから、何度目かのもう一度、話を往時の現実に戻せば――そもそも海軍の予科練習生というのは、一九三〇年（昭和五年）飛行科として発足したということだが、のちには兵科も併設され、私が配属になった土浦の隊は、飛行科の予備学生隊をも含めて、まことに大世帯だった。その大世帯ぶりは、分隊点検と言って、総員が練兵場に集合して、司令を中心に高級将校が高い所に居並んでいるそばを、頭《かしら》右の形で行進する儀式の時に、圧倒的な力と特徴を発揮したのを覚えている。

　こんなときは、同じ予備学生隊でも飛行科の行進は、教官が隊の両側に距離をとって並んで歩き、剣を振りまわしながら隊員の姿勢を正すという、殺気立った凄まじいもので、前にも書いた、私たち兵科の中でも教育部隊の学生が、常々感じていた引け目のコンプレックスはここに極まり、みな唖然として彼らを打ち見守るばかりだった。飛行科の学生は、毎日の訓練も厳しく激しいものだったのだろうが、私たちの方は、もちろん訓練もそれなりに辛かったが、主たる任務は、時間数はそう多くないが練習生に普通学を教えることだった。普通学というのは、彼らの本務である飛行、航海、陸戦のための特別の学科ではなく、普通学校でやる算数などの科目のことだったのである。

予科練には甲種と乙種の二種があり、甲種は中学校四年から、乙種は高等小学校卒から（以上はすべて旧制）入隊できる。私たちが受けもったのは甲種だったに違いない。普通学と言っても、私の専門だった敵性語たる英語はなく（ずっとのちの昭和二十年三月に長崎県の針尾島に創設された予科兵学校では、英語を、しかもオーラルで教えるという、当時娑婆の中学校でもなかった痛快事があったが、これはのちに）、何と数学、それも高等数学を教えさせられたのだ。私自身は、本書のII〜IV部に書いたように、京都の市立第一商業学校から東京外国語学校へ進学したので、高等数学は、京一商卒業前に上級学校受験のための補習として、ほんのとば口を教わっただけだったから、とてもそれを教える知識などなかった。確か隊所属の文官教官が作った数学教科書の「手引」という冊子に、授業一回毎にざっと目を通しておいて、練習生には教科書に書いてあることを説明したものだ。それでボロが出なかったのは、練習生たちのナイーヴさのお陰で、むしろ高等数学を教わったのはこちらの方というありさまだったのである。

江田島の場合と同じく、やはり三か月ほど分隊士（陸軍の小隊長に当たる）付きの予備学生として勤務したこの土浦航空隊でも、小説よりも奇なる事実が幾らかあったが、それを書く前に、ここでの隊内生活のことを少し書いておかなければならない。というのは、ここで私は初めて「吊床《つりどこ》」（ハンモック）に寝ることを体験したからである（江田島では二段ベッドだった）。私たち予備学生の寝室は、予科練生と同じ、まるで倉庫のようなコンクリート造りの大部屋で、そこに吊床を吊すためのコンクリートの仕切り壁が何列か立っていて、私たちはそれぞれ吊床をあてがわれ、夜は八時にそれを両側の壁に掛け、その中で眠り、朝は五時だったか、その中の毛布などを畳み、ズック製の吊床を丸く巻きこんで縄紐で縛り、壁についている鉤《かぎ》に引っかけて片づける。共に号令でやるのだが、夜は、「総員吊床おろせ！」、朝は「総員吊床収め！」――

これらのときは素早く、手際よくやらなければならない。何分だったか、制限時間に遅れたり、巻いて縛った吊床がぴんと立たずにぐにゃぐにゃしていると、罰として何度でもやらされる。それに吊床訓練というのも、日課の終った夜にしばしば行われ、縛り方が悪いと、ぐんなりした巻いた吊床を肩にかついで、練兵場を一まわり走らなければならない。私は不器用だから何度が走らされたが、広い練兵場からふうふう言いながら戻ってきて、やっとそれで罰が終って、そのぐんなりした巻いた吊床をほどき広げて、さて横になっても、からだ中がわくわくし、血が頭に上って、眠れたものじゃない。

それでも若くて一日激しい訓練や任務の普通学の授業をやったあとだから、まもなく眠ってしまう。このときの問題は鼾《いびき》だ。実は私自身が、鼻の形が悪くてかなり大きな鼾をかくので、大勢の中で寝るときはひどく気を使う。秘かに隠し記すノートブックに「鼾かく男《お》の子哀れや二十分人に遅れて寝《しん》につきにき」とか、「鼾かく男の子哀れや窓の月」とかいう、さまにもならぬ歌や句を書きつけ、それを隣りのベッドの仲間に見られて、冷かされたことをはっきり覚えている（歌と句も、書きつけたノートブックが今は散逸してしまっているのだから、覚えていることは確かなのだ）。ところが、同じ寝室のかなり離れた吊床の学生が、私の鼾どころじゃない、まさに寝室全体にばりばりと轟くような鼾をかいて、夜の隊内の一異彩となってからは、現金なことに私は自分のことをあまり気にしなくなったというのは、不思議と言えば不思議なことだった。

土浦には、冬の霞ケ浦の凄絶とも言うべき寒さと筑波おろしの風、それに高空一杯に広がる灰色の雲の思い出など、なお書きたいこともあるが、今は一つの異様な光景と、その光景の中心になっていた一人の人物について語って（以下はずっと昔、さる同人誌に小説として書いたことがある）、早く次の鹿児島――南国の春の魅力的な都市――へと進んでゆきたい。――異様な光景というのは、私たちがたまの日曜日の外出で、近くの土浦城址だったかへ出かけたとき（土浦では日曜外出はあったが、外からの面会は許されなかったから、かのS女に会うことも、一度外出先でちょっと顔を合わせた記憶があるだけで、特別な感慨を抱く暇もなかった）、外出を許されて三三五五歩いてゆく私たち予備学生の間を縫うようにして、私たちの間では恐れられ嫌われていた軍服姿の中尉が、作業服を着て黒い艦内帽を被った一人の予備学生を後ろ手に縛りあげ、その縄の端を握って、まるで犬でも追い立てるように歩かせてゆく姿だった。

私は迂闊で、事情を全く知らなかったが、連れだっている仲間が囁いてくれたところでは、縛られた予備学生は飛行科で、余りの訓練の過酷さに耐えかねて逃亡を計り捕えられたのだという。後ろ姿を見たところ色白の痩せ型で、逃亡する元気もないように見えたが、おそらく耐えかねて狂乱状態になったのだろう。それでもかの中尉が彼を追い立ててゆくのは、罰というより見せしめ、それも逃亡学生へというより、私たち上陸を楽しんでいる予備学生への見せしめ、いや、むしろ脅迫だったに相違ない。この中尉も予備学生上がりだったが、異常なコンプレックスの持主で、私たち教育要員の学生の間に出没して、何か理由をつけては殴り倒すのを、唯一の心遣りとしているらしかったからだ。

例えば、こうだ。私たち予備学生にとって、一日の訓練も終り、夕食も済んで、吊床おろしまでの間の一時間ほどは、一日中で一番ほっとする時間で、隊の建物の外に仕つらえてある煙草盆、と言ってもブリキを張った長方形の箱だったが、そのまわりに集まって話しながら煙草を吸うのが、最高の楽しみだった。ここでしか煙草は吸えないのだが、そうしたのんびりした、電灯の明かりも届かぬ夜の薄暗さの中で、ふと傍らから、火を貸してくれ、という声が聞える。そこで友達（戦友だが）なみに「おお」とか何とか言って、火のついた煙草を声の主の方へ差し出すと、突如、「貴様、欠礼する気か」と声が叫んで（海軍では「貴様」というのがしきたりだった）、あっというまに鉄拳が降ってきて、あの海軍式のビンタどころではなく、倒れて動けなくなるまで、打擲《ちょうやく》は続くのだ。その凄まじさは、まったく狂気というほかなかった。

私は、そうした光景を何度か見たが、その犠牲になることはなかった。しかし、どういうわけか、この狂暴な中尉が私のことをしょっちゅう意識している気配があって、常に警戒し、かつ警戒していることを悟られないよう、常に気にしていた覚えがある。そしてある日の夜、この中尉がまわりに何人かの予備学生を集めて、自分が日本の内地や南方で、身分や人種の違うさまざまな女と寝たことを、わざと大声で誇張して話していたあと――殴るだけではなく、この中尉は自分のしたことを得意になって学生に聞かせる（聞かざるを得なくさせる）癖があり、このときは「ポスる」という、「勢力半減」を意味する〝POS〟という海軍の信号からきた、性交を意味する隠語を頻りに振り廻していた――みなが静かにして立っていると、つと私のそばに寄ってきて、「××学生は（と私の名前を言って）どこの大学の出身か」と訊ねたものだ。

私はぎくりとして、どうして自分の名前を知っているのかと疑いながらも、「はい」と答えて出身大学の名前を挙げ、型通りに「……であります」と言葉を結んだ。すると中尉は、薄笑いに憎しみをこめたといった顔付きで（と私には思えたのだが）、「ふん、貴様はなかなか真面目な学生らしいな」と言い、私が、さらに何か言われるといよいよ殴り倒されることになるぞと、緊張しながら黙って立っていると、不思議なことに、もう私には何も言わずにまた思い出話を始めたものだった。――そのときは、その彼の沈黙をいろいろと詮索したものだったが、事実はただそれだけのことで、もちろん、それ以上、あるいは以下でもなく、何事もなく済んでしまった。その中尉は、そのあとカッター訓練中に一人の予備学生に怒り、彼を真冬の霞ケ浦の水中に突き落して、心臓麻痺で死なせてしまい、罰として前線へ送り出されたと聞いた。当然彼の周辺では大きな騒ぎになったに違いないが、それもまた当然のことのように歴史的な事件にもならずに、それなりのことになってしまった。個々の人間にまつわる出来事とは、常にそうしたものなのだ。

しかし、再び、いや三度《みたび》、いや、いや、いや、n度私流の今の論理からして、歴史にもならぬ個人にまつわる出来事の、その無意味さそのものが、今から振り返るとそれ自体の独特な歴史的意味を孕んで甦ってくるのである。まず第一に、私という歴史的に無意味な個人も、この八十数年の間同じ人間でありながら、明らかに違った姿、形、そして違った心のありかたを経てきている。その経緯は刻々のものだが、しかしそれはただ私の姿、形、心のありようだけのものではなく、それには歴史、と言ってもただの観念でも、また記述された歴史でもなく、刻々に動き、また刻々に人間を動かす歴史の力といったものが関っている。だからこれは真に困難なことだが、もし個々の人間の心と身の変容と、その変容を生みだす、いわば普遍的な歴史の力との生きた関係を、たとえ瞥見でもいいから見てとり、それを言葉で言い表すことができたら、それこそ個人の無意味さの意味、言い換えればそうした個人の生を不可欠な要因とする、複雑多様で神秘的でさえある真の生きた歴史そのものの姿を、たとえ暗示的にであれ浮かび上がらせることができるのではないだろうか。

いやはや、またもや語るに落ちるで、どうやら言葉の迷路《メーズ》に迷いこんでしまったらしいし、これからもそうなりそうなのだが、それでも実は私は、右に述べてきたことの最終的な集約は、文学という一事《いちじ》に収斂され得ると信じている次第なのである。文学と言っても、ただ詩とか小説とかいった文学形式のことを言うのではない。どんな形式でもいいが、事実は事実として見ながら、それがいかに非事実的、反事実的要素を秘めているかを、言い換えれば、前にも少し書いたように、事実がいかに小説よりも奇なるものを秘めているかを浮かび上がらせること。アメリカの南部作家ウィリアム・フォークナー流に言えば、「現実的《アクチュアル》なもの」をいかに「想像的《アポクリファル》なもの」へ「昇華《サブリメイト》する」か、ということになるが、その仕方はさまざまあり得るし、逆に「想像的なもの」を根底にしながら、いかにその根そのものに「現実《アクチュアリティ》」の裏づけを秘め得ているか、ということにもなるだろう。

実はその仕方の一つを、今私は本書で試みているのだ、と言いたいところだが、そう言ってしまえば、いわば「わが文学放浪」の道を走り出すことになり、走り出せば止まらず、転倒必至ということになりそうだから、まずはわが道をじっくり歩くことにして、土浦から鹿児島へと続く事実らしきものを語り継がねばならない。冬の東路《あずまじ》から春の南国へだが、ともに予科練航空隊として繋がっていて、ここではインタールードを差し挟む余地はなかった。

3

それにしても、はるばると来つるものかな。いや、確かにそうした感慨はあったが、しかし道はまだまだ更に遥々と続くのだ。藤村は、「みちのくの／宮城野にまで迷ひき」たあと、故郷の信州に帰り、やがて東京に出て文学の道に入ったのだが、私は――もちろんわが身を藤村に比する資格など全くないが、物の譬えとして許して頂いて――古都→東都→杜都と陸奥《みちのく》への道を辿ったあと、遥かに九州南端へと下《くだ》りゆき、これは更に後《のち》に語り継ぐことになるが、なお九州、本州、果ては異国へと転々し、ついに夏を過ごす信濃追分の地に縁《えにし》を得て、「小諸なる古城のほとり」で彼の精神風土に出会う機を得たのである。それはともかく、まずは遥か九州南端への旅を語らねばならない。

私は、わがS女とゆっくり逢瀬を楽しむ暇もなく、確か茅ヶ崎の姉を二人で訪ねて、いささかの愛の儀式を楽しんだあと、直ちに単身東京駅から特急列車に一昼夜揺られて、南国の都の西鹿児島駅に着いたのだった。この時のことはよく覚えている。確か三月末だったと思うが、この駅の一種清楚なたたずまいに心満ち足りて、「さすが南国の春じゃ」などと悦に入って呟いた覚えがある。鹿児島本駅でないこの西鹿児島の駅は、その後何度も乗り降りして親しみ、私には本駅よりも鹿児島らしい印象を残しているが、最初はもちろんその清楚な感じに心楽しんだだけだった。というのは、このときは、予備学生ながら、襟章こそ星なき佗しさを秘めていたとは言え、士官服と同じ正服を着て短剣を下げ、二等（今のグリーン）車のビロード張りの椅子に坐って行き、西鹿児島駅に降り立ったときは、さまにならぬ矜持《きょうじ》と気恥かしさで、かなり緊張してもいたからだったが……。

ところで、鹿児島では約一年過ごしたし、ここで少尉に任官して（一人前の筈の）予備士官となり、また結婚して所帯（とも言えぬ形だけのものだったが）をもって、交際も急にふえたから、語るべきことが多くてまとまりがつかない恐れがある。だから、できるだけエッセンスを浮かび上がらせるよう務めなければならないが、まずはやはり本務だった所属の隊のほうから始めようと思う。――鹿児島予科練航空隊は、桜島と向きあう鹿児島湾岸の鴨池という所にあり、冬の霞ケ浦に面していた土浦予科練航空隊とは、まさに対蹠的な感じだった。冬と春、冷気の漂いくる淡水の湖と、暖気を漂わせくるかと思える、常は静かに打ちよせる海の波、筑波おろしとは似ても似つかぬ、霧島から花の香を漂わせくるかの如きやさしい微風。もちろん、一転して初秋の台風が襲いくれば、兵舎も首をすくめんばかり、私はそのすくんだ兵舎の中でさらに身をすくめなけ

予備学生正装（星がない）

ればならない。その激しさはやはり南国独自のものだが、それはまた、次に来るべき南国の晩秋初冬のやわらかさ、やさしさを既に予表しているのだ。

号令演習と言って、海に向かって浜辺に立ち、号令を力一杯唱する、と言うより喚《わめ》く。確か土浦でもやったが、ここでの演習は、みずからわが声に乗って遥か沖の空に飛びゆくようで、訓練中の快適な一時《いっとき》だった。それにカッターでの桜島行。波は通常さして高くならないが、桜島との中間のあたりに出ると潮流が早く、ここが一種の正念場で、分隊士と艇長の予備学生は、クルーを叱咤激励、クルーは目を見張り息を呑んで、懸命に櫂を操る。ここでは不思議に私も、江田島での恥を繰り返さずにすんだ。そして桜島についてからは短い自由時間があって、確か焼き芋なんかを買って喰う楽しみにありつくのだ。帰りはむしろ潮流に乗って、楽しいくらいのオアリングだった。

然らば、隊内はどうか。そういいことばかりがある筈はない。隊はいずこも同じ隊内で、当然のことながら規律に縛られなければならない。ここでの日課は、任官前は土浦の場合と大体同じ、ただ土浦は既に書いた通り夜は吊床の生活だったが、ここでは大部屋に確か三段ベッドが並べてあって、「総員起し」(午前五時)ではこのベッドで毛布を畳み、上の者は小さな金属性の梯子でベッドを降りて、不動の姿勢をとる。詳しい日課は今は確かに思い出せないが、起きてまもなく朝礼があり、それぞれの隊へ戻って朝食、それからその日の訓練が始まる。

訓練と言っても教育要員だから、さして激しいものはなく、整列しての行進、海軍体操、既に述べたカッター、そしてやはり何よりも普通学の教師だが、鹿児島では数学ではなく、簡単な英語の授業だった。任官してからは、授業の他には分隊士付の教官として、右に書いたような日課を練習生がやるのを監督することになる。但《ただ》し私たち教育関係の者は、練習生の本分である飛行科関係の訓練にはもちろん関係せず、次に述べるように、上陸も1/3（三日に一度）となり、かなり楽な勤務であった……やはり軍人半人前の感は否定できないのだが。また、のちに述べるように、一度薩摩半島を南下する長距離行軍があり、苦しかったながらに楽しい思い出になっている。

それに任官すれば、分隊士として一個小隊の責任をもたなければならないが、上陸のときには海軍が特約した料亭へ行って、他の客をよせつけぬ大座敷で飲めや歌えの遊びができる。我々は金も払わず、敗戦後思い返せば、まことに軍事体制エゴイズムの現れだったとおのが不明を責めることになったが、戦時中の鹿児島では、平野《ひらの》という、天文館通り近くの一流料亭が、海軍専用で、私たちはプレイン（平野《へいや》の意から）とか既述のようにレスとか呼んで、上陸毎に押しかけたものだった。

こういう場合の飲め歌えは問題がなかったが、「芋を掘る」（酒乱、飲んで暴力を振う）ことは、軍人精神に反するとして、してはならぬことになっていた。それに、プレインでは接客のための女性はたくさんいて、あれこれと馴染関係が目についたものだが、SとP（Sは英語のシンガーからきたらしく〔私たち大学生のときは、ジンゲルとドイツ語読みを真似ていた〕音曲、踊りを主とする芸者、Pはプロスティテュートでセックス専門）は、裏面はわからぬが表面ははっきりと区別して、プレインはS専用のレスであった。これは若気の至りだが、天性飲む歌うことの好きな私にも、名前は何と言ったか忘れたが、珍しく清楚な感じのする馴染ができて、S女のことを忘れたわけではないが、酔った勢いで一緒に大声で歌ったりしたものだ。

いやはや、話にもならぬ馬鹿げた痴呆ぶりだったが、その裏にはやはり、常に、戦時下における死の願望《デス・ウイッシュ》とも言うべきコンプレックスが無意識の内に作用して、一種の自棄の裏返しであったことは、今にして明白なことのように思えてくる。しかし、こうしたことが1/3上陸の機会に限られたことは、まずまず幸いだったと言うべきで、その自棄も、程程に気晴らしとの双双の関係にあったと言うほかないのだ。そして、現実には日本敗戦の暗い兆《きざ》しは刻々に濃くなっていたにも拘らず、国内一般もそうだったに違いないが、鹿児島では特に土地柄のせいか、人の心はまだのびやかだったように思われるし、そのうえ軍隊の中というのは、実際に戦地へいかない限り、隊としての自己規制のために、上層部はともかく、一般の隊員は危機的情況には目隠しされて、いわば閉ざされた平和な日常を享受していた、と言うより享受させられていたのだった。

私は、そのことの矛盾にまもなく気づいて、強いショックを感じることになるが、それにはそれなりの順序があった。その順序は、今振り返れば、決して不思議ではないのだが、それが始まったときは、驚くと言うより、隊という閉塞体制の中で何がどうなるのか見当もつかず、むしろなす術《すべ》もなく呆然として成行きに任せ、見守るより他ないありさまだった。というのは、実は事が、思いがけなく隊外のS女関係の方から始まっていて、隊内では想像もつかぬうちに、事は、それまで否定し続けていた私たちの結婚の方向へと進んでしまっていたからなのだ。私たち兵科三期の予備学生は、入隊後約十か月の昭和十九年七月（だったと思う）少尉に任官したのだが、そのことも一つの重要な契機となって、私が彼女と話し合うまもないうちに、結婚話が進み、その年の内に実現せねばならぬ、という事態に立ち至ったのである。

しかしそれには、S女と私の東北大学における恩師、土居光知先生の思慮深い助言が深く関っていたのだった。まだ東北大学在学中に、私とＳ女が二人の将来のことについて先生にお伺いを立て、先生が、Ｓ女の母親のこの結婚への反対に対して、みずから秋田県Ｈ町のＳ家を訪れて、説得されたことについては、既に触れたが、今回はもっと切迫した形で先生からの助言があったのだった。それを私は、先生からの手紙で知ったのか、あるいはＳ女が面会にきて知ったのか、記憶ははっきりしていないが、ともかくも先生の意見では、この昭和十九年の秋に結婚しておかないと、アメリカ軍の空襲がひどくなって、先生の仲人で式を挙げることができなくなってしまうということで、何とかこの年の十月中に式を挙げなければならなくなったのである。

「ならなくなった」などと他人事《ひとごと》のように言うのは、大恩のある先生の好意に対して真に申し訳ないことだが、ただでさえ結婚ということに対する現実感覚が薄いところへもってきて、先述した隊内の閉塞状態では全く夢のような話で、これには妙な義務感のようなものが伴っていたからである。しかし、もちろん双双の理《ことわり》はここでも働いていて、結婚という新しい事態の魅力も抑えがたく、確かこの時の上官（特務士官の大尉だった）に、結婚のための数日の休暇願いを申し出たときには、相手も予備少尉の結婚という事態は珍しかったらしく、大いに喜んでくれたので、君子豹変というか、こちらもいい気なもので、いささか鼻高々といった気分にもなったりしたものだった。

ところで、実際の結婚式までにまだ数か月あるので、それまでの間の、結婚という新事態の現実的背景となる、若干の生活環境とも言うべきものについて書いておかなければならない。次章でその具体的な姿を語ることになるが、今ここではその前に一言《ひとこと》、歴史の成行きに対する土居先生の明察とでも言うべきものについて、感謝と賛嘆の気持をこめて述べておくべきと考える。

というのは、実際に先生の予言通り、米軍B29の空襲は、同じ昭和十九年の十二月から熾烈となり、仲人としての先生、及びS家の親たち、それに私の親たちが参列し得る中間の場所である東京は、もう結婚式どころではなくなってしまったからだ。鹿児島でも、ただ一機だけだったが、爆撃機が成層圏近くの高空《こうくう》に現れて、市民を不安に陥れ、翌年の四月だったかには、市内が戦闘機の機銃掃射を受けた。のちの結婚して四か月目だったが、私は丁度長崎県へ転任したばかりで、S女（わが妻）は、そのとき部屋を借りていた家主の夫人と子供たちを守って、一時防空壕生活を余儀なくされたのである。私は、いわば娑婆住まいの先生の予言的中に驚嘆し、むしろリーダーシップを取るべき隊の方の無策（それは意図的な無策だったのだろう）を、隊員として不思議に思ったものだった。

先生には、のちにも書くように、日本の敗戦近い頃、まもなく戦争は終るのだからけっして死に急ぐことなく、生きのびて未来の仕事を引き受けよと悟されて、そのときはやはり隊員としては考えもつかぬ意見として、ひどく戸惑ったものだったが、やがて先生の言葉通り敗戦で軍隊から解放され、新しい夢を追いはじめたときには、先生の世界認識というか、文学だけではない歴史的な洞察力に驚き、かつ諭しのありがたさに深々と叩頭したのである。東北大学在学時に感動した先生の文学理解の新鮮さ、深さとは対照的だが、双双の理によって、共に「わが文学放浪」の際立った道標であったことに間違いない。そして実は今も、その道標の寛やかさに支えられて、私は次の文学的駄弁へと進むことができるのだ。

インタールード――鹿児島らしさとは

前の杜都の件《くだり》では、記憶に従って仙台弁をかなり再現できたと思うが、鹿児島弁は、軍隊という閉ざされた生活の故もあったが、本州も関西以北の生活経験しかない者にとっては、やはり聞きとりも難しく、模倣は無理だったと言う他《ほか》ないだろう。「がっつう、おまんさ」などというのは、杜都弁の「ンでがすとー」と言うのに近いのだろうと思うが、他国《よそ》者の集団である隊では、まるで鹿児島弁を代表する記号みたいな扱いで、冗談半分の言葉になってしまう。「ンでがすとー」なら、私でも日常に使えそうな気がしたが、「がっつう、おまんさ」はとても使えそうもなかった。結婚して離れを借りた家主《やぬし》さんが、「大橋《おーはし》どん」と尻上りに言うのを、相手を呼ぶときに真似ることはとてもできなかった。鹿児島弁は、ただ訛の問題だけではなく、語の音《おん》の違いが際立っているのではないだろうか。

その家主さんは、ぼんたん飴などで知られた鹿児島市でも指折りの製菓会社の社長さんだったが、例えば電話の相手に玉川という自分の名を伝えるときには、「たまがわうお」と聞える名乗りで、この「うお」は「よ」の音便というより、もともと二重母音なのではないかと思ったりしたものだ。それくらいの、内地語（と言うと語弊があるが）との落差を示しているように思えたのである。それに玉川さんの屋敷のすぐ向かいに、大城《おおしろ》さんという家《うち》があって、その夫人はS女とも段々近しくなっていったようだが、この家族の出は奄美大島で、そこでは大城《おおぐすく》と呼ぶという。ずっとのちに私が教えた女子学生に、金城《きんじょう》という名の女性がいたが、これも金城《かなぐすく》が郷里での呼び方と聞いた。鹿児島と大島との境あたりが、異国間の境界線だったように思えて、国境というものと文化の境界との微妙な関係に思いを馳せたこともあった。

方言の問題は、研究者でない素人には難しいし、忘れ方も早いが、食べもの、飲みものの方は、現金なことにあまり忘れないようだ。と言っても、それも怪しげな記憶で、作り方などはまったく知らず、「わが文学放浪」と同じく、「アクチュアルなもの」というより「想像的なもの」を敢えてリアリティとしているに他《ほか》ならない。早い話が、確か酒鮨と言ったまことに豪勢な食べものがあったが（驚いたことに、これも『広辞苑』に出ていて、「鹿児島の郷土料理」とある）、その材料や調味料については、ただかなり大きい鮨桶に炊きたての御飯をたっぷり入れ、一升ほどと見えた地酒をかけ、具《ぐ》としては生物《なまもの》や料理したものや野菜等を入れて混ぜて暫く置いたもの、といった、間違っているかもしれぬ、真に怪しげな記憶しかない（『広辞苑』にも似た説明があるので、まずまずの記憶だろう）。ただそれが飛びきりおいしかったことは全く間違いなく、まさに「想像的なもの」の域に達していたと言わなければならない。

いや、こういう話をしだすと、戦争など忘れてしまって、同じ想像力でもぐっと日常性の神秘の方へ入りこみ、それこそ現実を忌避することになりかねないから、もう私の周囲に迫っていた戦時下の現実性《アクチュアリティ》に戻らなければならないが、その前にもう一つだけ、味覚の上での鹿児島らしさの例を挙げておかないと心穏やかになりそうもない。今味覚の上でのと書いたが、これはものそのものよりはその味わい方を言うので、それも実は食べ方ではなく、飲み方、その形式のことを言うのである。先の酒鮨は料亭でサーブするが、料亭のはやはり商品化しているので、私は一度味わっただけで、あまり執心せず、むしろ玉川さんの食卓での味わいを最高と考えていたものだが（丸い鮨桶に入れた御飯に、主人の玉川どんが一升徳利から酒をさあっとかけるときのすばらしさは、それだけで最高の味とも言うべきことだった）、今話題にしているのは、酒鮨の威勢のよさとは対極・双双の境《きょう》をなしていると言うべき、鹿児島を本場とする焼酎の静かな飲み方のことなのである。

これも、結婚して玉川家の離れを借り、私たち新婚夫婦の住まいとしてからの話だが、私が日曜か休日の特権で上陸して、離れの玄関の次の間で、久久の読書などしていると、玄関の障子があいて、「大橋《わっ》さん、一献《いっこん》差し上げたいが」という玉川どんの声がする。さあ、どうぞ、どうぞ、と招じ入れると、この家《や》の主人が、ちょかという急須のような形をした容器（薩摩焼きだったが、薩摩焼きには黒と白があり、ちょかも二種類あった）を持ち出して、中の一肌に温まった焼酎をぐい飲みに注いで、奨めてくれる。アルコール分の強さが和らげられて、ほのぼのとした味わいで、心も和らぐ。

酒鮨とはおよそ反対の、二人差向いの静かな酒杯のやりとりなのだが、その静かさから親しみが熟《う》れるように立ちのぼり、一時《いっとき》話がはずむ。しかし、これはまさに、心優しき愛酒家の、心静かな触れあいの儀式とも言うべく、二、三の世間話で互いに軽く合槌を打ったところで、訪問客はいつとはなしに、ごく自然にちょかを取り下げ、また伺いますのでよろしく、と静かに挨拶をして、障子をあけて去ってゆく。あとはまるで何事も起らなかったような自然な静けさだが、その中に人間の心の暖かさがほんのり漂っているような感じなのだ。これは、たぶん私が海軍の隊生活に縛られていて、そこから暫時解放されたための、いわば一種の空無の感ともいうべきものだったのだろうが、今思い出しても、人の心のほの暖かさはそのまま甦ってくるような気がする。そんな経験が、あるいは「わが文学」といった一種非生産的な営みに、いささかの生命力を与えてくれているのではないだろうか。

——思わずも、インタールードにしては長丁場になってしまった。しかも鹿児島には、まだこれから暫く関らねばならぬのをかなり先取りしてしまったのだから、話を順序に戻して、海軍生活の中でにその場合にもS女との結婚の件《くだり》へと進まねばならない。秘かに「人間復帰」となぞらえているが、その場合にも「鹿児島らしさ」は、再び三度びインタールード的気散じとしてペンの糧となることだろう。そして話の本筋と、双双の理によって自然に結びつき、私の文学放浪の自然な成熟の一つの証《あかし》となってくれればいいのだが……。

IX　人間復帰を目ざして

1

いよいよ私とS女の結婚という件《くだり》に入ることになるが、その前に鹿児島予科練航空隊での勤務の状態について、要約的に述べておかなければならない。私たちの新婚生活も、そうした勤務のいわば裏側に成立していたに他ならないからだ。といってもこの隊での日課に、土浦でのそれと著しく違った点があったわけではなく、記憶が薄れているから大体の所を記せば、次のようなものだったと思う。――

午前六時起床。「五分前」の室内放送があって、「総員起し」のラッパで起きて、ベッドを整頓。洗面。続いて運動場で海軍体操。七時朝食。八時朝礼。それからそれぞれの訓話や普通学の授業。昼食のあとで、戸外での訓練――カッターや駆足や、おそらく予科練生の航空関係の講義や訓練(私たちは彼らを指導する立場にあったが、兵科だったから航空関係には関らなかった)。

確か三時頃から自由時間があって、運動や洗濯、それから入浴が許されて、夕食となる。そのあとやはり「煙草盆出せ」が鹿児島でもあったのだろう。そして自習の時間というのがあり(九時まで)、その後海《あと》の方に向かって大声で号令をかける号令演習を、力一杯行った。

そして就寝となるのだが、これも五分前の知らせがあって、ラッパの音をきいてベッドに入る。消燈。

――記憶違いがあるかもしれないが、大体以上のようだった。私たちは鹿児島で任官したが、任官前の予備学生の時と任官後は日課は同じで、ただ少尉になってから分隊（陸軍の小隊に当たる）の指揮の責任をもつことになった点が異なっている。

表《おもて》の義務である日課については、粗略ながら以上に止めて、さて私たちの新婚生活の方に目を向ければ、私とS女との新婚生活を成り立たせるのに不可欠だった新しい環境と言えば、繰返しになるが、まず第一に私の少尉任官ということがあり、かつ、それに伴って、隊に束縛されながらもそれなりに自由な生活の面が幾つか派生する、という事態もあった。先に書いたプレインでの酒席もその一つだが、そもそもこの未知の土地鹿児島に、これも先に披露してしまった玉川家というありがたい生活の場を得たことは、最も幸いな環境の出現にほかならなかった。そしてそれには、まさに一つの奇縁とも言うべき契機があったのである。というのは、秋田県H町S家の跡継ぎたるS女の兄が、第一期の予備学生として横須賀の海兵団で訓練を受けたあと、（この辺の詳しい事情を私は知らないが）やがて任官し、中尉に昇進したとき、新しく設立されたこの鹿児島予科練航空隊に配属になり、何かの伝《つて》で玉川家に寄宿の場を得ていたのである。

実は、そのことはもちろん、彼がこの航空隊所属になっていたことも、訓練中の私は全く知らず、任官して初めて予備士官室というのに所属して、義兄になる人の存在を知ったのだった。もっとも、まだ東北大の学生だった頃、S女に言われて、横須賀の海兵団へこの人に面会に行ったことがあった。秋田中学の生徒だった頃知りあった女性と、親の反対を押し切って結婚したため、一時彼女が軽い神経異常を来したという、一徹なところのあるこの兄は、訓練の合間に作業服のまま私に会いにきて、本当に生涯生活を共にするなら、S女を「殴って」でも仕つける気持でなければいけない、といった意味の言葉をいきなり私にぶつけたものだった。「殴る」ことなど思いもよらなかった私は、その言葉に鼻白んで、心落ちつかず、訓練のため彼がそう言ってすぐに立ち去ったときには、本当にほっとしたものだったが……。

（この兄は、私が任官してS女と結婚してからまもなく南方へ出陣を命ぜられ、海軍のしきたりに従って、見送りに整列した隊員の前を、白手袋をはめた手で軍刀を握りしめながら歩き、やがて隊の外へ姿を消していったが。私たち隊員が「帽振れ」の号令で全員帽子を振ったとき、なかなかの美男子だった彼の秋田人らしい白皙《はくせき》の顔が、蒼白になっていたことが忘れられない。ただ幸いなことに、彼は前線で危険に身をさらしながらも無事で、敗戦後除隊になってから生家の酒造業を継いできたが、戦前、戦時よりもむしろ社会体制の激しい変化のあったこの戦後の四半世紀ほどの間の方が、苦労が多かったのではないかと思われる。）

ここで少し脱線するが、奇縁ということとの連鎖で言うと、実はこのS女の兄と同じ士官室には、かつての東大総長矢内原忠雄氏の子息の矢内原伊作氏が、同じ一期の中尉としておられ、そのときは私はただ上官として接しただけだったが、戦後郷里の京都で、氏が、海軍士官とは打って変わった蓬《ほう》髪《はつ》のラフな、しかし自然な何気ないスタイルで京の町を歩いているのを何度か見かけて（同志社大学教授だった）、不思議な感動を覚えたことがあった。いや、それだけではなくて、また遥かのち、私が東大を定年でやめたあと、知人の伝《つて》で喜多流の職分の能楽師である内田安信先生に弟子入りしたとき、矢内原さんはその門下のベテランの先輩で、稽古の時や、特に発表会の時など、いろいろと忠告や助言をして頂くことになったのである。それに矢内原さんの奨めで、同氏や宇佐見英治氏他の錚々たるメンバーのいる同人会「同時代」に入会することを得、ここで小説や詩論、あるいは自由なエッセイ風の文章を書くことができるようになった。鹿児島航空隊から遥かに話が飛んだが、人生における奇縁というものの神秘とも言うべきあり方の一例となればと、願った次第であった（右の文章を最初に書いたあと、まもなく平成元年思いがけなく早く逝去されたのは、真に無念と言う他ない。心からご冥福を祈る）。

ところで話を私の結婚の方へと戻せば、先に触れたように、恩師土居光知先生の、助言ばかりでなく現実の援助によって、私とS女は、昭和十九年（一九四四）の十月二十五日に、東京の海軍水交社で結婚式を挙げることになった。この重要な事の運びについても、隊内の私は殆どまったく力を尽すことはなく、すべて隊外からの指示で動いていたと言う他《ほか》ない。それを今とかく言うのではない。今から思えば、真にありがたいことだったのだ。ただ当時の私は、海軍士官としての新夫たるべく気を張っていたにも拘らず、今から、その時の写真などを前にして振り返ってみると、ただ海軍士官の襟章のついた制服を着、制帽を被って短剣を腰に下げ、日本刀の軍刀を左手に握って立っている、雛壇の雛人形ほどの現実性ももたぬ、紙貼りの人形のようにしか見えない。まさに軍人落第という点で、逆に人間復帰の可能性をどこかに秘めている様《ざま》と言えば、強弁になるだろうか。

といったような吞気な強弁を弄していられるような場合では、この時はまったくなかったのだ。というのは、今このことを取り立てて持ち出すと、恩師や他の密接な関係の方々に失礼になるのではないかと恐れるが、敢えて真実の情況を書き記すことによって、その方たちの真意を伝えることになると信じて書けば、実は、仲人役を積極的に引き受けて下さった土居光知先生の奥様が病気になられ、どうしても東京まで先生と御一緒されることができず、それに式を延期することは不可能で、とうとう先生一人で上京されることになった。今だったら、恐らくそんなことは大して問題にならず、仲人なしで先生はただ来賓として参列されれば、それですんだことだろうが、当時の冠婚葬祭はまだ古いしきたりの元にあり、その上海軍士官の結婚式ともなれば、どうしても媒酌人夫妻が式進行の要《かなめ》とならなければ形がつかない……。

結婚記念写真

　この要請を全うするために、先生始め関係者は頭を悩まされたに違いないが、この場合も私自身は全く知らないうちに、私の姉の最初の夫が世話になり、かつ私淑していたある新興教団の支部長の夫人が、媒酌人夫人の役を引き受けられることになり（前にもいささか触れたが、私は、外語在学中に、北千束のこの教団の先生宅の物置用の離れに、一時寄宿していたことがある——III・1）、かくしてこの結婚式は、恐らく史上稀な、しかし戦時の当時は誰もその正当性を疑わぬ、珍しい例となるに至ったのではないか、と思われる。私たち新郎新婦は、それが稀なことと感じる心の余裕もなく、表面はその時の写真に写っている通りの、文字通りよそゆきの表情で、いかにも海軍軍人の結婚式らしい一種強張《こわば》った演技《パフォーマンス》をやってのけたのだが、それでもこうした異例な式典によって夫婦になったことは、逆に却って現実の夫婦生活では、軍隊体制というバリヤーがあったにも拘らず、あるいはむしろそれ故にこそ、フリーな人間性——娑婆性と言ってもいい——への自然な復帰を容易にしてくれたのだと、今にして思うのだ。

その自然な復帰の様相については、語るべき時が来たときに語るとして（その時は来る筈だが、いつになるやら）ともかくもかくして無事式もすみ、土居先生、教団の先生夫人も帰られ、それに秋田、京都両家の親族たちもそれぞれ満足して帰っていったあと、私たちはこの水交社に一泊し、翌日茅ヶ崎の姉夫婦を訪れ、その足で私の郷里の京都へ立ち寄った。京都では、私の母方の叔母や従妹《いとこ》たちが歓迎のパーティを蹴《け》上《あげ》の都ホテルで開いてくれて、久しぶりに京町家風のおしゃべりを楽しみ（叔母たちはそれぞれ皆町家に嫁いでいた）、その夜は同ホテルの豪勢な部屋に一泊して、翌日の夕方の汽車でいよいよ鹿児島へ向かったのである。このときの記憶はもう茫々としていて、ただ寝台車の揺れとごとごとという車輪の音を微かに覚えているだけなのだ。

しかし、既に親しさを感じていた西鹿児島の駅に着いたときのことは、かなりよく覚えている。私たちは、この駅の長いホームをゆっくり歩いて改札口を出ると、そこで二人は別れて、私はまっすぐ鴨池の予科練航空隊へ向かい、S女——いやもうS女ではないのだから、家内というのはまだ少し早すぎるとして、当分は彼女と呼んでおこう——彼女はそのまま玉川家へと赴いたのだった。……そう、ここで書き忘れていたことをふと思い出したが、彼女は前に一度、私への面会のつもりで鹿児島を訪れたとき、兄が厄介になっている玉川家を訪れて、夫人や子供たちと識りあっていたのだった。実はそのとき、私自身は集団流行性の赤痢にかかった疑いありとして、霧島海軍病院に入院していたのである。

病室に彼女は顔を出して、突然のことで驚いているベッドの私に軽く言葉をかけて、まもなく帰っていったが、そのあとで、同室の隣のベッドに寝ているT兵曹長が、奥さんがここまで面会にきんしゃって、なかなかよかだったですわな、それになかなかよか奥さんよねえ、と「奥さん」という言葉をごく普通に口に出して、やさしく声をかけてくれたことが思い出される。それに、彼女もそう感じたに違いないと思うが、この病院まで隊所属の病院車で霧島高原を登ってきたときの記憶がすばらしい。かなり急な曲りくねった坂を登るにつれて、車窓から見える遥か下方になった海が、次第次第に丸い湾の形をとって底青みゆく姿が、今もそのまま鮮やかに美しく甦ってくる。この時の思いを短歌に詠んだ覚えがあるが、当時の日記が見当らず、「底青みゆく」という七文字の他は正確に思い出せないのが残念だ。結局は赤痢ではなく、まもなく退院、下山して隊に戻ったが、またこの数日の静かな病院生活は、私の心を静めてくれ、折柄の秋雨《あきさめ》は病室の窓から見えるひま（だと教えられた）の青い葉を濡れそよがせていて、「わが文学放浪」をいささか潤してくれもしたのだった。

その時の情感を歌った若書きの詩は、断片ながら数行覚えているので、まあお笑い種《ぐさ》に掲げてみると――

しとしとと雨は寂しも
ひまの葉に玉ぬきて
秋雨《あきさめ》ぞまなく降る
ふるなべに常の音
おしなべて遠々《とうどう》し
さりなげに和らげなるよ

ひまあおし　あおくうるみぬ
裏葉見えず　うなだれて
にわたずみ　あおく光れる

……………

海軍時代は、既に書いたように、まともな読書はできず、書く文も、いろんな断片的な読書の経験がまぜこぜになって乱雑だったが、鮮やかなイメージよりも、詩句の音《おん》の連鎖による情感の流れの表現に気を遣《や》っていたと思える。これは、おそらく戦時中、現代文学よりも日本の古歌に逃げ場を見出していた結果なのだろう。『花の色』という一種の俳諧エッセイ集の拙著にも書いたことだが、例えば「みやまもさやにさやげども」とか、「憶良らは今は罷らむ子泣くらむ／その子の母は吾《あ》を待つらむか」といった、同音反復の韻律への自己投入とでも言うべきものだった、と言うと誇大に聞えるが、この場合ただ洗練されていないというだけで、志向は同じだったと思うのである。

ところで、話の筋道から言えば、結婚式から鹿児島に帰って、私たちの家庭生活の部面は新しく始まったのだが、この新しい生活には、新しいだけに、続いている隊の生活と複雑に関連しあって、まことにさまざまな局面を浮かび上がらせることになった。例えば新しく「同期の桜」（軍歌調の歌謡からの言葉だが、ここでは三期予備学生から少尉になった仲間のこと）となった友人たちとの交友は、いつしかわが家庭、特に彼女の存在を抜きにしては考えられなくなったし、玉川家の人たちが姻戚関係の行事で暫時不在になったときには、この家《や》の大座敷がわが戦（？）友たちとの静かな宴楽の場となり、私たち夫婦、特にそれと目立たぬ彼女の気遣いによって、芋などまったく掘らぬ、極めて悠々として自足的な歌と踊りの競演を現出したのである。だが、こうしたことは、他の情況と共に次の章のテーマとして、私たちの結婚当時にまつわるエピソードは、ここで一応閉じることにしよう。

インタールード――「鹿児島おはら節」のこと

私は唄は何でも好きだが、特に民謡は親しんだ土地との関連で私の心を惹き、本書でも既に何度か話題にしてきた。「鹿児島おはら節」なども、実際に鹿児島へ行く前からふと口遊《ずさ》んでみたりする程親しんではいたが、やはり本場で土地の人たちのリードで歌うと、味わいは深くなる。例えば、鹿児島へ行く前に口遊んでいたときは、〽オオハラハア〽と二字毎《ごと》に音程を下げて歌っていたが、（これは正調かどうか知らないが）本場の宴席では、〽オハラハァー〽と「ハァー」の「ア」を低く抑えて歌うのが、意外性を孕んでとても魅力的だった（次の〽さくーらじーま〽も〽ハァー〽の下ったところから出、最初の〽はなワきりしま〽もかなり下げ抑えて歌い始める）。一緒に歌っている同期の桜たちも、この節まわしのところへくると、互いに眼で合図しながら思いをこめて歌ったものだった。ただこれも、どちらがどちらとも言えぬ双双の関係にあり、「わが文学放浪」のごく小さな道標としても、むしろその双双の関係からいささかの協和音を響かせてくるように思われるが、しかし、この囃子の魅力は、今でもなおわが耳底にほのぼのと甦ってくる。

　ところが逆に、民謡というものが、その性質上、本場の真実から遊離して、ただメロディに乗った歌詞の空疎な反復となり果ててしまうことがある。例えば、最初の「花は霧島」の「花」が何の花か、失礼ながら本書の読者の方々は知って歌っておられるだろうか。もしみな知って歌っておられるとすれば、それこそ私は自分の不明を恥じなければならぬが、実はこの「花」がつつじであるとは、鹿児島で歌っていたときも、それ以後も、本書の文章を書き始めて先のⅦ部近くに来る迄は、知らなかった、と言うよりも、それが何の花か考えてみもしなかったのだ。またもや『広辞苑』だが、この辞典にはちゃんと「霧島躑躅」の項があって、それが周知の霧島名物であることを証しているのであり、この場合も私は、七十年ほどもの間、肝心のつつじのことを知らず、考えもせずに「おはら節」を歌っていたことになる。

「花」と言えば「桜」という日本的常識は、この「おはら節」の場合には通用しないことになって、この常識も相対的なものでしかないと言わざるを得ないのだが、もちろん、だからと言って、「花＝桜」という等式が無効になるわけではない。私には、このように「花」という、それ自体象徴性を孕んだ語が、さまざまな連想を孕んでゆくところに無類の面白さがあるように思われる。平安朝では「花」と言えばむしろ「梅」ということではなかったか。そういうふうに連想してゆくと、「花は霧島」という歌詞には、薩摩人《さつまびと》の限りなき土地への愛情が籠っているように思われるのである。――全く埒もない空想的言辞と嗤われるかもしれないが、「わが文学放浪」の道は、このような道草がそちこちに生えていればこそ、冷酷な舗装などは免れて、自然を享受し得ているのだ。

2

海軍勤務の規制に縛られていたにも拘らず、鹿児島での生活がむしろ楽しく思い出されるのは、もちろん既に述べた任官によるかなりの自由の獲得、そのお蔭での結婚といった生活上の好変化に加えて、何よりもこの土地独特の魅力的な文化風土、そして土地の人に対する親しさといったことのせいだったが、さらにそれに加えて、任官後予備士官の溜り部屋などで急速に親しくなっていった、数人の友人たちのためだった。何分に軍隊生活が主だから、当時は個人的に写真を取りあう機会もなく、克明に日記をつけるゆとりもなかったので、当時の自分史的資料は極めて少なく、かつその少ない資料を仕舞いこんだ場所も忘れている始末で、それらの友人たちと識りあった経緯はなかなか思い出せず、その点ではまことに苛立たしい思いをしているありさまである。しかし、彼らのイメージははっきりしていて、未だにわが心の中で躍動し、六十数年前と今とを鮮やかに繋ぎとめてくれるのだ。

私は、先述の通り昭和十九年十月に結婚してのち翌年の三月から、新しく創設された海軍予科兵学校へ転任になり、その所在地も長崎県の、佐世保から早岐《はいき》へ下《くだ》り、大村線でさらに下った南風崎《はえのさき》という集落から水道を隔てた向い側の針尾島（今はハウステンボスという観光施設になっている）から、六月には山口県の防府《ほうふ》へ移ったから、その間《かん》誰とどこで一緒だったかも、今や茫漠としているのだが、鹿児島で親しくなった川越出身のH君、東京出身のY君、また熊本出身で今も同地で健在のTH君らが、特に懐しい人たちだ。最初に挙げたH君は、歌と踊りの名手で、先に書いた玉川家の座敷での彼の手踊りと唄は、なかなかの見物《みもの》だったし、例のレス（プレイン）でも独特の芸を見せたものだった。

　次のY君は、戦後もかなりたってから、確か文芸家協会のパーティなどで顔を合わせた、著作権関係の専門家だが、鹿児島の時は実にウィッティな話術家で、例の海軍式カタカナ英語で「ナイス」（美人の形容）に対して「BU（＝ブス）」というのを、時宜に応じて「ビーユー」と強く発音して皆を笑わせたり、鹿児島市の南に当たる指宿《いぶすき》の娘（薩摩芋のせいだろう、「芋娘」と彼は呼んだ）にまつわるまったくの替え歌と覚しい滑稽な猥歌を、しれーっと（これは『広辞苑』出ています）、歌ったりした、才気溢れる人柄だった。三番目のTH君は、横顔がよく知られた漫画のこんちゃんに似ているので、いつのまにか皆で「コンチャン」と渾名するようになった、どこかに茶目気を秘めながらも一種飄々とした楽しい相手で、またなかなかの物識りでもあった。

　このコンチャンは、移動の多かったこの時期に、私と一緒に長崎の針尾島の予科兵学校に転任し、よく伊那節の「天龍下れば」の節で、

〽桃の里から　柳の島へ／嫁を乗せゆく　嫁を乗せゆく／渡し舟〽

という歌を、〽桑の中から　小唄が洩れる／小唄聞きたや　小唄聞きたや／顔見たや〽というのと共に魅力的に歌ったものだったが、針尾島の予科兵学校から南風崎側へ水道を渡るのには、遠く廻れば西海橋《さいかいばし》があるが、渡し舟も通《かよ》っていて、私も何度か乗ったことのあるいささか牧歌的な渡し舟のイメージが、右のコンチャンの渡し舟の唄と重なって、なつかしく甦ってくるのである。彼は最後の「渡《わた》アしぶね」のあとに、「タンタラリコタンタン」という囃子言葉をまことに楽しげにつけ加えるのだが、これまた私の舌端から心の奥へ今なお響き渡っている次第である。

　またもや民謡の話になり、しかも鹿児島をおいて長崎の方へ先走ってしまったが、これも「わが文学放浪」の道の、道草と言うよりその道草の根に鳴いて、道ゆく楽しさを告げ知らせる虫の声であると理解して頂ければ幸いである。——いや、これは、海軍時代の友人の話から、グレゴール・ザムザじゃないが、虫の声にまで「変身」（？）するにいたったが、このあたりで元の人間に、それも身近な人間に立ち戻って、私自身と彼女の新婚生活のことにも、いささか触れておかないと、どこかでバランスが崩れて、私の「文学放浪」の道も充分に辿れなくなるのではないか、と恐れる。と言って、何を書き、語るのか、何を如何に？……

　実際、何を？　また如何に？　今新婚生活と書いたが、私たちは、新婚旅行というものをしたことがないし、新婚旅行から帰って、いわゆる新家庭というものを営んだこともない。確かに、先に書いたように、玉川家の留守のときには、座敷で同期の桜たちを夫婦でもてなしたことはあるが、二人の生活は離れの小さな二間《ふたま》の、それも普通は三分の一（三日に一度）上陸、稀に半舷上陸（一日おき）という慌しいもので、新婚の性生活も（もちろんそれ自体の快楽というものはあるが）常に明日の隊勤務を意識して、いわゆる新婚生活の充分な充足を象徴するものでは、どうやらなかった。性的充足を享受したのは、戦争も終り、戦後の窮（耐）乏生活も一段落して、初めてわが家庭らしきものを持ち得た遥かのちのことであり、実際の新婚生活時代には、いわゆる新婚生活というのがどんなものか知る由もなく、それを考えようとする時間の余裕もなかったのだ。

かくしてまたもや、敢えて歴史的運命論、時代の転変が孕む矛盾相剋についての論を弄すれば、私たちはやはり、歴史の活断層に足をとられていたと言うほかない。その現実における現れの大きな一つは、何と言っても、結婚式をも含めて、結婚後の約一年余は、既にいささか触れたように、任務、任地のほぼ三か月毎の転々移動という事態にほかならなかった。その度毎に家庭も、殊に彼女がじかに接する違った土地の人々の影響も大いにあって（これは次章でかなり具体的に述べる）、私にとっては安定充足の場と言うより、何とか辛うじて彼女と二人の生活を確保すべき努力の場、とも言うべきものにならざるを得なかったのだ。

いや、こうしたことも、今考え直してみると、すべて私自身の自己中心的な思い上がりにすぎなかったのかもしれず、実は、その蔭で転々変化の影響を最も直接に蒙り、かつ受けとめていたのは、夫となった私のためにもその転々変化を何とか突きぬけようと、肉体的、精神的に苦労していたに違いない、他ならぬわが妻たる彼女だったと思い当るのだ。今日ならいざ知らず、戦時中家庭は、壊れがちだったが、なおもやはり旧来からの結婚生活の象徴、言い換えれば不可欠《マスト》なものに他ならず、家庭がもたらす負荷は、夫婦それぞれにさまざまな思いや配慮があったにせよ、制度上やはり婦の方に重く掛かっていたに違いないからである。

しかしながら、この時期における、と言うよりこの時期に始まる、いわゆる家庭なるものの崩れ方は、徐々にではあるが、それまでの日本近代における家庭（「家庭《ホーム》」という概念は近代欧米系のものだった）の解体傾向といったことだけに留まらず、それに伴う夫婦間、あるいは親子、姻戚間の関係の変化、さらにはそもそも男と女の関係の根底的な変化あるいは、揺ぎへと、避けようもなく進んでいったのであり、私たちのように、その変化の始まりと共に結婚生活を始める羽目になった世代の者は、夫も妻も、男も女も、何がどのようになってきたかということを、いささかも見てとることができなかったと、言ってよいだろう。私たちよりも前の世代の人ならば、たとい変化に対してなす術《すべ》を知らなかったにしても、ああ、あの点が変わったのだな、と言い得たのではないか。そして私たちよりも後の世代ならば、ああ、ああいうのは私たちの場合とは違う、と……。

　実際、まもなく詳しく書くように、この鹿児島から長崎県の針尾島、山口県の防府《ほうふ》、そして敗戦と共に、京都を通過して再び仙台へと、三か月毎に本州を南から北へと転々した私たちは、自分が歩いている「文学放浪」の道は無論のこと、生活の道すらその真実の姿を見て取り得ずに、いわば五里霧中だったと言う他《ほか》ない。そしてそうした間にも無意識に感じとっていたと今思うのだが、それはただ私たちだけが五里霧中だったのではなく、いわゆる真珠湾の奇襲攻略を契機としての太平洋戦争、その最初の戦果もあっと言う間に逆転して、ついに敗戦といういわば最後審判《ドゥーム》に立ち至った日本そのものが、五里霧中だったのではないか。そしてさらに今思うに、こうした一種運命的な情況は、そもそも第二次世界大戦を契機として、西洋近代が主軸だった世界の構造そのものが、多様化と共に混沌とし始めたという大情況と、どこか深い所で交錯し、照応しあっていたのではないだろうか。

もちろん、こんな大袈裟なことが、私たち夫婦にそのまま当てはまる筈もなく、私たちはただ次々と経験する環境の変転に戸惑い、途方に暮れていただけなのに違いない。しかしそれでも、途方に暮れていたということは、いわば全くのゼロの地点に立たされていたと言うに近く、そうだとすれば、そのゼロの地点には、逆に新しく世界に向きあう、少なくとも可能性が秘められていたのではないか。またもや我田引水的な言辞になったが、今の私としては、あの戦中から敗戦後の混沌へという極限的な情況の中にこそ、本来の自分に立ち戻り新しい未来に向かう、生活並びに文学の道の道標は立てられていた、いや、そうであってほしいと思わざるを得ないのである。

しかしながら、これはもう、大正末期の幼い頃から日本近代の揺らめきに振り廻されてきた私自身の、いわばぎりぎりの限界点であり、私たちは、漱石の『心』の先生が「遺書」の中で、青年の「私」に告白した、「高尚な愛の理論家」にして「尤《もっと》も迂遠な愛の実際家」（岩波新版『漱石全集・第九巻』より）のどちらにもなり得ぬジレンマに陥ちこんでいたと言わざるを得ない、そしてもしそのことが、世界の混沌たる情況といささかでも照応していたとすれば、もう何をか言わん、すべてゼロから、無から改めて出直すより他《ほか》なかった、そして今もなお、そのときに始まった道程を歩《あゆ》み続けるより他ない。――

大袈裟すぎるだろうか。しかし、たとえ大袈裟すぎても、どうやら私自身にはそれしか道はないように思える。ただその歩みは、刻々今の現実としての局面に私を関らせる。それが生ということであり、ずっとそうだったのだとすれば、この鹿児島での新婚生活の件《くだり》も、もうここでやめ、次の針尾、防府の件へと赴いて、また改めて自己省察を試みるべきだろう。それでも消えぬこの地への心残りは、

わが懐しき鹿児島への残《のこ》んの思いを象《かたど》るインタールードに託して――

インタールード――思いは尽きない鹿児島

軍隊という組織・体制は、私の嫌う所だったが、予科練航空隊における人間性に関しての忘れ得ぬ思い出の一つとして、最高の長だった司令の飾らぬ姿が、いかにも海軍の薩摩隼人の表徴の如くに心に浮かんでくる。私たち予備学生、任官しても予備少尉という下々《しもじも》の教官には、司令は何かの儀式のときに、高く組んだ櫓の上から訓示を垂れる、いわば一種の雲上人にすぎなかったが、しかしこの雲上人の話術、もしくは声は、部下というより、普通の一般人に訴えかける、いささか不思議だが、当り前のように感じられる魅力があり、殊に海軍体操のよさを大きく手振りを交えて語ってくれたときは、さすが人間司令と思ったものだった。

その司令が、部下たちをねぎらう大宴席で、多分鹿児島海軍独特と思われる、「よかちんちん」という猥歌の数え唄を歌い、踊ったときのことも忘れられない。やはりプレインだったか、宴たけなわとなったとき、この半白痩身の司令を先頭に二十人ほどの士官、下士官が、一升徳利の首を手で摑んで股座《またぐら》に下げ、文句はほとんど忘れたが、例えば〽三つ何でもよ／見れば見るほどよかちんちん〽と唄いながら、宴席を大きくまわったときの印象。その場で言えば、ただのお殿さま遊びにすぎなかったが、軍人の外見の裏に人間の証《あかし》を見せながら、なおみずからお殿さまを演じているこの人柄は、私にはまことにうれしいことと見えたのである。

鹿児島近郊の自然――城山公園も、いかにも薩摩らしいさっぱりした（と私の心には映った）清楚な公園で、隆盛を思うよりは、樹木の豊かさ、それに特に桜島を遥かに見渡す、すばらしい海と山の風景に心を奪われてしまった思い出がある。城山とは逆に、隊の行軍で薩摩半島を南へ下ったことがあったが、確か谷山をすぎた辺りから、遥かに開聞《かいもん》岳の優雅な（と言うべきか）姿が見えはじめて、心を南へ南へと誘われたものだった。どこかの兵舎様の建物で一泊したような気がするが、どうだったか。ともかくも開聞岳の麓近くの海辺で休息のとき、何人かで低い岩に坐って、日本内地の南端にいるという感動をつくづくと味わったのだった。

　それに私は、結婚前の上陸のときに、何度か谷山まで電車で来たことがあった。ここの自然環境も静かで、また何か身近な親しさがあり、それに何だったか、ここには餃子《ぎょうざ》のようなものを食べさせる小さな店があって、隊の食事とは一味違うその食べものを、秘かに楽しんだ覚えがあるのだが、あるいは夢だったのか。海軍軍人として真《まこと》に情けないながらに、そんな夢も見かねない佗しい一面が、あの頃には確かにあったのだから。隊の軍歌行進の時には、〽四面海なる帝国を／守る海軍軍人は／戦時平時の分かちなく／強敵風波に当り得れ〵などと、片手を大きく振りながら大声で歌ったものだったのに……。

　それでも、南都鹿児島は、思い出す毎に人間的な、あるいは自然の優しさを帯びて甦ってくるのは、何故だろうか。おそらく戦時の厳しさの中で転々するわが身に、一瞬とも言うべき安らぎの場となってくれたからに違いない。生れ故郷も、青春の波風に身を委ねた東都も、またさまざまな青春の出合いに心を奪われた杜都も、既に書いたように、それぞれその地に根ざした安らぎの場としての面を備えていたが、それとは逆の鬱屈や苛立ちをそそる面が片方にあって、その両面が双双の関係で現実を構成していたという感が深い。おそらく内地の果ての南都でも、もし私が軍人でなく、学生あるいは普通の勤め人としてその地で生活したのだったら、他の都市におけると同じような現実感で受けとめたことだろう。そうできなかったのは、軍人生活がその地の自然な人間の生活から外れていたからだが、それはまた、前にも何度か述べた歴史的断層への私、及び私と同世代の者の運命的と言っていい（しかしそれは私たちだけの運命ではなかった筈だ）陥ちこみの証査であると言いたいのだ。もちろん、この南国の都市独自の人間および自然の魅力が独特のもので、右の運命的なものと相俟って、「わが文学放浪」の道を築きあげてきたことに変りはないのだが……。

——インタールードが、またもやルードなロジックになってしまったが、まさにこの微妙な矛盾を踏まえて、私は、急速に切羽詰りはじめた戦争末期の私史に踏みこまなければならない。

3

前にも少し書いたように、結婚した翌年の三月に私が転勤になった海軍予科兵学校は、長崎県中部の針尾島にあったが、この島の周辺はかなり広い地域に亘って、美しくまた魅力的な変化のある自然と人間の風景を呈していた。しかしここでも、隊内のことは、鹿児島の予科練航空隊とは違って、かなりな知的雰囲気に恵まれていたとは言っても、結局は海軍という構造体の中では、日課も、整列しての行進、体操等、前に鹿児島予科練航空隊について書いたのと似た所が多く、あまり強く印象に残ってはいない。だが私には、ただ一つ特筆すべき思い出がある。それは敗戦に至るこの年に、敵性語だった英語を、しかもオーラルで教えていた学校は、海軍内は無論のこと、一般民間の学校を含めて、この予科兵学校をおいて他《ほか》にはおそらくなかったということだ。ミッション関係の学校はどうだったか、ともかくも旧制中学校では、この時期には英語の授業は行われなかったし、ましてオーラルというのは思いもよらぬことだったのだ。

それが予科兵学校で正式な授業としてなされていたということには、将来の海軍将校の卵を養成する学校設立を目論んだ当事者の創見が関っていたのだろうが、それを実際に可能にしたのは、どのような経緯からか私たちは知らなかった。が、ともかくも一つには、木村忠雄という（名簿によると物故されている）二世アメリカ人の文官教官が、最初から英語教育の範を示して、指導的役割を果して いたのである。そして私たち教育担当の予備少尉の中で英文科出身の者が、教科書を頼りに生徒たちにオーラルを実施したのだった。私自身はどうやら、京都一商でサウター先生に習い、次いで東京外語でメドレー先生ほか何人かの英国人教師に教わったせいか、この授業では成功したらしく、当時生徒だった人たちの仲間が、後述するように今から二年ほど前、彼らの同窓会に私を招待してくれたとき、彼らの中に私とオーラルで流暢にやりとりする生徒がいて皆驚いた、という話をしたものだった。

そして私は、いつのまにかこの木村教官と親しくなり、よく彼と二人連れだって英語で話しあいながら、隊の宿舎へ帰ったことを覚えている。私は、既に書いた英語学習歴から言って、いわゆるアメリカン・イングリッシュには慣れていなかったが、木村さんの発音には、やはり日本人としての素地のための耳慣れた響きがあり、この頃としての最高の言語体験となったという思いが、今なお強い。私などは、学生時代から戦時体制に縛られ始めて、専門の英語・英文学習熟は、まさに禁断の木の実に成り果てようとしていたから、軍隊というまさにその意味での禁断の体制そのものの中で、この木

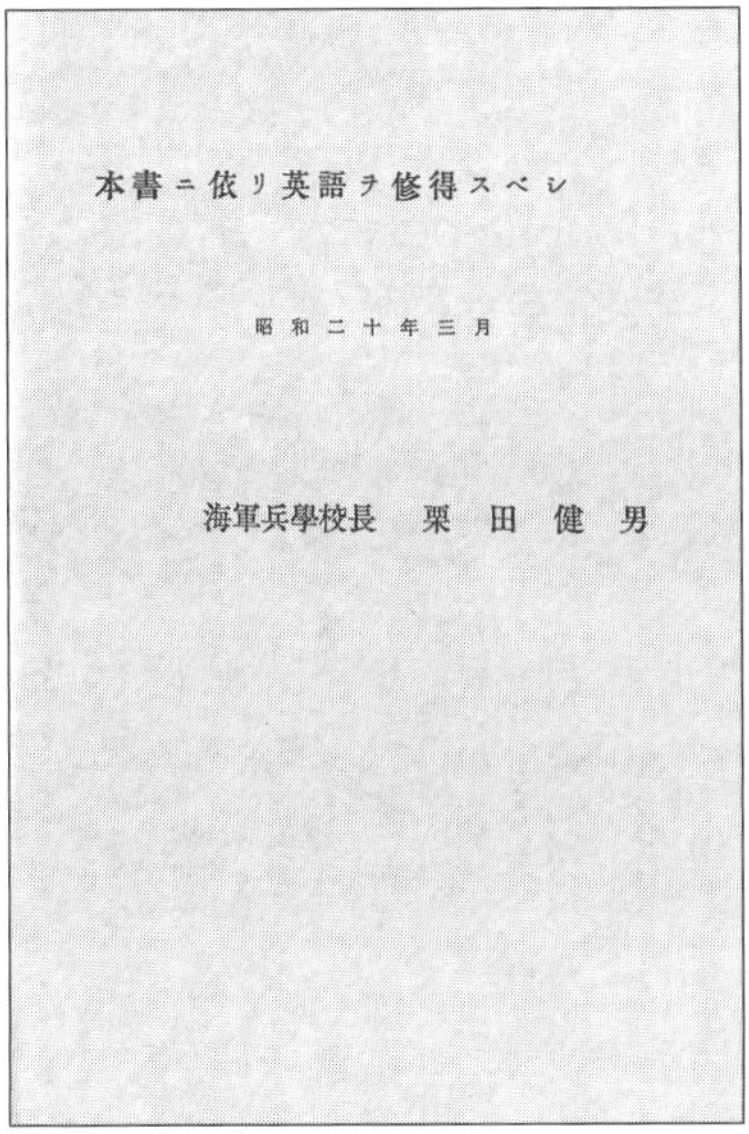

本書ニ依リ英語ヲ修得スベシ

昭和二十年三月

海軍兵學校長　栗田健男

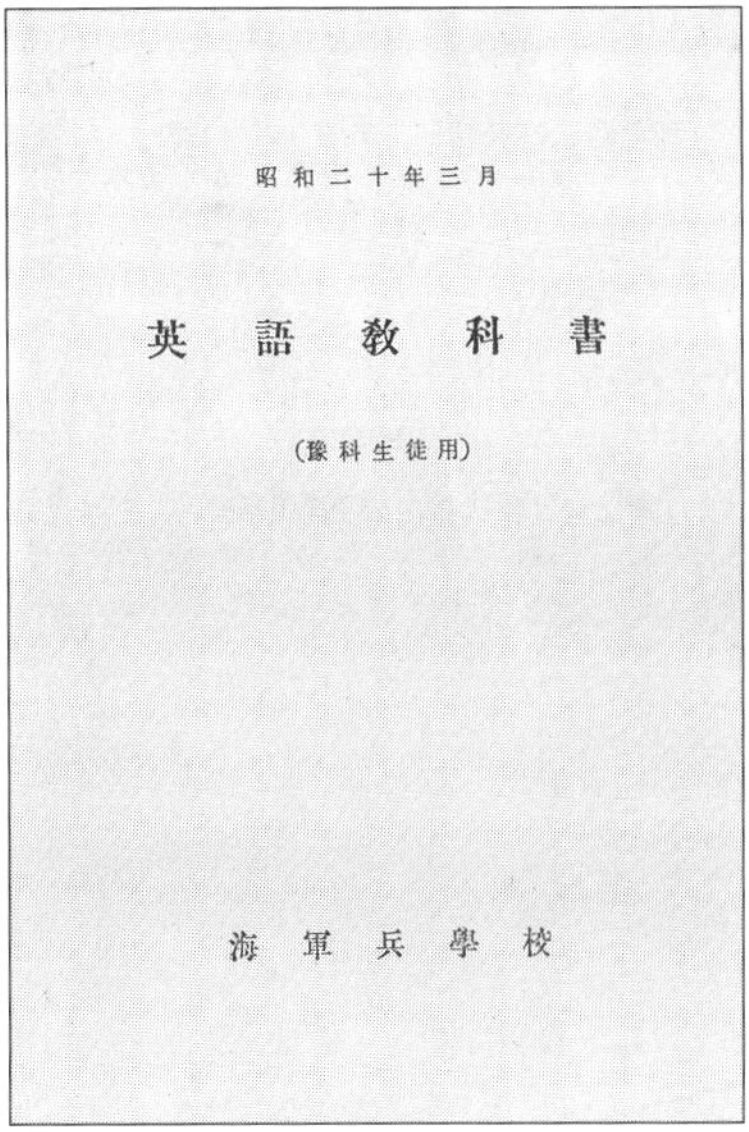

昭和二十年三月

英語教科書

（豫科生徒用）

海軍兵學校

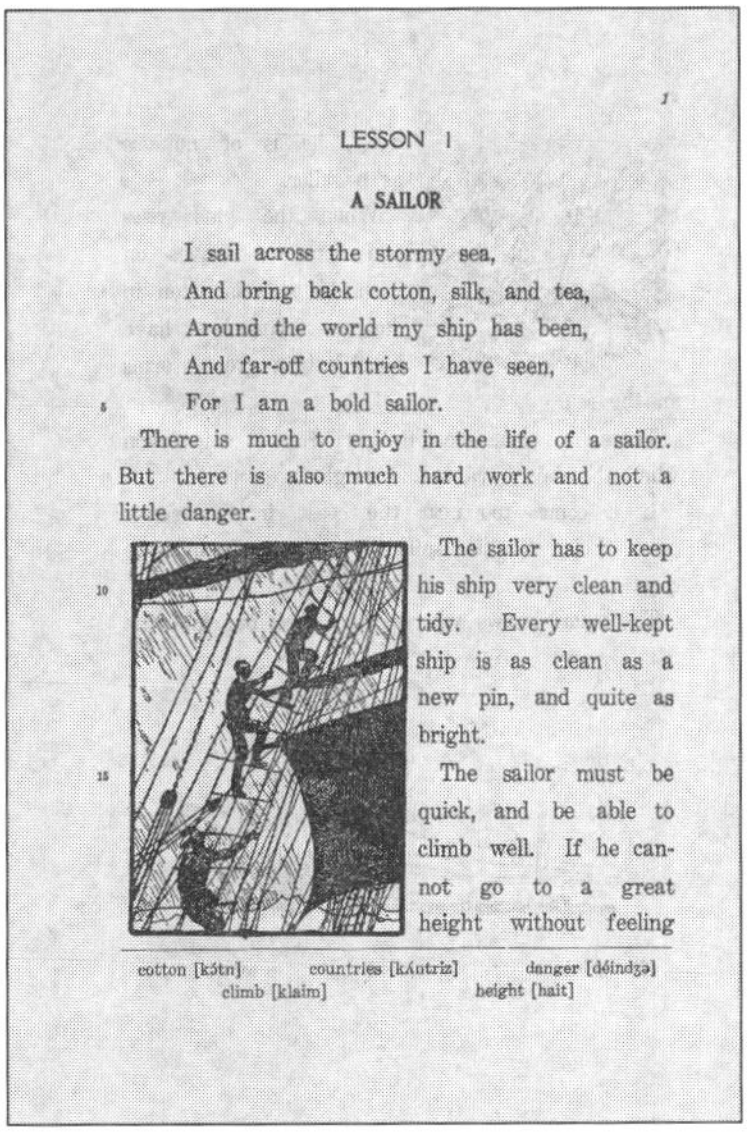

1

LESSON 1

A SAILOR

I sail across the stormy sea,
And bring back cotton, silk, and tea,
Around the world my ship has been,
And far-off countries I have seen,
For I am a bold sailor.

There is much to enjoy in the life of a sailor. But there is also much hard work and not a little danger.

The sailor has to keep his ship very clean and tidy. Every well-kept ship is as clean as a new pin, and quite as bright.

The sailor must be quick, and be able to climb well. If he cannot go to a great height without feeling

cotton [kɔ́tn]　countries [kʌ́ntriz]　danger [déindʒə]
climb [klaim]　height [hait]

予科兵学校の英語の教科書
上・右　表紙
上・左　扉
下・左　本文1ページ

村さんとの英語対話の体験は、まさしくまったくの奇蹟とも言うべき、いわば不意打ち的幸運だったのである。

以上書いたようなことは、まったく特別な事柄であって、予科兵学校内の生活は、既に書いた通りかなり知的で、よく秩序立っていただけに、特にこれはという出来事は針尾では起らず、一種坦々としていた。所帯はかなり大きく、それぞれが四十八名を擁する分隊十二から成る部が七部あり、総生徒数概略三四四〇名(これは、のちに送ってもらった名簿から計算した数字で、当時は考えもしなかったものである)。部監事というのが佐官クラスの部の長で、その下に大尉クラスの部付監事一人に、我々新米の少尉が部と分隊につき、分隊付の方はいわば小隊長のような形だった。(私自身はやっぱり軍人落第で、生徒たちを指揮しようとして軍刀を抜こうとするのに、容易に抜けずにもたもたして、彼らに笑われたりしたものだった)。こんなことは、今では意味もないことだが、しかし生徒たちから言えば、彼らは歴《れっき》とした兵学校進学予定者(七八期)で、例えば私が分隊付教官をしていた五〇六(第五部第六分隊)の生徒仲間は敗戦後一種の同窓会を作っていて、数名は、私の軍人落第ぶりに却って親しみを感じてくれたのだろう、ときどき連絡をとり、既に一度は十数名が私を囲んで旧交を温める会を開いてくれさえしたのである。

ただ、これは針尾より後《のち》のことだが、次の移転先である山口県の防府で敗戦となったときは、彼らは誠に惨《みじ》めで、まるで避難するようにして輸送列車に詰めこまれて、それぞれ故郷へ帰っていったのである。そして兵学校も立消えになってしまったのだから、もちろん彼らはその後戦後の大学に入り直して、今は社会的に活動している人が多いとは言え、何とこの時期が未曾有の大変動の時期だったかが、如実に浮かび上がってくるのではないだろうか。

　わが身に照らしての大活断層の時期なのだが、彼らが私より十歳は下ということを考えてみれば、この大活断層が、さらに私よりも上、また彼らより下の世代をも、それぞれに根深く捕え、揺さぶっていたことが理解されるだろう。本書の読者諸賢にも、忘れずにときに想起して頂きたい歴史的な運命転換の時期であり、そう願うのは、それが今日のような諸制度の機能喪失、と言うより機能頽廃、そのための人間性の見失《みうしな》い、もしくは人間性忌避（と言うべきか、それとも極言すぎるだろうか）による、日本だけではなく世界的な価値観の混乱の、そもそもの始まりだったに違いないからなのだ。

――つい大袈裟な言辞に走るのも毎度のことだが、これは、政治家や起業家たち、あるいは彼らに阿《おもね》る者たちを相手に言っているのではなく、あくまでも文学放浪の道を私自身と共に苦労しながら歩いてくれる、紛れもない人間諸兄姉の心に向かって言っているのである。ここまでこの低徊常ならぬ書き手《エクリヴァン》に付きあって下さった読者なら、右のことはもう私がくどくど言うまでもなく、分かって下さっていることだろうが。……

　そしてそういう人間性による共通の理解には、やはり常にどこかに自然が関っている筈だが、続く防府、そして敗戦となる大転換への境目だったこの針尾には、もう「わが文学放浪」のこれ以後の里程では見られなくなる、かつてのままの自然の姿がまだ歴然としていたのが、今一つの象徴のように思い返されてくる。前に、鹿児島で識りあった同期の桜の一人、コンチャンことＨ君が、伊那節の節回しで〽桃の里から柳の島へ〽という「渡し舟」の唄を歌ってくれたのが、この針尾水道の渡し舟を思わせたことを先取り的に書いたが、針尾水道はもちろん川ではないながらに、早岐《はいき》から南風崎《はえのさき》の辺りは大きな川のように狭まっていて、そこを漕いでゆく渡し舟は、まことに牧歌的というか、典型的な日本の川のまさに日本的な絵図と見えたものだった。私も何度か学校（と言うよりやはり隊と言う感じだが）からの帰り（つまり上陸）に、自転車をこの渡し舟にのせて、確か早岐の近くに着いて、南風崎のわが宿所まで自転車で帰ったものだった。

また先走りしてしまったようだが、私は、かの鹿児島の予科練航空隊からこの予科兵学校に転任になったとき、新世帯の彼女たるS女は一人玉川家においたまま、どういう縁故でだったか、この南風崎の、針尾水道をかなり遥かな下方に見下ろす崖と言ってもいいほどの高みにある、小さな集落（確か「崎丘免《めん》」という地名で、「免」とは「村」のことと聞いた）の、西川さんという家のこれまた離れに、新婚世帯の落ちつき場所を見出した次第だったのである。その間《かん》鹿児島では、B29の空襲のほんのとば口があり、彼女が玉川家の夫人や子供たちと一時防空壕生活を共にしたことは、既に書いた。しかし、まもなく彼女も、落ちつき先に決まったこの南風崎の西川家の離れ（ともかくも本家と少し離れて建てられた小座敷と炊事場、風呂などのついている小さな家）に落ちついて、私たちの新婚生活第二段階の、有能な守り手にして推進者となっていたのである。

ところで、私たちの家主の西川家の主人は、この辺りの土地の有力者で、恐らく集落の責任ある地位についていたに違いないが、毅然たる面と真《まこと》に腰の低い、やさしい心根の持主で、私などが隊から帰ってくると、「おきつうござっしょ」と声をかけてくれたり、若い私の言うことに対して、「へえへ、さァでござんすか」と相槌を打ってくれたりするのだった。私たち夫婦はこの主人を始め、おばばと呼び習《なら》わしていた彼の老母、そして家族の人たちと親しくなり、戦後訪ねていったときには主人が長崎市を案内してくれたり、また縁者を頼って上京したとき、わが家に立ちよってくれたりしたものだ。私たちは次第に軍隊生活に倦みはじめ、敗戦の時には襟章を引きちぎって、故郷への満員列車にもぐりこんだものだが（のちに事情を説明する）、玉川家や西川家の人たちに巡り合って、互いに親しく交わり得たことは、やはりあの歴史の活断層のお蔭かと、運命の不思議の思いを禁じ得ないのである。

自然のよさから、自然に人間のよさへ転じたが、もう一度自然へ話を戻すと、針尾島の南端にある西海橋《さいかい》から眺める瀬戸の景色や、大村線で長崎方面に向かう時の大村湾の景色など、大らかな中に大自然の力を秘めて心を打ったが、特に忘れられないのは、どういう経緯でだったか、ある日上陸に際して、夕刻に早岐近くから南風崎まで自転車で帰ったときに見た、夥しい螢《ほたる》の群である。その辺りは、水道の水面よりそう高くない狭い街道風の道で、水道側には、少し離れた所を単線の大村線が走り、反対側は低い山並に向かって田圃《たんぼ》が広がっていたと思うが、段々薄暗くなっていく道の行く手に、夕焼けの名残かと思えるほの赤い明るさが、地面から高空に射しているかと見るまに、その明るさが、自転車に乗っている私の方に急に押しよせ、あっという間に何やらぷつぷつしたものが頬をたたきはじめるので、手をやると、何とそれがかなり大粒の螢ではないか。

するともう辺り一面に螢が飛びかい、私は自転車をおりて、手にもった懐中電燈を振りまわして彼らを払いのけながら、車を押してよたよたと歩く始末だった。螢の光は微光のようなもので、だからほの赤く見えたのだろう。今よたよたと書いたが、その微光のようなものが顔や手を撫でまわす感触は、けっして不快なものではなく、むしろ不思議なというか、隠微なとも言うべき快感をそそったことを、まざまざと覚えている。そしてそうした濫《みだ》りがわしいほどの感触も、次の瞬間にはもうわが肌身を離れ、見るまにほの赤い螢の大群は、田圃の上を山並の方へ流れてゆく。頬に残ったあの感触もやがては消えて、私は恋人に振られた男のように、いや、快夢醒めたあとの余燼に呆然として、それこそよたよたと自転車を押して、かなり勾配が急になりかけた坂道を歩いているのだった。

ああ、針尾島よ、針尾水道よ、南風崎よ。——と叫びたくなるが、もうあれから五十七年もたってしまったとは……。何を今更、とも思うが、しかし、実はあのときも、折柄起り始めていたかの大活断層を予徴する出来事が、あの南風崎の自然をも冒しはじめていたのだ。大村湾の名所《などころ》としての大村には、かの予科練兵科の少年たちからなる海上特攻隊が設けられて、早くから彼らはただただ自爆的な意味無き死へと突き進んでいたのである。それに、これもまた忘れもしない、私が上陸して南風崎のわが家に帰っていたある初夏の夜、佐世保に大空襲があって、わが家からB29や戦闘機が次々と佐世保上空へ飛んでゆく姿が見え（早岐や、もちろん南風崎は、都市の無差別爆撃を意図する敵には無視されていたのだ）、遠くに高い火の手が上がるのが、はっきりと見えたものだ。

私は上陸中だったが、隊へ戻るべきかどうか決めかねて苛立っていると、そのとき異様な気配に振り返って見ると、西川家の母屋の物干し台にあのおばばが上がって、佐世保の空襲を見やりながら、「神さまの祟りですばい。こげな世の中にしたことへの神さまの天罰ですたい」と、狂気のように叫んでいるのだった。

そのおばばの叫びが真に迫って、下からおばばを見上げている西川家の家族も、私たち夫婦も、実際に天罰がこの下界の日本に、黒く、また赤く振りかかってくる凄絶さを如実に見る思いで、一瞬立ちすくんでいたことをまざまざと思い出す。おばばが本気だったことは紛れもなく、私はその一瞬の衝撃のあと、土に根を据えた土俗的な信仰の力ということを、ふと思いめぐらせてもいたのである。それを今のことのように思い起して、今もなお心を揺さぶられる私は、あのときの私とどう違っているのだろう。違いは、ただ、あのときの南風崎も、おばばも今は存在せず、だから当然私もあのときとは違っているということなのか。しかし、私の頭と心の中には、おばばも南風崎もそのまま生きているのに……。多分それらは、「わが文学放浪」の道のあの道草、しかし根の深い、徒らにさわれば血を流せさる、鋭い葉の野草《のぐさ》として生き残っているだけなのだろう。それならそれでよい。私は文学を信じているのだから、淡く、はかなきものながらに、いや、淡く、はかなきものなればこそ……。

――この針尾の予科兵学校では、他《ほか》にも、佐世保空襲よりかなり前の春だったか、私が分隊士付きをしていた五〇六分隊の生徒の一人が、折柄隊に流行しはじめた日本脳炎に罹って、佐世保の海軍病院に入院し、まもなく病死するという、若い私にとって初めて死に立ち合う辛い経験があったが（このときは、生徒たちが並んでいる間を、私が遺骨を抱いて歩き、別れを告げる、という思いがけない一齣があった）、私が親しんだまだ幼い部下の痛ましい不幸は、のちの敗戦時に防府で痛切に体験することになるので、そのときに併せて書くことにしたいし、少し後には特攻基地大村の大爆撃を、南風崎でもずしずしという肚《はら》に応える轟音で、わが身の終りのごとくに感じたこともあったが、これものちのいっそう恐ろしい体験について書くときに思い出すことにして、針尾の章は一応ここで閉じることにしたい。

ごく短いインタールード

○「炭坑節」の一節《ひとふし》——聞き覚えのもの

〽あんたまァた　いったいぜんたいィ　どこのォひとォ　よいよい
かおはふくおかァ　めはくゥるめェ
あァしはァながさァき　てはひィぜン
こォころもじもォじィ　きはさァせほ
さのよいよい

三池炭坑が主体だから、地名が全部九州になっている所がみそ。おしまいの「きはさァせほ」には、「きはばァかん（馬関）」というヴァージョンがあった。炭坑節は、私は鹿児島で唄と踊りを本格的に身につけ、何度も唄い踊ったものだった。

4

それにしても、敗戦の年の六月の、長崎県の針尾島から山口県の防府《ほうふ》（元三田尻《みたじり》）への移転——今までは私個人について転任と書いてきたが、実際は予科兵学校全体の移転だったのである——ということは、部内の者にもまことに唐突で、私たちはみな何事かと訝《いぶか》ったものだった。が、そのうちに、対米戦争の雲行きが怪しくなり、おそらく（原爆はまだだったが）本州の大都市ばかりでなく九州でも、重爆撃の目標として都市が狙われ、鹿児島、佐世保にまで及ぶに至ったので、将来の指導的な海軍士官の卵を養成する予科兵学校が、爆撃のために九州の僻地（この差別語は当時のものと理解されたい）に閉じこめられて、本州から遮断されてはならぬ、という要請で、ともかくも本州へという至上命令が下されたのだという解釈が、隊内で一般的なものになるに至った。というのは、移転の理由が公式に発表されることがついになかったからだ、と私は理解している。

私たち隊内の者は、至上命令だから、面倒だがともかくも移動を始めるより他なかったし、戦況のこの段階ではまだ空爆による移動への障害は実際にはなく、平穏だったから、私にはこの移動の時の記憶はあまり鮮明ではない。生徒たちは、それぞれの私物をまとめて背中に背負い、確か早岐から佐賀県をへて、北九州へ向かう列車に乗りこんだのではなかったか。私には、わが分隊の生徒を率いて、門司と下関の長い波止場を歩いたぼんやりした記憶がある。下関から防府までも汽車で結構時間がかかったが、防府についてから、移転先の海軍通信隊の木造兵舎まで、生徒たちと、荷物を背負いながら梅雨晴れの田舎道を歩いたことも、こう書いてくると記憶が甦ってくる。――どうしてこの防府の通信隊の兵舎が予科兵学校の移転先に選ばれたのか。おそらく戦況緊迫のために通信の任務が寸断され、通信学校とも言うべき隊が一部を残して解隊されて、とりあえず予科兵学校の当分の移転先と決められたのであろう。

私たち隊内の者は、こうした移転の任務遂行で、一応新しい形の隊生活へと落ちつくに至ったが、この唐突な移転で逆に深く生活を乱されて、この学校移転後に起り得る取り返しのつかぬ土地の混乱を恐れていたのは、地元の針尾島や南風崎の住民たちではなかったか。彼らは、予科兵学校の針尾設置で、それまでの平常の静かで平和な村の生活を乱され、例えば私たち夫婦のように、所帯をもって移動してきたかなりの数の文官教官たちのために、従来の安定した静かな村落生活を破られ、海軍の指令によって動く異郷の者たちの面倒まで見なければならなくなっていたのである。それなのに、学校設置後僅か三か月にして、学校の者たちは彼らの苦労や援助などかなぐり捨てて、本州とは言え彼らと変りのない、いや、彼らより貧しいかもしれぬ見知らぬ土地へと去っていってしまう。

　海軍、もしくはそもそも国の経営している軍隊というもののエゴイズムという言葉で――彼らはもちろんそんな言葉は使い得ず、ただ軍隊の動きに振り廻されていただけだった――嫌悪の気持を現したのは、今度はむしろ、私をも含めた予備学生上がりの若い分隊付教官の方だった。もちろん公然とは言えぬ。そして公然と言えぬだけに内攻して、私たち予備学生上がりの教官は、おそらく、と言うよりきっと、この時点から、自らが属している海軍体制への内向（攻）的な不満を、いや、その不満が孕んでいる痛切な批判を胸に抱き、折に触れて口の端に上《のぼ》せはじめていたに違いない。公然とはもちろん言えぬ。公然と言えば体罰が待ち構えている。だから言えないが、もうこの時点では、この体制が私たちの自由な人間性に加える苦痛と、体罰を受けるときの苦痛とは、殆ど同義語になってしまっているのだった。私自身も、そのような不満と批判を次第に心の中で募らせていたが、私の場合は特に、西川家や西川家を通じて識りあったこの村の人たちの動揺を直接に見て、妻（もう妻と書こう）と共に、権力によって（こんな言葉も当時は思いつかなかったが）ほしいままに扱われる無辜《むこ》の人たちに深く同情していたから、不満や批判は強かったのである。

この場合にも、私より妻の方が苦痛は大きかったに違いない。玉川家の時もそうだったが、彼女は西川家の人たち、夫人や男の子やおばばに親しんでいたから、別れは辛かったろうし、私が生徒たちと共に先に防府へ移ってしまったあとは、新婚とは言え既に結婚後半年以上たったからには、家具も増えて荷物を作るのに苦労したに違いない。それで防府へ移ったあとの生活に明るい見通しがあるならまだしも、これは私にも覚えがあるが、防府というのがどんな所か、そもそも学校の移転先そのものがどんな設備をもっているのかも分からず（鹿児島から針尾へ移るときは、新設の予科兵学校という明確なイメージがあった）、隊内にもいささか破れかぶれといった気持がなきにしもあらず、といった状態だった。まして移転後の家庭生活についての情報が全くないのであれば、不安はまことに大きかった筈だ。

筈だなどと、無情、無慈悲な書き方をせざるを得ないのは、学校の移転自体が大変で、落ちついたあとの生徒と教官の繋がりが、針尾の時のようにスムーズにいかぬような兵舎の建て方だったため、私たち教官の方の日課も落ちつかず、妻のことを考える余裕もなかったからである。実際は、むしろ妻の方が、同じような教官の家族のために学校が面倒を見てくれて、ある民家の一室に落ちつき、そこで逆に、初めて上陸する私を迎えてくれたのだった。が、私がゆっくり彼女の話を聞く余裕も暇もなく、二人はまるでときどき顔を合わせるだけで、学校とこの家で別々にあたふたと暮らしているみたいだったのである。

但《ただ》し書きとしてのインタールード

それに、この防府での三か月には、まことに思いがけない出来事が次々と起って、あたかも敗戦まで息も充分に継げずにいたような思いが残っている。だからここでは、残念ながら気分転換に掲げるインタールードも思いつけぬありさま故、(前にも似たことはあったが)インタールードは割愛して、むしろそれらの出来事が敗戦に至るまで相継いで起る情況を、次の章で幾つかの代表的な相に応じて纏めながら記述してみたい。インタールードが現れ得ぬという事態を述べるということも、本書ではその異常さにおいて、珍しくも意味のあるインタールードであると理解して頂きたく……。

5

急速に破局へ向かう防府での三か月の体験を、私流に幾つかの局面に収斂して書き記そうとすれば、その局面は、まったく大きく分けて三つになると思える。その内の最大のものは、もちろん、敗戦、および敗戦による学校の解体、それに伴う教官、生徒の混乱、その混乱の中での(私自身をも含めた)それぞれの故郷もしくは身を寄せる場所への脱出といった事態である。これは、いわばここまで辿ってきた「わが文学放浪」の一つの極限としての曲り角でもあるのだが、実はその前にも、この曲り角へ導く二つばかりの、別の顕著な契機となる出来事があったのだ。その一つは、移転後慌しい月日が経ち、戦況が一段と険悪になりかけた頃、思いがけなく敵機による焼夷弾投下で、兵舎の大きな部分が焼けたこと、もう一つはその為もあって、殆ど何の病院施設もない仮兵舎に、赤痢（志賀菌だったか）が流行して、敗戦時に何人かの生徒が病死したこと。

事態が予測もつかぬテンポで急変しはじめたため、正確な日付は覚えていないが、移転後一月《ひとつき》余経った七月も半ばすぎの頃だったろうか、B29爆撃機編隊は何度も頭上を通過しながら、いつもわが兵学校など無視して、恐らく山陰《さんいん》と思われる方向に向かって飛んでいったのに、あるとき同じように上空を通過してゆく編隊の内の一機が、何を思ったのかまるで冗談あるいは遊びとでもいった風に、つと隊を離れると、首を振るようにしてわが学校の方へ急降下してきて、一発爆弾かと思える物体を投下し、そのままさっと上昇して友軍機の編隊に戻ってしまったのである。私たちは、まるで馬鹿にされたような気持で敵機を見送ったのだが、投下されたのが焼夷弾で、そのたった一発で兵舎が焼けたことは、馬鹿にされたどころではなく、生徒たちは、応急の天幕《テント》生活を強いられるという無防備状態に追いこまれたのだった。

防府では、その上に爆撃を蒙ることはなかったが、それでも艦載機らしい小型の戦闘機はしばしば姿をあらわし、いわゆる機銃掃射というのを浴びせかけたものだった。この機銃掃射で負傷するものはいなかったが、ほんの数機でもこちらに向かってくる情報が入る度に、生徒を誘導して、近くの低い丘並《なみ》の崖に掘られた横穴へ避難するのだったが、こんな場合でも艦載機の操縦者兼射手は、半ば脅しをかけて興がっている風で、ときには低空飛行してきて、我々教官が入っている竪穴防空壕に向かって手を振ったりするのだった。生徒は、奥深くて安全な横穴に入っていても、艦載機の爆音が間近に聞えると真実恐怖に射ぬかれた表情をする者がいるので、私たちはその表情を見て、逆に心を打ち拉がれたものである。教官の方は、竪穴といっても浅いものだから、敵機がやってくる方の壕の壁に身をひそめ、彼らが旋回して逆方向から向かってくると、こちらも反対側の壁にへばりつく、といったありさまであった。

それにしても、次第に原爆の間近さを感じさせる噂もあり、それに既に東京を初め大都市では残酷な無差別爆撃が続けられていたのだから、防府の我々の状態は呑気すぎたとも言えようが、しかし戦地にあっても、生か死かはまったく予測しがたい偶然の運命だったのと同じように、程度こそ違え生か死か予期しがたいための恐れは、私たちの無意識の深層に、ある極限的な形で蟠《わだかま》っていたと言わざるを得ない。偶然ということが、死か生かという人間の根源的な運命をこのように支配し得るということは、そのときは私の思考の中には入ってこず、むしろ今その不思議を、いや、そういう神秘を孕んでいる人間存在そのもののいわば凄さを感じて、圧倒される思いなのである。

そしてこうした極限状態の中で、追い打ちをかけるように志賀性赤痢が生徒たちを襲い、敗戦の大混乱の中で彼らの数人が死亡し、内の二人は私が責任をもっていた五〇六分隊の生徒だったという（これもまた偶然の）成行きとなったのだ。だが、こうした成行きの中でも最も矛盾に満ちた事態は、何と言っても敗戦によるポツダム宣言受入れのための、即時軍隊解体、言い換えれば兵学校解散はもちろん、それぞれの任務をもっていた軍人即時除隊、（除隊する以上は）即日帰郷という、突然の要請、と言うより命令だった。この大変動がスムーズに行われる筈もないことは、当時も明白だったと言うより、現実に諸所方々で明らかになっていたのだ。

まず第一に、八月十五日（昭和）天皇のいわゆる玉音放送を、私たちはそれぞれの任務の場で直立し、首を垂れて聞いたが、また放送施設の不備のためによく聞えず、ただ「偲びがたきを偲び、耐えがたきを耐え……」という件《くだり》が、なぜかパセティックに心に残っただけだった。パセティックだったが、現に今我々が何をなすべきかは、まったく分からず、私たちは、玉音放送と現場での生徒の心の動きとの交錯の状況も分からず、そのあとはただ天幕生活での生徒たちの顔を見守るばかりだったものだ。それに、我々予備学生上がりの少、中尉の教官ですら、唖然として、絶望感というと言いすぎだが、これからどうするのか全く予想もつかぬ、完全な空白状態に陥っていたとしか言いようのないありさまだったのである。

それが証拠に、玉音放送のあと、予科兵学校の校長は生徒に与える訓示で、「今や我々は俎上の魚である」と言って、私たちの失笑を買ったが、この失笑は、どこかで校長の言葉の真実さを裏返しに認めている苦笑《にが》いでもあったのである。もうどうしようもない、敵がなすがままに任せる他ないという思いは、日本帝国海軍中将だったこの校長の口から出ると、確かに滑稽に響きながら、その滑稽さが、無垢な生徒たちばかりでなく、私をも含む佐官、尉官の教官たちの運命を表徴する皮肉《イローニー》とも聞えざるを得なかったのだ。そしてその不吉な運命の、いわば一種の現実の現れとして、例えば常々下士官から、自分たちの生徒訓練上の無能ぶりを思い知らされていた予備士官が、この敗戦の混乱の中で逆上して、その下士官の片腕を軍刀で切り落すといった、血腥《ちなまぐさ》い不祥事が起きたりして、私などには一層の極限的混沌の感を強いたものだった。

——ところでこの部では、「人間性への復帰」という明るい目途《めど》が立つまで物語るつもりだったが、敗戦時の混乱はまだまだ語らねばならぬことが多く、とてもこの部で収まりそうもないので、この部の「人間復帰を目ざして」という標題は、「人間性への復帰」という願いもしくは希望の段階に留めて、文字通りの「復帰」そのものは、それが何らかの形であり得たと仮定して、次のX部での語りに託すことにさせて頂く。

再び短いインタールード——補遺にならぬ補遺

防府へ移ってからの急速に悪化していった情況の中で、私自身の家庭生活がどうなっていたかということについて、この章を書きはじめたときから、一言《ひとこと》でもつけ加えたいと願っていたのに、それをなし得なかったばかりか、今補遺の形でいささかでも語りたいと思っても、ただ概念的な事しか頭に浮かんで来ず、補遺にならぬ不首尾に歯噛みしている私の醜態そのものを、補遺となさねばならぬ——幕間劇《インタールード》としては、心辛くも稀な狂言とも言うべきか。記憶の中にぼんやりと浮かんでくるのは、方丈のわが家庭に帰っても（出かけてもとも言うべきか）、中腰になって妻に向きあいながら、何か慌しく隊の事情を説明しているか、彼女の周囲の情況や彼女の仕事のことを聞き質しているかの、私自身の影薄き後ろ姿なのだ。夫婦の睦み合いはあった筈なのに、寝姿というのが全く浮かんでこない。兵舎が焼けたあとと考えればかなり納得がいくが、その前でも家庭のことは、まるでブラーをかけたテレビの画面のようなのである。……

いやはや、こんなことは、やはり幕間狂言にもならぬから、結局はかの活断層のための空白と片付けておくしかないだろう。何と、「活断層」とか、「空白」とかいった常套句《クリシェ》でしか語れない自分史とは、太宰のいう「人間失格」の歴史にもならぬ無人史とも言うべきだろうか。

X　敗戦、除隊、そしていずこへ？

1

先に書いた敗戦時における防府の予科兵学校の情況は、私などにとっては、まさにハムレット流に言って、"The time is out of joint."*（注を参照されたい）であり、先の無意味な腕の切落し事件にも似た、と言うよりそれよりも無法と言うべき事態が、私自身の身辺にも出来したのである。この敗戦のどさくさ（この言葉は、出来れば使いたくないのだが、起きた事態との関連で用いる）の中で、私が一番苦労（悩）し、（空しい）憤りを感じたことは、日本海軍解体のプロセスが無秩序に始まり、生徒たちをそれぞれの故郷へと送り出したあとは、どの部署よりも逸早く医療担当の軍医と看護兵、看護婦が除隊になって、彼らが全部いなくなってしまったことだった。これはおそらく、軍務としての義務がなく、解散するより他に仕方がなかったからだろうが、先にも書いたように、赤痢に罹った私の部下の生徒の一人は、適切な診断をなすべき軍医にも、医療の手当の実際を担当する看護者にも見捨てられて、なすべきことも、打つべき手もまったく知らずにはらはらどきまぎしている私の眼の前で、まだ幼い、邪気のない白面を見るまに蒼白にして、空しくなっていったのだ（先に書いたように、私は部下の生徒をもう一人日本脳炎でなくしていたから、彼らの死には何か運命的なものを感じる)。

＊特に注をつけるのは、英和辞典では「関節が外れた」とまず直訳を挙げて、それを元にして口語的な訳語を載せているが、私には「世の中の関節が外れた」というのは、どうにも堅苦しくて頂けず、むしろ正確ではないが、イメージが日常的で、発音が歯切れのいい、「世の中の箍《たが》が外れた」という訳語がいつも心に浮かぶのである。蔵書は多く寄贈してしまったので、今手許に坪内訳はないが、これは坪内訳でも、誰の訳でもなく、私の勝手な想像だったのだろうか。

それでも誰か一人、二人、良心的な医療関係の責任者が残っていたに違いなく、私たち（他にも臨終近い生徒を抱えていた分隊士がいたから）は、死者の死を確認し得て、火葬場で死者の遺骨を骨壺に収め、周防《すわ》国分寺だったか、近くのお寺へ行って事情を話して、ともかくも死者への冒瀆にならぬように、本堂での保管をお願いしたのだった。が、その時には既に、私たち分隊付教官も除隊になっている以上、ともかくも兵学校を、そして防府を去らなければならなかったから、私は必死になって、死んだ一人の生徒の家族との連絡をとろうと、空しい努力を繰り返し、やっとのことで家族の住所を（どういう手段でだったか）見つけ、それで事情を説明する手紙を書いて、生徒の遺骨を家族の手に託することができたのだった。もちろん私は、家族の方と直接会うことが出来なかったが、その後文通で連絡をとりつつ、遺骨がついに無事家族の元に戻ったことを（いつのことだったか）確認し得て、やっと私の海軍における任務を果し得たという、ささやかな満足を得た。妻以外には誰にも語らなかった、まことに秘かな、私自身のはかない自己満足だったのだが……。

かくしてこの死者の霊が少しでも安らかな黄泉への旅をなし得たとするなら、一方生者として、追われるように除隊、帰郷していった生徒たちの方は、故郷へ辿りつくまでにまことに苦しく辛い旅をなさねばならなかった。私は今でも、それぞれに大きな荷物を背負い、手に下げて、まるで難民のように、かなり距離のある防府の駅まで辛そうに歩いてゆく彼らの後ろ姿を、まざまざと思い出す。私たち分隊付教官は、その彼らを、まるで追い立てるかのように叱咤激励して駅に向かわせたが、何分に生徒の数が多いので、他の分隊では、倒れる生徒もかなり出て、彼らに荷物を棄てさせる場合がかなり多かったということを、あとで聞いた。この辺りも記憶がはっきりしないが、私は駅の近くまでついていって、彼らが（予約が可能だったのだろうか）停まっていた汽車に乗りこむのを見届けて、隊へ戻ったのだったと思う。

そして今度は、さていよいよ私たち自身が学校を去り、故郷へ帰る番だ。するべきことが実に多かったから、どんな順序で妻と二人で駅に行って、満員列車に乗りこんだのか、まるで覚えていない。覚えているのは、彼女を列車に押しこみ、私自身は辛うじて窓から客車に這いこんで、デッキにいる彼女のそばに立ったということだけだ。ところで、その帰郷のためになすべきこととは――まずは、曲りなりにも結婚後十か月になるからには、寄宿先にある程度たまっている私物をまとめて、荷造りをしなければならない。あの頃は、柳行李に衣類や不要不急の品物をつめて、チッキで送るのが普通だったから、まずその仕事。

これは仕事としては楽で、誰か出入りの商人に託して、駅まで運んでもらったのだったか。もっともこの荷物は、私たちがこの地を去った直後に、かの宮本百合子の『播州平野』に書かれた台風による出水で、列車のダイヤがひどく乱れたため、到底無事にはつくまいと覚悟していた。ところが、不思議にずっと遅れて無事について、この混乱時にあの一個の柳行李が無事私たちの許へ届いたことの不思議さは、やはり特別なことだった。もっとも荷物のことではなく、もちろん私たちの苦難のことを思って、百合子の小説の象徴性を身に沁みて感じたものなのだ。小さな偶然だが、これもあの混沌とした敗戦時の忘れ得ぬ一齣である。

しかし、ともかくも三年近く海軍に籍をおいていたからには、私としてはやはり隊勤務上世話になった（と、私は昔気質《かたぎ》にそう考えざるを得なかった）わが五〇六分隊の所属する第五部監事のＹ少佐、五部付監事のＳ大尉に別れの挨拶をしなければならぬと思い、場所がどこだったかまるっきり思い出せないが、野に下ったこの二人の上官の寄宿先に、確か二人ばかりの分隊付教官と一緒に訪ねていったのだった。ただそのときの私は、実はその訪問に先立って、軍服の襟章の桜（といっても、お茶挽き少尉だったから、一つ）を剝ぎとり捨て、軍服も脱ぎすてて、前から上陸のときに稀に使用していた背広を事々しくも着こんで、両上官の前に罷り出たのである。

これは、本書の読者には、何とまあ気恥かしいばかりの若気《わかげ》のセンチメンタリズムよ、と嗤われるかもしれないし、私自身も稚気満々の感傷的な演技《パフォーマンス》だったと思わないでもない。いや、その時ですら、若気の気負いを意識しないでもなかったのだ。ただその気負い、その感傷的演技そのものに心の真実があった、と今の私は確信している。ともかくもそのようにしか振舞えず、いささか気おくれを感じながらも、まったくの本気で二人の上官に相対したことは確かだ。そして言葉は、けっして奇矯ではなく、極めて尋常で、ごく自然に口から出たことを覚えている。そのせいか、上官の方も、私をちらと見やっただけで、私の服装については一言《ひとこと》も触れず、まずはY少佐が尋常な挨拶の言葉を返して、暫くの間打ちとけた世間話になったのだった。

私は、Y少佐には、その穏やかな人柄に常々親しみと敬愛の心を抱いていたので、このときも、ともかくも別れの挨拶にきてよかったと思ったものだった。ただ、かなり打ちとけてから、少佐はちょっと身構えるようにして、薄笑いを浮かべながら、「大橋少尉は、大学へ戻って、小説でも書くのだろう」と言ったので、〝ああ、そうなのか〟と思ったことを覚えている。私がお茶挽き少尉だということもあって、私を文科系大学生上がりと見てとり、軍人とはおよそ対照的でその裏をかく、小説家のイメージを私に被せたのだな、と瞬間思ったのである。この少佐はお茶挽きということで、私に同情しているようでもあり（S大尉も、同情というのではなく、何かの間違いではないか、と考えている風に見えた）、右の少佐の言葉は、皮肉と言うより一種のやっかみのようにも聞えて、私はむしろありがたいようにも感じたのである。もっともずっとのちに、確かに私は小説を書きはじめはしたものの、ついにものにはならなかったのだが……。

かくして私たち夫婦は、先にも触れたように息苦しいほどの満員列車に揺られて、ともかくも私の郷里である京都へ戻ったのだが、戦後の混乱は海軍生活より遥かに苦労、苦難が多かった。だが、私二十五歳、妻二十四歳の若さと戦争からの解放感を力に、遮二無二突き進むことになる。そのことは次の短いインタールードに続けて語ることにしたい。

付《つけたり》としてのインタールード

正面切って言いたいことではないので、インタールードの形で書きたすわけだが、こんな一齣があった。敗戦のどさくさの中で、隊の倉庫から米袋や他の食料などを持ち出す者（下士官だということだったが）がかなりあり、これは半ば公然とした行為で、軍が解体したのだから禁じ、罰する権威はなく、持ち出した者の中には、長い軍隊暮しの憂さ晴らしのためか、それらの米や食糧を隊の周辺の、多分外出のときに世話になった民家に、景気よくばらまく者がかなりいたらしい。いたらしいと言うのは、ここからが幕間狂言だからなのだが――

私は、そういうことが行われているということは、噂に聞いていたが、実際に運んでゆく現場を見たことがなかった。ところが、いよいよこの地を去るとき、妻が世話になり、上陸の時に私も顔を会わせたことのある寄宿先の奥さんが、妻に、みんなあんなふうに物資を運んでゆくのに、お宅の旦那は、折角の機会を勿体なくも逃がしていることに、全然気がついていない。こんな按配だと、Oさんたちは今に乞食になりますよ、と言ったというのだ。その言葉だけなら、うがった言葉でもあるから、わざわざインタールードで付《つけたり》にすることもなかったのだが、もう一つ言えば、この寄宿先の主人が小学校の校長先生だったということ――もちろんこれも、その事実を皮肉り、非難して言うのでなく、まさにこの敗戦の時期が、日本人の心の歴史の活断層の時期に当たっていたということの、一つの証《あかし》として言っているのである。……

敗戦直後の日本人の生活が、それぞれの地方によって微妙な相違はあるものの、基調が困窮にあったことは否定できないだろうから、その面は細かく述べたててもあまり意味はあるまい。京都のような空爆を殆ど完全に免れた稀な都市でも（米軍が古都爆撃を控えたのは、その文化史的価値についての配慮からだったのだろうか。その噂の通りだったとすれば、約半世紀後の京都駅を始め、市のかなりの部分の高層化という、この古都の反文化史的変容は、甚だしい自己矛盾と言うべきだが、この自己矛盾は、日本の文化に古くから内在していた自己矛盾の突然の表面化、という歴史の皮肉《アイロニー》を感じさせる）、破壊こそなけれ、物資、と言っても特に生命に関する食料物資の欠落が、深刻な問題だったことには、たまたま夫婦で辿りついたわが両親の住まい（その頃は、老夫婦で北大路新町の近くで借家住まいをしていた）でも、立ち処に直面することになったのである。

だからそのことには、それが日本経済、財政の地盤における活断層に他ならなかったと言う以上に、その面の専門家でもない者が今細部を書きたてる意味はないと、私は断定せざるを得ないのである。むしろそうした一般情況化した困窮の中で、ある奇妙な縁で私に幸した一種希有な成行きのことを書くことに、私は歴史的な意味を見出すのだ。麗々しいことなのではない。むしろ軍人落第が私にもたらした僥倖なのだ。というのは、成績がよくて早く中尉に昇進していた予備士官の内で、英文学関係の者は、一応敗戦で除隊帰郷となったあとで、米軍占領に伴うさまざまな問題に対処するために、例えば佐世保の占領米軍に対する通訳として、再徴集され、正式に任命されたのだった。かくして例えば、またもや名を挙げて申し訳ないが、かの佐伯彰一君も、確か佐世保で通訳要員にさせられたし、他にもあちこちで英文学科出身者が通訳に引っぱられたのである。

ところが、私には、英文科出身であるにも拘らず、通訳としての正式な任命はまったくなかった。

これはきっと、私がお茶挽き少尉の海軍落第生だったための選考落ちと直覚して、私は、お茶挽き少尉万歳と心の中で叫んで、妻共々満員列車のデッキにしゃがみこみながら、秘かに意気揚々としていたのである。――だが、それにも増して、落第生に与えられた一種逆説的な恩典は、次のようなものだった。例えば通訳要員としての一年近くの任務を終えて帰った者は、進駐軍側からの規制のため、教育関係の職を得るには、新たに制定された審査を受けなければならなかったのに、海軍落第生の私は、通訳を免れたため、郷里の京都へは、その審査の制定されるより遥か前、敗戦の年の九月初めに帰ることができ、両親の元で窮乏生活を送る一方、早速に仙台の土居光知先生に連絡したところ、まもなく先生から、仙台工業専門学校（仙台工専）に講師の口があるから至急来仙せよとの連絡があり、ともかくも審査などと何の関係もなしに教職に就くことができてしまったのだ。

こんなふうに書いたとて、もちろん私は、軍人落第がもたらした幸運にかまけて、ただいい気になっていたわけではない。むしろそうした幸運は、ただただ偶然の成行きとしか言いようがなく、その不思議な成行きをどう受けとめるべきかということが、既に新しい難問として、私の心の深層に怪しく蟠りはじめていたと言わなければならない。恩師からの再三再四に亘る恩義にどう報いるべきかという道義上の問題も、ただモラルだけのことではなく、どんな「文学放浪」の道を辿れば師の学問上の期待に添い得るかという、茫漠とした文学研究上の問題に連なって、明確なイメージを結ばないだけに、無意識の層の奥深い心的負荷となり続けることになる。つまり、過去は過去、それより未来をどうするかという、問題と言うよりいわば心的負荷が、この頃既に、自分の道をどのように新しく歩んでゆくかという、私の存在そのものに関る根本問題となりはじめていたのである。

もとより、この問題そのものは、一挙に取り扱えるものではなく、当然刻々の時の経過のうちにさまざまな形で浮かび上がってくるものだから、今の私は、一応そうした本質的な問題が根底にあったことを書き記すに留めて、この部の主題の一つであった、再び古都から杜都へのわが歩みを具体的に、しかし「文学放浪」の道という想像的《アポクリファル》な要因を心しながら、いささか書き記さなければならない。と言っても、この歩みがこの時期からゆったりした牛歩になったわけでは、もちろんない。前の部で語った敗戦時のどたばた足は続いていたばかりか、いっそう急ぎ足、いや、早駈けとは言わぬまでも、何かに追いつこうとする駈足になっていたことは否めない。さて、その駈足はどんなふうに……。

　既に恩師の来仙指示との関連で書いたように、私の古都への帰郷は、まったくの一時滞在《ソージョーン》にすぎなかったが、その間老父母の困窮ぶりに心を打たれながらも、それへの処置は母の指図と妻の働きに任せ、私はただただエゴイスト、と言うより、かのアメリカ古典作家の描くエゴチストのちっぽけな根性に憑かれたように、「わが文学放浪」への新しい一歩の可能性に、窮々たる思いをしていたようだ。恩師からの誘いでその思いは、一挙に具体化へと跳躍しはじめるかに見えたが、日本の敗戦の混沌たる現実の中では、むしろ逆にその思いが心の焦りを倍加し、私は、たまたまその時妻が、防府の隊で流行した赤痢を思わせる下痢で伏せっていたのをも母に任せ、蒼惶として一人杜都へ向かったのだった。幸いにして妻は、そのあとまもなく恢復して、かなり遅れて仙台に来たのだが、彼女が来る前のあたりのことは、それ自体混沌として、何がどうなったのか、そのときも今も分からないありさまなのだ。両親の方は、母の縁者が多く、近くにも何家族か住んでいたから、何とか配給以外の食糧を得る助けを得ていたのだろう。

ところで、杜都では、中心部が爆撃で完全に破壊され、そのため周縁のあたりの住宅状況も私には全く分からず、身を寄せる所もまずは恩師の家の他にはなかった。土居家は北五番丁の大きな屋敷で、私は数日お世話になってから旧知の家に間借りし、やがて市の南の方の保春院という所に二階二間の貸間を見つけて、妻を呼びよせ、仙台工専講師として二度目の杜都生活を始めることになる。ところが、土居先生のお宅は、アメリカ進駐軍の将校の住居として接収されることになり、先生ご夫婦は、やはり一本杉だったかに移られ、保春院と近かったので、妻は先生夫人と買い出しその他で頻繁に接触することになる。戦後の混乱が師弟の関係にも深く影響した一例だが、土居先生はガタルカナルで長男を亡くされるという不幸にも会われたのに、私には、いや、教えを受けた誰にとっても、どこまでも厳然たる先生であった。その先生がじっと心の奥底で耐えておられた苦悩のことを思うと、私は今でも、あの敗戦日本の惨めさがまざまざと心に甦ってくるのを感じる、私の歩んだ道が一面「苦悩の道」でもあったと思い返しつつ。……

このような按配だから、「人間復帰」への道遠しで、私自身の「文学放浪」の道は無論のこと、私たち夫婦の日常生活も、一応の落ちつきを得る迄には、さらに二転、三転——その変転を一々辿ってみても、ただ混沌とするばかりだから、ここでまた手綱を絞って、杜都におけるわが日常と文学の様相（私たちのこの二度目の杜都生活も二年半だった）を、敢えて幾つかの面に分けて要約的に述べることにしたい。幾つかの面と言っても、無論くっきりしたものではなく、どこかで互いに混じりあうことだろうが、大体（順不同で）次のように予想する。まず生活上の面、次いで勤務の情況、さらに母校東北大との関係（先輩との関係を含む）、そして「わが文学」の模索……。そればかりでなく、例えば初めての妻の郷里H町訪問、また彼女の初産等、とこう予想しただけで、書くことが多く、どうなることかと危ぶむのだが……。

さて、今述べたような茫漠たるものに、いささかでもまとまりらしいものを付けるには、やはり私自身の、公的とも言うべき生活、つまり講師の職を得た仙台工業専門学校での情況から語りはじめるのがいいかもしれない。ただ勤めたばかりの頃のことは、やはり明確な記憶がなく、どんな生徒に、どんな教科書を用いて、どんな教え方をしたか、まったく思い出せない。しかし、次第にこの学校になれ、何人かの同僚の先生や親しくなった生徒のことは、今でもよく覚えているばかりでなく、つい最近までは賀状のやりとりもしていたものだ。英語科の先生は私の他に一人で、東北大の大先輩だったが、大分前に逝去された。生徒は当時三年生で二十歳《はたち》だったとして、私と五歳しか違わないから、もう八十近いということになるが、工専はその名の通り、工業関係の建築科、電気科、土木科等から成り、私は機械科三年の担任で、各科混合の英語の授業で、機械科のほか特に建築科や電気科の生徒と親しくなったようである。

仙台工専は、のちに新制になるとき東北大学工学部に吸収されたが、元々キャンパスは東北大片平丁キャンパスに近接していて、私は、保春院から二、三十分荒町に向かって歩いて、通勤したに違いない。ところで、どうやら無意識の層でまさに文学的な放浪を続けていた私には、工業関係の研究に対する興味はまったくなく、あれでよく教職を続けられたものだと、自分でもときどき思い返しているのだが、しかし縁は異なもの、味なもので、どういう成行きでだったか、私は、生徒の部活動の一つである演劇部の顧問に選ばれ、その部の演劇好きの生徒と特別に親しくなった。本書でも前にどこかで書いたように、一時は戯曲作家になりたいなどと空想したこともある私は、実際には劇作や演出のことには全く無知だったのに、生徒たちの熱意にほだされて、彼らの上演する学生劇に何やら意見めいたことを口走ったりしたものだった（この時の演劇部の生徒の中には、地方の劇団に入って活動した者もいたが、私と親しかった何人かは、それぞれ建築や電気の方で、社会的に成功した企業家になり、のちに私が大いに世話になった者もいる）。

もとより、工専で演劇ばかりにかまけていたわけではなく、授業の他《ほか》にも、教職員の会で近くの秋《あき》保《う》温泉に出かけたり、大学の運動会の教職員レースに出たりしたが、実際にこの頃深く心を惹かれていたのは、何と言ってもやはり文学の道に他ならず、その面は、母校東北大学の先生方、先輩方との関係も深いので、次章でかなり詳しく述べることにして、ここでは次に、この工専勤務二年半の生活状況のことを、もう少し補足的につけ加えておきたい。というのは、もちろんその事が文学の道にプラス＝マイナス両面で深く関係していたからで、例えば私は、勤務としては工専の授業の他に、頼まれて宮城師範附属の中学生に非常勤として英語を教えたりもしたが、生活そのものは、先の保春院から大学に近い片平丁へ住居を移す迄の約半年間、およそ文学とは縁遠い、しかしマイナスの意味で逆説的に、また文学にも繋がる食糧買い出しに、かなり精を出していたと言わざるを得ない。

というのは、中心部が完全破壊された市では、いわゆる闇市というのがそちこちに出来たが、殊に東二番丁（一四五ページに掲げた地図参照、一番丁の一筋東の通り）の闇市が最も盛んで、私と妻とはしばしばこの闇市に出かけて、とれたての生魚《なまざかな》（鰹や鰈《かれい》など）を荒縄に結わえ、季節が冬だったから、たまたま二十センチほど積った雪の上を引きずって、持ち帰ったものだ。妻はそれを二階のわが住居に持ち上げ、前の廊下の片隅に設《しつら》えた調理台で料理するのだった。そして野菜は、これは幸運なことに、土居先生夫人の紹介で、少し離れた六郷という所のSさんという農家の主人と識りあい、この人がとても気のいい（私ならまさに人間的と言いたい）人で、訪ねていけば、にこにこして葱《ねぎ》や大根を分けてくれる。それを、まあ、私がリュックサックで背負い、持ち帰るのだが、現金なもので、重荷が重荷にならず、「わが文学」までがその中に軽く吸いこまれてしまうかのようだった。

このSさんは、その後も片平丁へ移った私たちに野菜を届けてくれ、私たちが横浜に移ってからも一度訪ねてきて、私たちで横浜市内や鎌倉、江ノ島へ案内したものだ。今は様子が大分変わっているかもしれぬが、私にとっての杜都は、先に大いに述べたてた南都鹿児島と、形こそ違えまったく同じように、人間と自然の名において私の心の、従ってまた「わが文学」の、尽きせぬ糧《かて》となり続けているのである。そしてこうした中で、若い私は新たに元気を得て、この敗戦の年の暮に、妻と共に初めて秋田県H町の彼女の生家を訪れることになる。前に書いたように、初めて友人のI君と十和田へ旅したときは、結婚に反対されていたため、ついにH町は車中のまま駅を通りすぎてしまったものだが、今回は、まだいささかの気おくれを感じながらも、まずは意気軒昂として妻と共にH町の駅に下り立ち、彼女の案内でSZ酒店という彼女の生家の土間に立って、彼女の両親に挨拶をしたのである。

酒屋《さかや》と親しみをこめて呼ばれるこのS家の建物は（この章末の写真参照）、今や道路拡張のためなどで取り壊しが云々されているが、今日残っている数少ない文化財と言うべき建築物で、雪深い所故、ガンギと（別の所ではコミセとも）呼ばれる、表《おもて》の道路に張りだした庇など、今ではこのK市では他にない珍しい様式を残している。そうしたことを詳しく述べる紙幅はまったくないので、割愛せざるを得ないが、このS家は代々酒造家で、かつてはその醸造倉《ぐら》で作った酒を卸して隆々たる酒屋ぶりを見せていたものだ。この場合も、私が訪れた戦後まもなくの時期が境目だったのだろう、やがて経済統制のために、醸造酒は大手の酒造会社に樽売りする落ち目になり、ついには醸造もやめて、他店で造った酒をSZ酒店の名で卸して、店名を留めるという次第になった。一方S家はまた、大湯近くに広大な農地をもつ大地主でもあったが、これも戦後の農地解放で消滅してしまった。

　こうしたことは、今まで本書でしばしば言及してきた歴史的活断層のせいとも言えるが、しかし、その運命的な現れ方は、何と際立って違い、また不思議な皮肉《アイロニー》を孕んでいたことか。例えば、大地主などというのは、私の文学探究の視点から言えば、亡びるのも当然かと見えたが、その同じ大地主が、醸造家という企業家としては、大手の企業に身売りしなければならなかったという、際立って皮肉《アイロニカル》な運命がある。さらに「わが文学放浪」から言って極めて皮肉な運命と見えるのは、わが妻がその地主にして落ち目の醸造家の一人娘に他ならなかったということだ。既にかなり詳しく語った、私と妻との結びつきが孕んでいたさまざまな矛盾や、複雑な成行きがその証拠だが、いっそう不思議とも言えるのは、そうした矛盾や複雑さにも拘らず、（彼女がここ十年ほど永らく病床に縛られてきたという点を除けば）この八十路の今にまでよくぞ共に生きてきたことよ、ということ。他愛のないことなのだが、文学とはまた、どこかに他愛なさを孕んでいるのではないか。

　ところで、私が初めて酒屋を訪ねたときは、妻の両親も健康そのものだったが、酒造業浮沈の内に母は七十歳前で亡くなり、父は九十三歳まで長生きして死んだ。今は、先に鹿児島予科練の士官室で親しく知りあったと述べた兄夫婦とその末娘が酒屋を守っているが、さまざまな問題に出あい、現状では酒屋の文化財的建物の存続も不可能かもしれぬというありさまなのだ。話がわが身わが妻にとって切実なものだから、つい記述の対象たる過去の時間を現在まで跳び越えてしまったが、それにまた現在難病で心身障害に陥っている妻のことを思うと、S家のこの変転は、私にはかの過去と現在の活断層の故の悲劇を思わせないではいないのだが、しかし、今やその悲劇をこそ逆手にとって、いよいよ「わが文学放浪」を、明暗双双の理《ことわり》に習って、人間が自然と共に歩む意味深い旅路となしていかなければならない、と思うのである。

魯迅が寄宿した家（左側）1947年頃

そこで、今一事《ひとこと》だけを生活上の新しい局面として記して、先に次の重要事項として示した、杜都の大学と私との新しい関係、その関係の中から醸成されてきたさまざまな文学的情況の記述に及ばなければならない。その一事というのは、妻の里のH町へ行ったお蔭で、彼女の父の識りあいの人からの世話で、昭和二十一年の春、それまでの保春院の貸間から、工専及び大学にごく近い片平丁の或る家の二階へと、居を移すことができたこと。この家は、大学の正門を出て片平丁を少し北へ行った左側、つまり広瀬川の川原へと切り立った崖の上にあったが、その家の離れのようになっている二階家は、かつて魯迅が寄宿していた所だった。当時はただ普通の日本の建物で、むしろ親しみを感じたものだったが、今は記念館として名所になっているらしい。

それはともかく、私たちが二階（写真の右隣の家の中《ちゅう》二階だったが）を借りていた母屋の主人夫妻も、やはり借家人で、本当の持主は部屋を全部貸してただ管理しているだけだった。階下の主人も、専門が建築か何かで、あまり家の中で顔を合わせることなく、むしろ夫人との接触が多かったが、気楽な人柄で、三つか四つの利かん気の女の子と遊びながら暮らしているみたいだった。この住居で私が足許を掬われて慌てた体験は、妻の初産ということだ。記述のように、私たちは敗戦の前年の十月に結婚したのだったが、海軍にいた間は子宝に恵まれず、保春院でも一向に兆《きざ》しがなかったのに（彼女は不妊症ではないかと心配して、医学部付属病院で診てもらったが、その心配はないとのことだった）、この片平丁の家に落ちついた途端に、はっきりと妊娠の兆候が現れたのである。

そこで大学付属病院の産婦人科で検診の結果、出産は暮れ頃だろうということで、それまでは彼女がときどき検診に通院するだけで済んでいたが、やがて十二月中旬になって今か今かと思う内にも、なかなか陣痛の気配がない。ところが、そう思う内に突然陣痛が始まり、今にも生まれるかもしれぬというので、私が取りのぼせてあたふたと走りまわることになったのだ。当時は、電話も寄宿先になく、タクシーなどは、焼け跡の市で見たこともなかったので、私は前に一応確かめてあった人力車の車夫の所へ、ともかくも駈けつけたのだった。

その車庫は、大学の正門近くから広瀬川に掛かっている御霊屋《おたまや》橋に向かって、ゆるい坂を下《くだ》った所（この辺りは、伊達家の居城だった仙台［青葉］城址の下に当たり、御霊屋下と呼ばれている）にあり、わが家から走れば五分ぐらいのものだった。それを私が走って、三十歳ぐらいと覚しい屈強な車夫に車をわが家まで引かせた。ところが、この車夫がかなり酔っぱらっていて、妻を車に乗せて走り出したが、危うげなので、私は彼がよたよたと走るそのそばを、かなりなスピードで走ることになった。車夫が、この間も妊婦を乗せて走ったが、途中で生まれてしまったので大変だった、などとわざと脅《おど》かすように言うので、私は気が気ではなく、ともかくも夢中で車のそばを走ったことを覚えている。

その頃は市電が走っていて、木町という所にある大学病院までは結構遠いので、私は途中で、車夫をそのまま行かせて、市電に乗って病院へ先に着いて待ち受け、妻を産婦人科に託して、初めてほーっと息を継いだ次第だった。そのとき診てくれていた若い医師が、大変落ちついた、また妊婦を扱いなれた人のようだったので、すっかり安心したが、なかなか生まれないので、その晩一応わが家へ帰ったところが、そのあとでまもなく長女が生まれたのだった（なぜかその日は義士討入りの日という風に言い習わしてきたのは、誰の示唆だったか、やはり右のような二度とない緊張の瞬間のことだったからだろう）。そしてあとは順調にいって、クリスマスの頃に退院となり、このときは何とか自動車を見つけて、妻は無事片平丁のわが家へ身二つで帰ってきたのだった。——もちろん、そのあとも緊張は形を変えて続くのだが、赤子の出現は、またさまざまな初めての体験をもたらし、そうしたことについては、のちに何度か触れることになろうから、この章は一応ここで切って、次章では先に約束した大学の先生や先輩との関係という、いよいよ文学に迫るわが道を辿らなければならない。

インタールード――あるエピソード

H町のS家の建物が、今日同地域に残っている数少ない文化財的建築物の一つだということは、既にいささか述べたが、その建物にまつわる思いがけない出来事があったので、軽いエピソードとして付記しておきたいと思う。というのは、東北大学出身の私の後輩で、かなり親しくつきあっているES君が、もう数年前になるが、彼の親しい友人数名とある夏十和田湖方面の旅行に出て、奥羽本線で裏日本経由東京に帰る予定で十和田南駅についた時、この駅が陸奥《みちのく》との分れ目でもあったので、この辺りの様子をもう少し見ておきたいと思った。そこで駅前でハイヤーを見つけて、運転手に、どこでもいいからこの周辺で珍しい、見ておく値うちのある所へ連れていけ、と言ったという。

そこで運転手は心得顔で、車をかなり走らせ、やがてある町の中の大きな構えの家の前でES君をおろし、この家がこの地域でも珍しい、今に残っている当地特有の建物だ、と言ったので、ES君たちは、その建物やその辺りの様子をゆっくり見て写真をとり、そのまままた同じ車で、元の駅へ戻ったという。ES君には、妻をも引き合わせてあったし、詳しいことは無論教えてなかったが、彼女が秋田県の出身だということは彼も知っていたので、彼は帰ってきたあと久しぶりで私に会ったとき、妻の生地の秋田県へのその旅の経験を私に話して、撮ってきた写真を見せたものだった。見て驚いたことに、それこそまさに妻の実家の正面の写真で、紛れもなく「SZ酒店」そのものに他ならなかった。ガンギも醸造酒の銘柄の低い立て看板も、まったく私の記憶の通り。ES君もそのことに驚き、かつすばらしい偶然だと喜んでくれたものだった。

以上書いたのは、わが妻の生家の稀な存在を吹聴するためでは勿論なく、むしろ逆に、今日におけるこうした地方の地域における、国家の保護はもちろん、地方自治体からの援助もまったく受け得ないで、文化財としての修理修復も個人の財政ではまったくなし得ず、ただもう朽ちてゆくに任せねばならない、そうした無力な個人が現に存在していることを、些少とも読者に訴えたかったからに他ならない。訴えてどうなるものでもないことはよく弁えているし、読者の方々に（不可能な）現実の助言を求めているわけでも毛頭ない。ただいつものわが癖で、「わが文学放浪」に一歩でも二歩でもつきあってもらえれば、という願いの故に他ならないのだ。

この家そのものが、その独善性によって「文学の道」を塞いでいる時もあったに違いないし、この家の現在の悲運というより、むしろこの家がその運命的な有為の転変の奥深くになお秘めている、人間と自然の底深い生命力の故にこそ、敢えてインタールードとして、右のエピソードの披露に及んだ次第である。——それへちょっと、さらに無くもがなの小さなインタールードをつけ加えると、このSZ酒店はかつて「錦木」という銘柄の醸造酒を卸していたが、この銘柄は、女性の悲哀を主題とする謡曲「錦木」からとったもので、今詳しくは書けないが、この伝説が生まれた陸奥の場所は、先の十和田南のすぐ近くに「錦木」として今も確かにある。私も一度訪れたことがあるが、ここには確か「錦木」にまつわる伝説の碑が立てられていたと思う。植物としての錦木は、枝の特異な形態と青い葉の魅力を湛えた灌木で、その故

SZ酒店の主屋全景

にそちこちに、そしてわが庭にも一度は、挿し木をして育て、眺めを楽しんだものだった。——自然と人間、また日本では特に北から南へ続く地方のヴァラエティにも拘らず、どこかに秘められた互いに繋がる日本的な魅力——インタールードとしては、もうこれ以上語る言葉はない。

2

さて、以上のような、やはりいつも落ちつかず、常に慌しい敗戦後数年の、二度目のわが杜都生活の中では、わが知的生活、特に「わが文学放浪」は、どんな新しい局面を迎えたのか。果して新局面と呼び得るものがあったのかどうか。この自問に対して私は、即座に〃あった《イエス》〃と自答することができる。が、この場合にもやはり明確なイメージとしてではなく、いわば多くの可能性を孕んだ混沌とでも言うべきものとして、そう自答し得るのである。その一種の混沌は、例えば次のような幾つかの面の混合と見ることができるかもしれない——即ち、まずは帰仙と共に出入りするようになった、母校東北大英文科のスタフ及び先輩後輩との交流を通じての、英文学(今や英米文学と言うべきかもしれぬが、まだその意識はなかった)研究の面、次にこれはいささか特異な面だが、この時期から急に私を魅了しはじめた、さまざまな外国語学習(そして、その魅惑の元となった、それぞれの外国文学への興味)、さらに、ついに形にはならなかったが、創作(小説)への(必死のとも言うべき)打込み、等の面。……

右の第一に挙げた大学研究室との関りでは、土居、小林両先生は、もちろん私には極めて親しい恩師であったが、敗戦後のこの時期には私は、学生時代とは違って、それ自体はなかなか像を結ばないが、何か新しい研究の対象と方法を見出したいという気持が強く、恩師にはむしろそうした努力の聞き役になってほしい、と思っていたのではなかっただろうか。そしてそう思うのも、私だけではなかったと考えられるのである。私が復員して仙台工専で教えはじめた頃は、まだ学校も安定せず、大学の英文科の学生たちとも親しく交わることができなかったが、やがて翌年の新学年から新しく入学してきた人たち（新制大学以前の旧制最後数年の人たち）と知りあうことができて、次第に読書会あるいは研究会のようなものも可能になる機運が生まれてくるようだった。

それに、数は少なかったが、私と同期及び次の期の人たち、それから二年間ブランクののち、昭和十九、二十年入学の人たちの何人かが、右のような機運にかなりの共感を示していたように記憶する。そして誰よりも私を援けて、その機運の推進力となって下さったのは、私より五年先輩で、私の学生時代には英文科の助手、そして戦後は永らく宮城女学院大学の教授をしていた前にも名前を挙げた阪田勝三氏であった。阪田さんは確か戦時中は、海軍の経理学校の文官教官をしていて、私と同じように敗戦後仙台へ戻ってこられたのだったが、宮城女学院大で教鞭を取りながら、大学も住居も片平丁キャンパスの近くだったから、ごく気楽に英文科の研究室にきて、その頃の学生たちと読書会のようなものを持つ仲介の労を取って下さったのだった。

その最初の頃は、やはり法文学部二号館の、昔ながらのこじんまりした演習室で、土居先生にも列席して頂いて、何人かが研究発表、というより批評的研究への思い入れ、もしくは熱情といったものを披瀝したと言えば、いいだろうか。その一例として、何と私は、一種思いつめた口調で、『ハムレット』論を喋々したものだった。シェイクスピアは、前にも本書で書いたように、研究対象というよりは、幾つかの独白の暗誦によってわが心の奥底を覗きこむとでも言うべき、「わが文学放浪」の根源的な道程の最も重要な一つに他ならなかったが、このとき私は——そのときの発表ペーパーが、どこかにある筈なのに今見あたらないので、どこかぶれるところがあるかもしれないが——この悲劇は、ハムレットの復讐心の発露のプラス＝マイナスの両面性、それと連動する母ガートルードに対する激しい愛憎の交錯、それはもちろん叔父クローディアスに対する、殺意と殺意そのものの無意味さの意識との交錯でもあるが、そうしたいわば人間存在、人間の生と死の意味とでも言うべき、ついに解決のつかぬ存在論的な現代的課題を先取りした作品である、といったようなことを、自分でも分からぬながらに舌足らずに述べ立てていたに違いないのである。

この発表を聞いていた側の反応がどうだったか、一向に思い出せないのは、こちらが上がっていたせいもあるが、おそらく私の論旨がよく分からなくて、質問のしようがなかったせいに違いない。私自身が充分に呑みこめていない発表をしたのだから、それも当然のことだったのだが、しかし、私にとって、未だにこの時の発表の戸惑いが心の奥に尾を引いているということは、(少し大袈裟に言えば) 物心がついてから辿ってきた私の「文学放浪」の道が、既に述べた漱石やコールリッジや、また一方での記紀歌謡や俳句などの日本の古典文学などと共に歩みながら、シェイクスピアのこの『ハムレット』によって、一つの重要な期を画したことを意味していると考えざるを得ない。遥かのちには、アメリカ作家フォークナーがその重要な一翼を担うことになるが、その場合でもシェイクスピアの影は、特に『マクベス』との相互連関における『ハムレット』を通じて、私の意識及び無意識の根底に、今日まで常に揺曳してきたと言わなければならないのである。

戦後まもなくの東北大英文科のことを語りながら、ついつい私個人のことばかり書いてきたが、わが東北大英文科卒業の学究は、それぞれ教職の道につきながら、独自の個性的な研究活動、またときには際立った批評活動をする豊かな才能を発揮してきたのである。私たちの先輩のことは、いつかその時が来たときに述べるとして、同期及び近い後輩に眼を向けて、敬意をこめて敢えて実名を挙げさせて頂ければ、私の一期下に遠藤栄一氏（宮城教育大学で長く教鞭をとった）、十八世紀英文学を通して痛烈な文明（文化）批評論を展開した宮崎芳三氏、女性では白梅学園短大教授として後輩養成に力を致した江坂由紀子さん、さらに戦後の入学生になると、意外に早く亡くなったが、仙台の出で、戦後東北大（旧制）を卒業した阿部義雄君（彼と私は、海軍で識りあい、戦後仙台で再会したので大変親しくなった）など……。

いや、他にも先の勉強会を通じて識りあった学究は多いが、先に挙げた第一の局面の東北大英文関係の説明が長くなったので、次の一事をつけ加えるだけにして、第二の局面へと話を進めたい。――その一事というのは、右に書いたような恩師、先輩、同輩、後輩の親しい集まりが、やがて翌二十二年初め頃仙台英語英文学会へと発展し、のちに日本英文学会東北支部になると、関東地域の同窓生が相寄って「シルヴァン同人会」を発足させ、機関誌 ***Sylvan*** を創刊した（一九五五）ということ。この誌名はもちろん「森」のラテン語で、杜都に因んだものだ。この同人会は、時代の変化の波に揉まれながら、なお今も続いているのである。

ところで、「わが文学放浪」のこの時期の第二の局面である、多国語学習への偏執もしくは症候とも言うべきものは、どんなふうであったか。'polyglot'――「多国語を話す者」という訳は、私の場合どうにも身に合わない直訳だ――を、今書いたような偏執的、もしくはせいぜい趣味的な意味で用いることができるとすれば、私はまさにそれ、いや、むしろさらに一字を加えて、いささか悪趣味的なポリグロットだった。というのは、戦時中の学生だったときも私は、第二外国語としてのフランス語は、河野與一先生と非常勤講師で見えた杉捷夫先生から、第三外国語（こんな言い方があったかどうか）としてのドイツ語は奥津重彦先生から教わっていたほかに、前に書いたように久保勉先生からラテン語の初歩を、ギリシア語は河野先生のアドヴァイスで、入門コースのテキストをいささか勉強したが、どれもこれも中途半端に終ってしまっているのに、今やさらにロシア語、スペイン語にまで手を伸ばすといったありさまだったからだ。

これには、さまざまな偶然が重なっているが、前に書いた、鹿児島以来識りあい、未だに賀状交換などしているコンチャンことＴＨ君の影響が、一つの重要な切っかけになった。というのは、実は真にありがたいことだったのだが、東大国文科の出身の彼は、海軍の間及びそれ以後、私に向かって頻りに文学風を吹かして、私をドストエフスキーに夢中にならせて、ロシア語熱を吹きこんだばかりでなく、究極的には創作（小説）へと駆り立てたからだ。だから彼は、第三の局面にも関っているのだが、今は外国語の問題に限って言えば、さらに私はドストエフスキーに親しんでいる内に、この作家の文学の一つの重要な源泉と思えたセルバンテスの『ドン・キホーテ』にも夢中になり、スペイン語を何とか読みたくなって、河野與一先生から文法書と辞書の知識を得て、大学の図書館で先生から借りた『ドン・キホーテ』の原書をえっちらおっちら読んだのだった（のちに書くように、創作の面でコンチャンから中村光夫氏に紹介してもらい、さらに中村氏からスペイン文学の会田由氏に紹介されて、会田由=セルバンテスに深く親しむことになる）。

だが、以上の外国語の内私が一番本格的に勉強したのは、何と言ってもロシア語ロシア文学専門の鬼春人《おにはるんど》先生から教わった、ロシア語だった。鬼先生は、ちょうど私が東北大を卒業して海軍に入った頃から、同大学で教え始められ、戦後ずっと居られたから、私は工専の授業のない曜日に文学科の院生や助手の人たちと、仙台から横浜に転じるまで教えを受けることができた。初級から上級へ上がり、先生は、チェーホフの『桜の園』の原文をタイプに打たせたものを、テキストに使われたが、劇の科白《せりふ》を耳で聞きながら読む形になって、私にはとても楽しい授業だった。そのうえ、先生はロシアの民謡をよく知っておられて、教室で皆《みんな》で歌いながら歌詞を覚えたものだ。正確な題は忘れたが、「黒い瞳《チョールヌイエ・グラザ》」の無情さや、ロシア雪《スニエーガ》の威力を歌った民謡、それに「ヴォルガの舟歌」など、今でもそれぞれ二番ほど歌うことができる（ヴォルガが「母なる河《マーチ・リェカー》」であり、アメリカのミシシッピーが「父なる河《オール・マン・リヴァー》」である、その対照に心を動かされたことを思い出す）。ただずっとのちに、早稲田のロシア文学出身の作家後藤明生氏に、いささか得意になって一つ二つ歌ってみせたら、発音がなってないと、一言のもとに落第点をつけられてしまった。

第三の局面、創作のことはなるべく簡単に書こう。右に触れたように、コンチャンは私に小説を書く気持が強いの

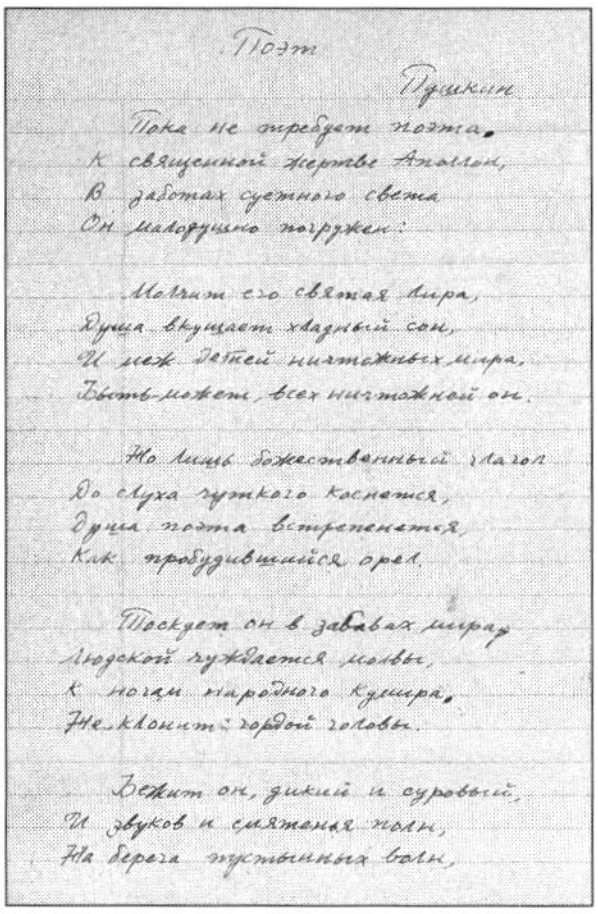
Поэт

Пушкин

Пока не требует поэта
К священной жертве Аполлон,
В заботах суетного света
Он малодушно погружен:

Молчит его святая лира,
Душа вкушает хладный сон,
И меж детей ничтожных мира,
Быть может, всех ничтожней он.

Но лишь божественный глагол
До слуха чуткого коснется,
Душа поэта встрепенется,
Как пробудившийся орел.

Тоскует он в забавах мира,
Людской чуждается молвы,
К ногам народного кумира,
Не клонит гордой головы.

Бежит он, дикий и суровый,
И звуков и смятенья полн,
На берега пустынных волн,

ロシア語のノートブック

を見てとって、戦争が終ってからだが、仙台の私に小説を書くことを奨める手紙を何度かくれ、書けたら、彼が学生時代に出入りした中村光夫先生に見てもらえと、助言してくれたのだった。そのことも力になって、私は仙台工専で教えながら、ロシア語や読書と並んで創作に夢中になり、仙台にいった翌年の夏前に「渓の桜」という中編小説を書きあげて、敗戦の翌年の夏にコンチャンに送った。わが家のどこかにある筈のその原稿も見つからないまま、記憶を辿って書けば、かつてのＳ女との関係に、やはりそのときに書いた彼女の兄嫁の一時的な神経障害にまつわる出来事を小説的に絡めて、戦争のために結局愛が逆に心の空白と化して、かつて二人で眺めた渓の桜が、その心の空白の象徴のように、二人とはまったく無関係の絵空事になってしまった、といった筋のものだった（この桜は、戦後初めて彼女の生家を訪ねたとき、Ｈ線の車中から見た渓谷の桜をモデルにしたもの）。

ところが、（これは、前にどこかにエッセイで書いたことだが）やがてコンチャンから手紙がきて、中村さんは、君の小説は一応書けてはいるが、二、三の雑誌に見せたところ素人臭いという理由で採用されなかったそうだ。それはそれで仕方がないとして、一度君も中村さんを訪ねてアドヴァイスを受けたまえ、僕から君を改めて紹介しておくから、ということになった。そこで私は、コンチャンの指示に従って中村氏に手紙を書き、氏からも返事がきて、八月中旬にいよいよ稲村ヶ崎の御宅を訪ねることになった。そのとき初めて乗った江ノ島電鉄の風情が忘れられないが、夫人が具合が悪く、医者へ行って不在だったこともあって、その時の出合いは簡単なもので、中村氏はいかにも単刀直入に、コンチャンの手紙にあった通りの批判を繰り返して、どうだね、まだ書き続ける気があるかね、とそれこそずばりと訊《き》かれたので、私は思わず「はい、書いてみます」と、きっぱり返事をしてしまったのである。

さあ、それからが大変だった。私は大学ノートを縦書きに使って書き始めたのだが、漠然とした構想らしきものがあるだけで、もとより最初は何から始めていいか見当もつかず、当座は授業やロシア語や読書などの合間に、悶々としてノートブックを睨んでいたことを思い出す。それでも秋酣《たけなわ》になる頃には漸くペンが動き始め、それから延々と（漱石に倣って言えば）蠅《はえ》の頭ぐらいの小さな字で大学ノートに書き続けることになる。その未完のノートも二冊ほど書棚のどこかに残っている筈だが、思い出せる限りその構想らしいものをざっと述べると、表題は完成してからつけることにして、ともかくもドストエフスキーの『白痴』の冒頭を心に思い浮かべつつ、汽車の中の一風景から書き始めた。その風景とは向かいあった汽車の座席で、坐っている四人の人物の一人は、戦地から復員してきた陸軍の一兵卒、彼はやや下方の虚空をじっと睨むようにして、押し黙って坐っている。

敗戦直後は、復員兵が汽車や駅に溢れるようで、私はその頃茅ヶ崎の姉の家を訪ねる途中、大船の駅に満員の復員列車が着いて、復員兵が乗換えのためかフォームに溢れるのを見たが（どういうわけかそのとき、駅の近くの拡声器からプレスリーや女性歌手の歌声が、極度にヴォリュームを上げて流されていたのが、今なお生々しく耳に残っている）、ちょうどその頃、徴兵検査では丙種不合格だったのに、徴用で軍に駆り出された私の実の兄が、復員の途中北支で戦病死したという報らせがあり、京都の親共々強いショックを受けていた所だったからだろう、右の陰鬱な風貌の復員兵は、その兄がときに示した世の中に反抗するような、凄みを孕んだ顔つきがモデルになっていた。完成もしなかったわが小説の解説をするのは、自家撞着と言うべきだから、この辺りで打ち切るが、この陰性の人物に対して、私自身をモデルにした（？）まことに純真無垢のティーンエイジャーの少年が登場し、その間《かん》に若い女性も絡むことになる筈だったし、私の父をモデルにした道化役の老人の像も、既に冒頭の車中の場面にあらわれていたのである。

ともかくも、徒らにノートを汚すばかりでついに完成せず、私は中村先生（とその頃呼んでいた）に申し訳ない思いを長く持ち続けていたが、アメリカ文学や次いでは日本の現代文学について批評やエッセイを書くことになり、それを先生も認めて下さっていたのだった（私はまた、ドストエフスキーとセルバンテスが、「物語」を「ヒストリア」として意識していることから「物語小説論」という評論を書いて、中村先生に見せたが、この題は同義語反復《トートロジー》ではないか、と言われたことを覚えている）。ずっとのちに先生の小説を文芸誌で書評する羽目になって閉口したこともあったが、私にとって、特に「わが文学放浪」にとって、中村光夫氏の存在は、先にも書いた会田由さんへの紹介の労をとって下さったことなども含めて、まことに掛替えのない力となったことを、今改めて確認し、意外に早く故人となられた氏に、深い感謝を捧げ、ご冥福を祈念申し上げる次第である。一面大変戦闘的な面を持ちながらも、他面まことに淡泊な人柄であったことを、今また深く思い返している。——戦後の杜都における私の創作（小説）への執念とその（悲）成果は、大体以上書いた所に尽きると言わねばならぬだろう。

私《わたくし》的インターチャプターとして

幕間狂言《インタールード》に非ず、「わが文学放浪」の道を辿っているうちに、「わが文学」ならぬわが家系に関する重要な面が顕わになってきたので、初めてにして終りかもしれぬ中間章《インターチャプター》を一篇挿入することを許されたい。というのは、右の2章に書いた私の兄の死にまつわることで、この兄の死によって、京町家としてのわが家系を継ぐ者がまったくいなくなってしまったことを、私的な事実ながら読者諸兄姉の耳に入れておきたいということに他ならない。これも結局は「文学放浪」の道に吸収されてしまうだろうし、わが家系など、今日の混沌の世界では、まったく何の意味ももたないだろうが、それでもそのことの現実性《アクチュアリティ》が、小さいながら現実性のもつ力を孕んで、本書の主題の意味をそれなりに増幅するに違いないのだ。

これは前にも本書のどこかに書いたことかもしれないのだが、兄の名前は長男にも拘らず吉次郎といったのは、わが家系の三代前の初代が、吉次郎《きちじろう》の名で奉公していた主家の暖簾《のれん》を分けてもらって初代吉兵衛を名告《の》ったので、二代目の私の父も初代が生きている間は吉次郎を名告り、初代（私の祖父）が死んでから吉兵衛を襲名したわけなのである。だから三代目となる筈の兄も、まず吉次郎と名づけられ、ゆくゆくは吉兵衛を襲名して、わが大橋家の三代目となる筈だったのだ。私より四歳上のこの兄は、私にはかなり怖い存在で、独自の反骨を内に秘めていたらしく、京都の商家の長男は中学ではなく、進学するなら私と同じように市立の京一商を選ぶ慣わしだったのに、府立二中に入り、しかも、これも京商家の慣わしとして、店を継ぐ長男は最初は他家の商店に奉公しなければならなかったから、中学二年を終えたとき退学して、母方の叔父の経営する商家へ奉公に出たのだった。

だから、父は当然兄を跡継ぎにする積りで、次男の私に健三郎という名前をつけ、進学だけは京一商へ進ませたが、今まで述べた私自身の「文学放浪」が既に証明しているように、商家とは全く関係のない道を選ぶことも私と母親任せで、放任していたのである。ところが、その掛替えのない兄が戦病死したものだから、父はそのあと意気消沈し、戦後の混乱や食糧不足などのため体調を壊し、（のちに書く）私のガリオア奨学金によるアメリカ留学中に、六十三歳で亡くなったのだった（「尾羽打ち枯らしたようにして」と、私は前に書いたことがある）。かくして私は（娘二人が結婚して他家の人となったあと）大橋家最後の直系の人間となり、たった一人の姉も死んだ今は、思えば寂しい孤絶の感が、時に心の片隅を過《よぎ》るのも致し方ない。「心の片隅を」と書いたのは、本書のような勝手な文章を弄して、しばしば悦に入ることが示しているように、この孤絶の感もどうやら「文学放浪」の道に生えている道草に違いないからである。いや、やはり私的な感慨を弄《もてあそ》ぶことは、むしろ道草でも、踏みつけられた全くの雑草に他ならない。もうインターチャプターは兄だけのことにして、本道に戻るべきだ。

3

このX部は、敗戦時の混沌たる情況もあって語ることも多く、既にかなり長くなってしまったが、この時の杜都での生活は、私個人に関する面でも前二章に書いたような際立った出来事が多かったが、私がさまざまな面で接した人たちにも、本書の主題に深く関る方が多いので、故人になられた方々をも今の世界に喚び出して、プライヴァシー侵害の罪を犯さぬよう充分に心しながら、人の心と現実のありようとの関係について、半世紀に及ぶ歴史をどこかに踏まえつつ、少しばかり架空の問答をして思う所を記してみたい。大学関係では、既に恩師土居先生を初め、関連外国語、外国文学関係の先生方には、かなり言及してきたが、土居先生と並ぶ恩師としての小林淳男先生のことは、あまり内面的に深く触れないでしまった。けっして意図的にそうしたのではなく、実際にも何度も、かの花壇のお宅へ伺って、先生の静かな御人柄と優雅な趣味の豊かさに接して、意味なきが如き生活の中にも深々と存在している生の意味とでも言うべきものを、いわば以心伝心で教わったことを今生き生きと思い出す。先生は東北大定年ののち、東北学院大学の文学部長として、スケールの大きい英米文学語学講義を構想され、私なども、昭和五十三年先生が亡くなられる数年前まで、隔年の秋に集中講義を命ぜられ、当時は花壇から移られた新しく開けた旭ヶ丘のお宅にも、何度も伺ったものだった。

　ところで、ここでまた外国文学関係に戻るが、奇《く》しくも私は、京大出身のフランス文学者で、のちに京大人文科学研究所教授及び所長として、まことに幅広く活躍された桑原武夫先生を、この頃初めて識り、私が京都出身だったせいで、長く京都でも親しく接することができた。この偶然の幸運も、やはり土居先生がその広い文化的視野から、ちょうど私が東北大を卒業した直後の昭和十八年十一月から、桑原先生を東北大に呼ばれ、戦後の二十三年十一月まで、先生が私たちの法文学部で講義をされたことのお蔭なのだ。私は工専の授業やロシア語の合間に先生の講義を拝聴する程度だったが、先生と土居先生との関係が非常に深かったためか、授業よりも研究室や市内での会合などで親しくして頂くことになった。

私の妻も、私が大学を卒業したあとの戦時中、徴用の代りに総合図書館の仕事を手伝うことになって、先生に接する機会が多かったので、のちには、京都市上京区の相国寺の近くにあった、今もなお奥様がおられると思う御屋敷へ、夫婦で伺ったことも何度かあった。そればかりでなく、さらにのちには、長女が大学に入ってフランス文学をやり出したとき、先生に紹介したい気持をもらしたら、わざわざ私たち父娘を鴨川の床《ゆか》の水炊《みずたき》料理に招待して下さって、恐縮しながらも親子共に先生に、特別な親しみと敬意を抱いたものだ。私は先生に誘われて、初めてラジオでヘミングウェイの『武器よさらば』の鑑賞と解説を先生との対談で行い、冷汗をかきながら先生に助けられて、何とか初めてにして終りのラジオ出演を果たし得たのだった。

その他忘れられないのは、仙台の講会堂（だったと思う）で、土居先生の解説、杜都の幾つかの大学のスタフの演出と演技で、劇の題名は忘れてしまったが、正式な扮装とメークアップで英国の劇作家の一幕劇を演じたことがあったが、そのとき桑原先生が閉幕直前に、警察官のいかめしい青の制服と同じく青のヘルメットを被って、舞台の左手から現れて、正面近くでちょっとした見得《みえ》を切って、

〃何だか、変だなあー〃

と、京都弁訛りで二度ほど歌うように科白《せりふ》を唱えられて、幕になった。その効果たるや、まさに劇にして劇を超えながら、人間の喜劇があたかもまさに先生の「変だなあー」という科白に凝縮されているような不思議な衝撃を、私などは思わず抱いたものだ。――その衝撃がこの幕切れの不思議な滑稽さと、どこかで深く絡まっていたことが、今なお不思議な思い出となっていて、桑原先生の、余人には皆無な、先生のカラコロムｰチョゴリザ登頂がもたらした華々しさと、どこかで結びつきあってい

るような感動を抑えがたいのである。先生の霊よ、猛くまた安らけくあられんことを。……

この時期の私の杜都生活には、もちろん以上の方々だけでなく、多くの方々（故人になられた方が大部分だが）が私なりの文学の歩みに好意を示して下さっている。名前だけをあげるのは失礼とは思うが、私なりの文学志向への御好意を確認し、感謝する意味で、敢えて述べさせて頂くと、先生方では、既に触れた方々以外に、（順不同で）東北大に講師で来ておられたエドワード・ゲーテンビー先生、確かスコットランド系だったと思うが、東北学院大学の専任で、わが家近くの米ヶ袋に住んでおられたので、英会話を楽しむチャンスを与えて頂いた。直接接したわけではないが、社会学の新明正道教授は、私の親しい友人が直接の弟子で、風貌まで似てくるように思えて、先生の強い影響力を実感したものだ。同じような感銘を受けたのは、ずっと前に言及したことのある哲学の高橋里美先生、繊細かつ鋭い、歯切れのいい口調で講義された教育学の細谷恒夫教授、興味深い講義を楽しく聴いた美学・美術史の村田潔教授。ドイツ文学の柴田治三郎先生には、どういう経緯でだったか忘れたが、大変親しくして頂いた覚えがある（先生方でなくて、大先輩の方々にお世話になるのは、少しのちのことで、いずれ登場して頂かなくてはならない）。

これらの先生方は、主に教場で接したのだから、いわば遥か高くの存在の感は、どうしても免れ得ないが、それだけに「わが文学放浪」に深い所で影響を与えられた思いが強い。教授方ではないが、身近な所で私の心を支えて下さった英文学者が二人、今思い浮かぶので、その方々について述べれば、一人は、確か名古屋から大学院での研究生として土居先生の許《もと》に来ておられた佐藤顕彰氏で、もうかなりのご年配だったが、私が学会創設に熱心なのをよしとして、先の阪田勝三氏と並んで適切な助言を頂いたものだった。物静かな中に真摯な理想を秘めた方で、その優しい笑顔が今も脳中に彷彿とする。もう一人は、仙台工専の英語科教授の乳井甚三郎氏で、東北大英文科の先輩だが、特に同僚としていろいろ勤務上の助言をして下さり、また私の勉強相手になって、暇を見ては英文学の作品を原書で一緒に読んで下さったものだ。何と言っても敗戦後の混乱の中で、何か身につくものをと孤独感の内に願っていた私にとって、こうした議論の相手のある読書体験は、鑑賞及び思索の場としては内向的になりがちだが、その裏を返せば極めてポジティヴな外向的志向を培うものだったから、まことにありがたかったのである。

ところで、敗戦後の杜都におけるわれら親子三人の暮しは、当然私だけでなく、親子三人に関り、その意味でまた「わが文学放浪」を広げ深めてくれる現実の面をも含んでいたわけだから、その点についても、ほんの少しでも目立った点を書いておかなければならない。まず何と言っても赤ン坊の存在は、私たちの生活を横に拡げて、新しい人間関係を生みだし、また古い人間関係をもどこかで新しい関係に変えてゆく。後者の点で言えば、そこにはやはり仙台における学生時代との間の、戦争から敗戦へという、ほんの数年間のことだが、かの歴史的な活断層が深く関与していたと言わざるを得ない。例えばかつての東北大学生時代に大変世話になった、米ヶ袋のわが下宿の向かいのSさんの小《お》母《ば》さんは、私たちの赤ン坊の出現を喜んで、暇を見ては片平丁のわが家まで、赤児に湯を使わせに来てくれたが、既に書いた(Ⅳ・2)、私を小母さんに引き合わせてくれた彼女の長男は、何と私が落第生として辛うじて相勤《あいつと》めた海軍の、(予科ならぬ本科の)兵学校卒業後太平洋戦争の前線に出動して、戦死してしまったのだった。

その位牌を、昔と同じS家の床の間の前で拝み、やはりかつてとは違ってどこか打ち沈んで見える小母さんと静かに話しあったあとで、その小母さんがわが家にきて赤児を抱いてあやし、また盥《たらい》で湯を使わせるのを見たときの思いは、もちろんその時も言葉にならぬ重さをもっていたことは確かだが、時というものは何と不思議なものだろう、今になって（もちろん今も言葉にならぬが）その思いがまるで眼に見えるイメージのように、深く、重く甦ってくるのを私は感じる、というより見るのだ。その杜都を去ってから今や久しく、既に故人となっているに違いない小母さんのことも、（もとより十年ほど前までは、杜都による度に消息を聞いていたのだが）いつのまにかまったく茫々の幻影と化してしまっているというのに。……

この時期の私たち三人の生活には、他《ほか》にも妻の親戚の人たち――例えば彼女の母方の叔母や従弟の夫人など、わざわざ彼女の援助にきてくれた人たち――や、私と彼女の共通の友人――既に学生時代の杜都生活を述べた時に何度も言及したI君や、彼女の思いを私に告げた、そして自分も恋愛結婚をしてY・MからY・K夫人となった彼女の親友――など、さらに多くの方々が、親密に関ってくれていたが、今や紙幅を超過してこのX部も締め括らねばならぬ限度に達したから、のちに機会があればその人たちに触れることにして、次には、この懐しの杜都をも去って、神奈川県でまた新しく始めた戦後第二のわが生活を語り、「わが文学放浪」の次の道程を探ることにしたい。

XI

いずこへ——再び首都圏、そして異国へ

1

第二の杜都生活二年半にして、私たち一家三人が再びこの懐しの東北の都市を離れて、首都圏とは言っても、湘南の荒磯《ありそ》の町茅ヶ崎に暫時居を移すに至ったのには、やはり戦時から敗戦に至る歴史的な活断層が深く関っていたと言うほかない。前にも触れた私の両親、殊に父親の体調勝れぬため、結局は兄亡きあと扶養の責任を担っていた私たち夫婦が、この両親《ふたおや》を引きとらねばならぬ立場になったが、私としては就職の縁の殆どない郷里の京都へ戻ることは、絶望と言うほかなかった。かつて何とか東京外語の生徒として、東都で生活を送ることができたその縁によって、少なくとも東京近くに住みたかったので、学校で目をかけて頂いた東京外事専門学校（旧制東京外国語学校のことだが、戦後の混乱の中で、意味はあまりないが、専門学校という呼称に一時統一するための名称だったのだろう）の校長をしておられた井手義行先生にお願いして、相談に乗って頂いた。当時外語は、驚いたことに他校に部屋借りするという受難の時期に際会していたが、先生は快く会って下さり、どういうお考えだったか、外語英語部の大先輩だった当時の横浜高商（まもなく国立大学となる）教授の沢崎九二三先生（英詩研究の権威、沢崎順之助君の父上）に紹介の労を取って下さったものだ。

ここからいささか幕間狂言《インタールード》めいてくるのだが、その紹介をありがたく受けとった私は、早速に九二三先生に手紙で連絡して、まもなく一日《いちじつ》横浜駅から京浜急行に乗って南大田で降り、高い丘の方に気を配って高商に見当をつけて、やがて見晴らしのいい先生の研究室で、初めてこの大先輩に頭を下げ、転任の口があったらお世話願いたい旨を恐る恐る申し上げたのだった。すると先生は言下に、今残念ながらわが高商に空《あ》きはないが、その内に一つ位口が空《あ》くかもしれないから、もう少し待ってみたらどうかね、と恰もそのチャンスが見えているかのような口振《ぶり》で何気なく言われる。私もそうすべきかなと思ったが、何分親を引き取る目途が立たないと困るので、答をためらっていると、それに気づかれたのか先生は口を挟んで、君ね、ほんとにすぐ地位がほしいのなら、ほら、この窓からあの遥か下の平坦な辺りをご覧。あすこには横浜市立の経済専門学校があって、Y専と言っているが、現在確かに一人席が空《あ》いている。それでよければ、僕の懇意な人が主任で、いい人だからいつでも紹介してあげるよ。……

そのとき私の表情がはっきり動いたのを見てとって、言うべきか否か、一瞬ためらったようすで、ただ君ね、Y専はもうかなり古びた木造校舎でね、就職してから、あの下の狭くるしい所からこちらの高みにあるわが校の洋風建築を見上げる度に、ああ早まった、もう少し待ってあの堂々とした学園の専任になるべきだったと、悔やむのではないかと心配なんだよ。——先生は本当にそれを心配して、私の進路を誤らせたくない、という真情を示して下さったのだが、どこか滑稽な感を私は拭い得ず、ちょっと返答に困ったものだった。しかし、両親を引きとってともかくも生活の安定を計らねばならぬ気持が強かったので、敢えて先生の心情に眼をつむった次第だった。そして昭和二十三年の春から、実際に遥かな下から遥かな上を週に何度か見上げることになったが、私は、ただ必要のせいだけでなく、多分そうした性《さが》の故であろう、先生には申し訳ないが、上の方は忘れがちで、下でまたもやいろいろと人間・自然・文学について、あらぬ思いを廻《めぐ》らすことになったのである。

そしてまた、このY専では、（私は少し前仙台工専で教授になっていたので、Y専でも教授として赴任した）英語英文学関係ばかりでなく、独仏語文学関係、いや、専門の経済学の関係の既に学界、評論界で活躍中の人たちが、学内における言論にそれぞれ独自の見解による一家言を打ち出して、一種目ざましい刺激的な言論競合の場を現出する機運が感じられた。ただこの戦後初期の段階では、それぞれの論者は、まだ潜在的《ポテンシャル》だった力関係の緊張の中にあり、陸奥から出てきた新米学者《ノヴィス》の私としては、暫時は彼らの緊張関係のどこへ踏みこむべきか、見当もつかなかったのである。だから私は、その緊張関係の只中にいることは感じながらも、わが道としては、与えられた英語の授業を自己の現実の場として、その余暇にかねてから続いている読書（それも英文学に限らず、翻訳を通じて広く世界の代表的な文学作品の読み漁《あさ》り）と文学評論及び形にならぬ創作を、何とか続けていくより他なかったのである。そして当然のことながら、それを続けている内に、次第に周囲の空気の動きが、いわば身体的に分かり始め、やがて私自身が否応なしにそれに捲き込まれて、そちこちに頭をぶつけながら動き出すことになったのだ。

だが、そこまでにはまだかなり道のりがあるので、ここでまずこのY専教授陣の印象を私なりにざっと述べておくのが便利であろう。ただ先生方の名前を一々出すと失礼に当たるから、ここでは私自身に特に関係の深かった方のみ名前を挙げることにしたい。そこで、まず第一に関係が深かったのは、何と言っても先の沢崎先生が、懇意にしているY専の英語科主任として紹介して下さった（やはり今は既に故人の）相原良一先生であり、私はこの先生から真実親身の配慮を受け、長く友人として接して頂いたことを、ここで特筆しておかなければならない。勿論、先生への感謝の気持からであるが、むしろその恩顧を高齢と共に忘れがちになる自分に科すべき笞《しもと》として、そう痛感するのである。このことは、さすがの沢崎先生も恐らく思い及びもされなかったことに違いない。

相原先生は確か、横浜は市の中心部の古い町家の出身だったが、古都京都における町家の習いにも似て、いわゆる高等教育の学歴はなく、英語教師になるのにもいわば独学で、当時の高等教員検定試験に合格して、Y専の教授になられたのだと聞いた。それだけに、主任教授としても極めて（人間的という意味で）庶民的で、むしろ私などがのちに、どこかで買ったベレー帽など被っていると、Oさんは文士だと、冗談めかして言われたものだった。私自身はけっして文士面《づら》をした覚えはないのにそう見えたということは、どうやら私の中に潜在しているかの怪しげな両面性のせいだろうが、相原さん（と呼ばせて頂く）はそのこともちゃんと心得て、そう言われたに違いない。そんな次第だから先生は、ただ英語科だけでなく、Y専全体の教授方から親しまれ、敬愛されていたので、私が着任した（昭二三・四）当座は、校内はとても和やかで、それこそ上を見上げる気も起らなかったのだ。

こう書くと、私が着任した当座以降は和やかでなくなったことになりそうだが、実際その通りで、まもなく専門学校から新制大学に変わる時には（この構想は、早く私の着任した頃から既に、上層部では論議されていたのだが）、その前後にかなり揉める問題が多かった。それには名称をどうするかという厄介な問題もあったようだが、本質的には旧制の専門学校の組織そのものが関っていて、遥か後の現在の学制上の問題とは一見逆に、専門重視を緩和して学の多面的交流を狙うのではなく、むしろただの専門学校から大学の学部となるための専門性を明確にしたいという要請が表面化し、そこに新旧の考えの間の相剋がいささか陰微な形で内攻したのである。そのありようは、もう少し後《のち》に（と言ってもほんの一年ほどのちの情況として）述べることになるが、その相剋の根は、既に和やかな中にも潜在していたと思うし、それは一般的に言って、今日に至るまでけっして根絶したわけではなく、今後にも、いや、本質的な問題として常にさまざまな形で顕在化するに違いないのである。そういう大問題があったのだが、奥深いところは何も知らずに赴任した私には、仙台での学園関係では思いもよらなかった、複雑ではあるが豊かな人間関係――さまざまに専門が違う人たちの間の、異和があった上での魅力的な交友関係――を、ともかくもまず与えられて、先に書いた和やかと名づけ得る教師生活を、まずエンジョイしたと言わなければならないのである。

　ここでも私は、私の属する英語科の先生方の他《ほか》に、多言語的《ポリグロッタル》とは言えないが、それでも第二外国語としてのフランス語、ドイツ語の先生方とごく親しく付き合うチャンスに恵まれたし、その交際のある特別な面では、例えばフランス語のある先生との間に、趣味と身の振り方というおよそ対極的な二面で友交を深め、一方ではかなり厳しい意見を聴き、またこちらも納得のいくまで問い質しながら、そのあとはフランス民謡を教わって共に歌うという、かの杜都の大学での鬼先生の許でのロシア語学習にも似た、魅力的な時を何度か持ち得たのだった。その先生の名前を伏せる必要はない。Ｙ専のフランス語科の専任講師浅井藤吉先生で、学校といった限られた場でも、公的な存在の身振りをすることを極度に嫌って、むしろプライヴァシーの中に身を潜めるかの風情ながら、己れを知ると見た相手に対しては、心と腹を割って相対するという、小柄ながらどこか腹の太いお人柄であった。

私は、浅井先生から見込まれていたのか、突き放されていたのか、今にしてなお思い定まらぬといったありさまだが、しかし私の方から言えば、浅井先生は紛う方のない人の世の苦と楽の教え手、また導き手だった。学校の中の見かけの花々しい向きを痛烈に批判し、相原良一先生のような、普通の庶民的な人柄の美点を知り、無言の声援を送り得る底力のある人だったと思う。恐らく浅井さん（と呼ばせて頂く）も、横浜の町家気質《かたぎ》をもっておられたのだろうが、ただおそらくそのためもあり、しかも身分が専任講師だったせいだろう、市大商学部では、教授になられることもなく、むしろそれをよしとしておられたのではないだろうか。私自身は、新設の市大文理学部へ移行したのだが、折柄ガリオア奨学金によるアメリカ留学の面倒な手続きや、留学そのものの為に、いつしか先生と疎遠になってしまったことが、今にして「許されざる罪《アンパードナブル・シン》」（ホーソーンの短篇の題）の如くに心辛く思い返されるのだ。

だが、その今にしてまた、浅井さんから教わって、同座した数人で原語で歌ったフランス民謡――例えば「パリの屋根の下」や「パリ祭」、「パリのフォブールでは」など――を、私は懐しく思い出すのである。浅井さん自身は教えるだけで、合唱には加わらなかったような気がするが、それでもそのときの先生の笑顔を忘れることはできない。私は、この楽しみを私たち夫婦の友人、知人に吹聴したらしく、その後何度か、思いがけぬ人からその歌の楽しさのことを、羨ましげに話題にされたのを思い出す。浅井さん一家の住居は、京浜急行の杉田の駅近くで、私は時に妻を連れて訪問したが、静かだが、はきはきしてよく気のつく夫人と、あの頃三歳か四歳だったろうか、可愛い坊やとの三人暮しで、浅井さんは特にこの坊やちゃんを可愛がっていたものだ。——

　だが、そのあと、確か一度だけ、私がガリオア留学から帰って山元町の小さな借家に一時暮らしていたとき、浅井先生がわが住居まで来られたことが、茫々たる中に思い浮かんでくるが、それ以後先生の影像が記憶の中から薄れてしまったのは、まことに心残りで、どうやらそれには、私自身の心無さを暗示する罪の意識のようなものがつき纏っているような気がするのである。しかし、この浅井さんとの交友が、相原さんとのそれと共に、この時期の最も感銘深い体験であったことは、他《ほか》にも私にとって、特に私の文学探究にとって重要な意味をもつ人的関係が、かなり多かったことと思い合わせると、むしろいささか不思議の感をそそらないではいない。特に浅井さんは、先にも触れたように私に対してもかなり厳しく、例えば私のY専から市大文理学部への移行についてはぎりぎりまで反対を表明しておられたのだが、そうした厳しい姿勢の真率さが、却って私には親身な愛情の顕《あらわ》れと響いたのだろうか。

　ところで、次にはまさにY専（専門学校）から市立大学への移行という、私にとっては揺れ動きの激しかった事態が始まるのだが、それは次章で述べることにして、こうした情況を迎える日常的な基盤としてのわが家庭、特にその住居はどんな状態だったろうか。その辺のことも記憶がけっして鮮明ではないが、Y専に転勤が決まったと言っても、すぐに横浜方面に住居が見つかる筈もなく、最初は、妻子を仙台で待機させ、私だけが茅ヶ崎の姉の許に身を寄せて、借家探しを手伝い、京都の両親には、こちらの適当な住居が決まるまで待ってもらうことにしたのだった。まもなく海岸の方ではなく、駅の向う側の本存《ほんそん》という所に、東海道に面したＩさんという酒、醬油類販売店の二階を二間貸してくれるというので、ともかくも妻子を呼びよせてそこへ移ったが、とても両親を京都から呼び寄せる広さはなく、それには更に時を藉《か》さなければならなかった。そこへ二女が生まれて、このＩ家での生活は窮屈そのものだったが、この家の人たちは、朴訥で人のいい当主、優しくまた闊達な夫人、それに当主の穏やかな老母と幼い息子二人。お互いに大変親しくなり、今でも六十歳代のその息子さんの一人から、親しげな年賀状や季節の挨拶状が届くという按配なのだ。

それに奇縁と言うべきか、遥かのちに私たち家族がやっと現在の土地に永住の地を見出したとき、何と向かいに引っ越してきたのが、他ならぬ茅ヶ崎のＩ家の身寄りの人だったという出来事もあったが、これは遥か後《のち》のことだし、話が微細に亘るので語るのは止め、むしろやがて同じ茅ヶ崎の中海岸という所にある、横浜中心部のＭ家という商家の別荘の二階二間と、階下の台所及び小部屋を借りることができて、京都から、やっと両親を呼び寄せる次第になったことを述べておきたい。このＭ家の大きな別荘を借りることが出来たのも、先に触れた相原良一さんの紹介があったからで、先方も、自分たちではあまり使うこともないこの建物のいわば別荘番のような形で、家賃その他、私たちのために寛大な計らいをしてくれたのだった。

ただ借りる話し合いの時は、年配の夫人がその寛大な相手だったのに、いざ引っ越す段になった時は、その若い息子が待ち構えていて、借間契約の重要細部を重々念押しし、かつお前はただの借家人だぞという意味の釘をさす挙に出たのには、腹のむしゃくしゃを抑えるのがやっとだった覚えがある。世間知らずの私も私で、その時は知り合いのお百姓に頼んで、荒縄をかけた引越し荷物を荷車に載せて引っぱってもらい、私自身労働服のようなものを着て、別荘の正門から入りこんだのだから、当主としての責任をもち始めていたらしい若い息子が、両手を拡げて私たちの前に立ちはだかり、何者だ、何しに来たとばかりに詰問したのも、無理はなかったのだろう。まさかＹ専教授、横浜市大助教授の変装とは思いもよらなかったに違いない。やがてそのことが母堂を通じて解ったのだろう、もう悶着はなかったが、私たちがその別荘住まいをしている間、ほんの一度か二度しか姿を見せなかったようだ。

かくしてわが住居も当分落ちつき、京都の両親ばかりでなく、妻の里から子供たちの世話をする女中さん（差別語と承知しながら、時の顔《かんばせ》の表徴として敢えて使う）を交えて、結構世帯もふくらみ、父親がよく物差しを振りまわして追っ払ったが、悠々としてわが家の主人顔《あるじ》をしていた大きな黒猫も、ペットなどというチャチな生き物ではなく、その主人顔のように一人前の家族の一員だった。ここにわが家族は、東海岸にかねてから住みついている私の姉夫妻と交流しながら暮らし、まもなく私がガリオア留学生として渡米して状況が変わるまで、湘南族の仲間となっていたのである。私自身は渡米するまで、このＭ別荘から横浜経由で京浜急行の南大田へ、そしてまもなく、横浜市大が新設された金沢八景へ——これは大船↓逗子、徒歩で京浜逗子、そして京急で八景といった逆コースで——通勤することになる。そして浮世の常と申すべきか、この辺りから公私ともに実に多事、席の暖まる暇《いとま》なしという仕儀となる。そのことはまた章を改めて……。

インタールード——似非《えせ》湘南族の夢

現在はどうか知らぬが、かつては湘南地方の住人は、この地に他のどこにもない首都近くの高踏居住地としてのプライドをもっていたし、私の交際範囲内でも例えば湘南高校の卒業生というと、これまたかつての日比谷高校出身者と、肌合いは違うが似たようなエリート根性を感じさせたものだ。私が親しく知り、本書でも何度か言及した茅ヶ崎は、湘南風というのとはどこか違った、太平洋を前にしてのいささかの荒々しさを秘めてはいるが、それでも今まで触れてきた東《ひがし》海岸とか中海岸は、独特な高踏的別荘地といった趣を見せていたのである。私はこうした趣には、一面憧れに似た気持をもっていたし、特に茅ヶ崎の海岸側のまばらな住宅地には、姉の家への親しみのせいもあって、不思議な郷愁に似た思いをさえ抱いていたのだった。

　しかし、京都の町家出の気質《かたぎ》は、（今思うに）私から一度も抜けたことはなく、初めてアメリカに行った時（のちに述べるように）ひどいホームシックに罹ったのも、まさにそのせいだったに違いないし、いささかペンが先に滑るが、フォークナーを「わが文学放浪」の道の今一つの決定的な道標としたのも、同様だったと確信する程なのだから、右の湘南族的心意気には、どうしても似非という形容詞を付けないではいられないのだ。先に書いた、茅ヶ崎でも町方の商家Ｉ家への自然な親しみ、また逆にＭ家の息子との我にもあらぬ、それこそ幕間狂言《インタールード》的対決こそは、まさにその赤裸な証《あかし》と言うべきだろう。にも拘らず、今の私の心に、この土地のありのままの姿が懐しいものとしてクローズアップされてくるのには、右に述べたような多様な（双双のと言うべき）人間関係、及びそこから浮かび上がってくる複雑微妙な人間性の魅力の根底に、遥かな水平線を見せている大自然たる太平洋の威容、その底力が関っていたと思うのである。

前に書いたように、私はこの地を訪れる度《たび》に、遠くまで続いている海辺の砂地に立って、かなりな勢いで打ちよせてくる波の向こう、遥かな水平線のあたりを眺めるのが習慣になっていたが、今思うに、その頃はまだその水平線の遥か彼方の異国の大陸を思い見ることはまったくなかったのに、無意識の深層——心の奥底、と言った方が手っ取り早い——では、何か自分を深く誘《いざな》い、惹きつけるものの存在を感じとっていたに違いないのだ。そして古都京都から東都、杜都、再び東都周辺と移動する毎に、この茅ヶ崎の海岸に立ってきたのだが、今やまもなくあの遥かな水平線の彼方へ、そして異国へ現実に赴くことになろうとは、必然のようでいて偶然の、あるいはその逆の、不思議な運命だったと思えてならないのである。

2

さて、ここで再びY専内部の人的関係に話が戻ることになるが、前に縷々書いた相原、浅井両先生との身近な関係から視線を転じて、広くY専全体の教授陣を眺めやると、その主たるメンバーは、経済専門学校の名の如く何と言っても経済学関係のスタフだと言う他ない。しかもそのスタフは、一橋商大系を含む当時の先進的な若手の経済学者を多く含んでいたから、専門を異にする私にはその名を挙げて紹介する資格はまったくない、ただそのスタフの中には、当時の私が漸次に興味をもち始めていたアメリカ文学の基底とも言うべき合衆国の、経済ばかりでなく広く文化的特質に造詣の深い学者が何人か含まれていて、私は掛替えのない刺激を与えられた。中でも小原敬士先生は、昭和十五（一九四〇）年一月に唯物論研究会に参加した科《かど》で検挙された同僚の早瀬利雄教授に次いで、同年十一月に同じ理由で検挙され、二人とも起訴されてY専を退職しておられたが、敗戦の翌年には、戦後の民主化と共に二人とも相次いで復帰されたから、私はちょうどそのあとまもなくY専に職が決まって、先生の知遇を得たことになる。——（私は前に外語の生徒としての体験について書いたように、同じ唯物論研究で検挙の戸口に立っていたようなものだから、この小原先生との出会いは、またもや歴史の断層を感じさせて、先生との逆説的とも言うべき不思議な縁《えにし》を思わざるを得ない。）

そしてその頃には、先述のように市大への移行も問題になり始めていたが、それとは別にY専の教授スタフで、さまざまな専門を含む極めてリベラルな研究会が始まっていて、アメリカ文学に強い関心を持ちはじめていた私は、そこでスタインベックについて研究発表（というより研究報告）をする機会も得、それをまもなく、小原先生の御配慮でY専の紀要の発展形態だった『横浜市立大学論叢』の何号だったかに載せてもらい（その『論叢』そのものは今書庫のどこかに紛れこんで見当らないが、昭和二十五年四月一日付の「市大講師兼務を嘱託する」という、辞令が残っている）、そうしたことから小原先生にはさらに、当時既に発足していた高木八尺先生を主動力とするアメリカ学会の機関誌への寄稿のチャンスを与えて頂くことになる。だが、そのことは少し先に書くことにし、今はY専での研究会でアメリカ作家のドス・パソスの凄さを小原先生に示唆され、その時の先生の熱気から（先生はその時、どういうわけか「ドン・パソス」と発音しておられたが）私はスタインベックからドス・パソスへと探究の道（「わが文学放浪」の重要な一環である）を進め得たことを記すに留めて、今少しY専＝市大での研究会、またその研究会を構成するメンバーの情況を記しておかなければならない。

と言っても、専門外のことはやはり記す力はないので、一般的情況を記したあとは、やはり文化系、及びいささかの理科系の様子を記すより他《ほか》ない。一般的な情況から言えば、まもなく市大の商学部に移行することになる経済学のスタフ、特にわが素人の耳にも聞え、新しい経済学の記号のように耳底に定着した言葉で言えば、英国の学者ケインズのマルクス経済学ならぬ近代経済学の、わが国における若手の代表的学者山田長夫氏の姿が眼に浮かぶ。ケインズとその近代経済学の名は、あの頃は何だか周囲に鳴り響いていたような気がするのだが、その内容はよく分からなくても、その名の鳴り響きだけで充分に刺激的、と言うより示唆的だったことを思い出す。ただ私は山田さんとは親しくなる機会がなく、その後の氏のキャリアも知らぬありさまである。

他の経済学関係の方の名前と顔も記憶に残っているのだが、特に深く知りあった方は極めて少なく、住居が鵠沼だったせいでときどき電車で一緒になった方とか、あるいはむしろ当時助手で若く、私などの文学志向をもどこかで理解してくれた方（一人はかなり早く亡くなったが、もう一人は、のちに信州の追分で旧交を暖めて今日に至っている）、そして教職員組合での主張に私も共鳴し得た方たちなどが、当時最も近しい関係にあった人たちだと、今思い当る。組合関係では、いささか頑迷な保守派の教授との対決という一種の修羅場もあったが、私は戦時の軍隊生活の反動で、この頃組合主義的進歩主義にかなり深く共鳴しながらも、現実の戦いとなると、どう動くべきかまったく分からぬ始末だった。私は、大学の商学部へ移行するこれらの人たちにも、かなりなシンパシーを持ちながらも、やはり文理学部を構成するスタフの方へ心は惹かれていて、先に触れた浅井先生などの反対にも拘らず、この新しく構成された学部へ、一面ごく自然に移行していったようである。

ようであるなどと謎めかして書いたのは、この新しく構成された部には、Y専ばかりでなく、市立医専からの文理系のスタフ、それにまったく新しく文理学部のために赴任してきた教授陣という未知の人脈が色濃く、最初は異和の情況が顕著だったからである。しかし、この文理学部へ移った私にとって、何と言っても深く心の支えとなったことは、まずこの学部の教授、助教授、講師、助手に、文科系、理科系を含めて、学問的水準のかなり高い、意欲的なスタフが揃っていたことだった。例えば、助教授で、当時の新しい傾向の進歩的な国文学者として、大変刺激的な存在だった西郷信綱氏。私は、既に縷々書いてきたように、一方ではアカデミックな文学研究を身の証《あかし》としながらも、他方では、アカデミズムから遠く離れた創作（小説）や詩や俳句、それもオーソドックスではない、例えばのちにわが句作を「私《わたくし》句」と自ら名づけることになる如き、まことに異端的な「文学放浪」を一人で（というのは、そうした創作の仲間も殆どなく）やり始めていたせいか、西郷さんが国文学者として、なお新しい理念《イデー》に基づく文学研究を未来に向かって打ち立てようとしている姿勢を、一つの鮮やかな文学研究の指標と見ていたのだった。

のちには、同じ国文学者で、西郷さんを更に行動的にしたとも言うべき伊豆利彦氏を知り、その後長く氏の行動的思考に遥かにささやかな賛意を送り続けた。右の両氏に思わず力を籠めてしまったが、これは私の政治的弱みの逆説的なあらわれかもしれず、もっと一般的には、広く哲学、心理学、歴史学、そしてもちろん外国文学、さらにはまったくの専門外で詳しいことは知らないが、理学系の数学、物理学の先生方の意欲的な姿勢にも、大きな刺激を受けている。さまざまな専門の先生方のことを語ることはもちろんできないし、偏頗になることを恐れて、今はかなり近しかったごく少数の方々のことに、言及するに留めたい（少数の方々と言っても、個人名を多く挙げることになったのは、それだけ文学関係の交友が多様になったためと理解されたい）。

詳しい専門は知らないが、思想史に造詣の深い大野真弓先生は、私のことを覚えていて、執筆された随筆集を贈って頂いて、啓発されていたが、ごく最近訃報に接した。次に心理学の外林大作氏を挙げるのは、大野先生との場合とは違って、私が英語教師として親しくなったために、もう原著者名も書名も忘れてしまったが、当時有名だった新進の英国心理学者の、よく知られた著書翻訳の下訳をさせてもらい、初めて翻訳なるものを手掛けるという貴重な体験をもつことができた（この翻訳書もわが乱雑な書庫のどこかに潜んでいる筈なのだ）。翻訳の下訳と言っても、外林さんが輪読に近いやり方で、私に内容についていろいろ指示してくれたことを覚えている。翻訳は「わが文学放浪」の重要な枝道、本道への合流と独走を繰り返してきた枝道である。

横浜市大英文科スタッフ（1956年）

　私の専門を含む外国文学系では、英文の萩原文彦氏、仏文の萩原弥彦氏、独文の角信雄氏、山口一雄氏と近しくして、種々教わるところがあった。同じ萩原姓だが、文彦氏の方は、英語教師としてよく気のつく、なかなか活動的で（文ちゃんなどと密かに親しみをこめて渾名したものだ）、今なお顕在のようすである。弥彦氏の方は、片脚が不自由だったにも拘らず、野球が好きで、またなかなか一徹なところのある方だったが（私も大学移行のごたくさの間に、何事でだったかは忘れたが、かなり手厳しく叱られたことがあった）、残念ながらかなり早く亡くなってしまわれた。角《すみ》先生は、右の二方《ふたかた》とは対照的に、いつも泰然とした、いかにも学者らしい、いささか近よりがたい風貌の持主だったが、心は見かけとは違って、ゆったりしながらも相手の気持を理解し、受け入れる広さと深さをもち、私などにも表面厳めしいながら暖かい言葉をかけて下さるのだった。

そして私がつい自らの抱いている文学研究上の理想（夢）などを口にすると、先生はそれをもよく理解して下さるのだったが、またあるときなど、傍らにいる助教授の山口さんに向かって、大橋君は「なかなかの野心家だからな」などと、私には辛辣に聞える言葉を、いささか皮肉めかして、しかもあっさりと何気なく吐かれたものだ。野心というのを、プラス＝マイナスの両面を籠めて言われたに違いないのだが、それでもどこかでふと、わが本心を喝破された如き響きを聞きとって、私ははっとしたものだった。特に――これはかなりのちのことだが――私が母校の東京外語大への転勤を外語の恩師の方から奨められて迷っていたとき、角先生はそれがあたかも口にした私の「野心」なるものの現実の達成であるかのように、市大をさることをよしとして、私の転勤をサポートして下さっているのを感じたときには、私はまことに複雑な思いで先生の好意を、ただ人間的心のあらわれとありがたく心に受けとめたのである。

ところで、Y専から市大への移行の内部情況には、なお多々問題が残っていて、なかなか締め括ることはできないが、しかし敢えてここでそうした問題の集約を試みて、こうした情況がやがてY専から発展した新しい横浜市大、特に文理学部として結実する重要な契機に思いを致せば、私にとってはそれは、市大に移行してからかなり後《のち》の時期に飛ぶことになるが、鎌倉アカデミアの校長だった三枝博音《ひろと》先生が、昭和二十七（一九五二）年市大文理学部に着任され、その前後に何人かの教授、助教授がそちこちから転出してこられて、あたかも三枝先生を中心に、学部の新体制が出来上がったかに見えたことだった。実際は、おそらくそうした人事の成行きには、偶然が作用していたのだろうが、私にはむしろ鎌倉アカデミアという、短命ではあったが大変刺激的な存在故に、そう見えたのだったかもしれない。

それに、現実として、アカデミアの事務長的な仕事をしていた田代三千稔氏が、英文科の科長のような形で赴任してこられたから、私にはアカデミアの印象が一層強かったのだろう。だが、それよりも、「教授と学生の相互練磨による自由大学」として「創設された」、「日本の文化と民主主義再興を担う人材」を「養成」する「学園」（以上『広辞苑』より）という、この特異な大学の気風、精神が、何らかの形でわが市大文理学部に生かされるのではないかという思いも、確かに私にはあったと今にして思い当る。私自身は、三枝先生に直接親しく接したことはなく、むしろ遠くから畏敬の念をもって先生の姿を眺めていただけだったが、それでも、そのあとまもなく留学したり、少しのちに母校へ転勤したりしているうちにも、先生のことは常に忘れることはなく、昭和四十七（一九六五）年の、あの無残にも悲しい鶴見駅付近おける横須賀線の大事故で、先生が亡くなられたときは、真実、あたかも気高く貴重な理想の象徴が、現実の不条理によって運命的な終焉を迎えざるを得なかったような、深い心の衝撃を長く脱却できなかったものだ。その運命には、しかし、いっそう深い形での夢が生き続けているのであろうが。

〈付記〉ここで「付記」の形でつけ加えるのは、ごく最近の横浜市大解体のあざとい動きのことだが、敢えて「付記」としたのは、私には、今まで述べてきた市大への真実な思い入れが、今の逆行などにめげず、今なお、いや、今やいっそう力強くわが心の中に生きているからにほかならない。今は、それだけのことを、そもかくも「付記」する次第である。

以上Y専、市大のことについてかなり長く、しかしいささか迷路《メーズ》のように定めなく書いてきたが、戦争末期から敗戦後にかけての一種の「シュトゥルム・ウント・ドランク（疾風怒濤）」の時代の根深い余波が、この一大学内にも打ち寄せて複雑微妙な心的迷路《メーズ》をもたらし、その中で私自身も、思わず揺れ動きながらも、次第に何か自分自身のものを、「文学放浪」の一道程として、手探りで探り当てようと無意識に努力していたことが、徐々に読者にも感じとって頂けているのではないだろうか。そして、以上に書いた時点ではまだ混沌としているが、その混沌の内にも私の放浪が、いつしか今まで敵国だったアメリカの方へ、私の場合は特にアメリカ文学の方へ、それも現在のアメリカ文学の方へ向かい始めていた理由に、そこばく好奇心を抱き始めていられるのではないだろうか。なぜ特にアメリカなのか、アメリカ文学なのか。——しかし、この問題には、私にも今の時点で改めて真実に捉え直すことを迫る切実さがあり、やはり読者に、私自身の考え、と言うより私自身のこの問題への対決の姿勢とも言うべきものの説明を、批判的に読んで頂きたいのである。そのために次章で、私がアメリカ文学に向かう経緯を出来る限り真実に、しかしなるべく重点的に語りたいと思う。

インタールード――鎌倉アカデミア余聞

先に書いたように、私が鎌倉アカデミアなる大学の存在をかなり身近に感じ、その特質をある程度知ったのは、何と言っても三枝博音先生の市大着任を契機にしてのことだったが、実はそれよりもずっと早く敗戦の年の秋、私は「アカデミア」という名称をまるで華やかな旗印《じるし》のように身近に感じ、あたかもその旗を威勢よく振り廻しているかのような若者たちの張り切った姿を、驚きと賛嘆の思いで眺めやったことがあったのだ。それは、東海道線と横須賀線の分岐点である大船の駅構内でのことで、これらの若者たちは、乗換えのためにホームに溢れ出た夥しい復員兵（本書X・2に既述）の群れや車内のその仲間に向かって、戦争から解放された彼らへの歓迎と激励の言葉、と言うより叫びあるいは歓声を浴びせかけているのだった。初めは何をしているかも分からず、それに、当時流行の「ボタンとリボン」や「バナナ・ボート」などの、拡声器から流れてくる騒々しい歌声と、彼らの叫びとの相乗作用で、私は暫く茫然としていたことを覚えている。

そしてそのときは、「アカデミア」の若者たちと復員兵の姿が賑やかに入り乱れている印象と、やはり敗戦による開放感からくるらしい、狂乱のような激しい心の昂揚の目撃といった思いをそそられただけで、当時は自分の身の振り方で頭も心も一杯だったから、まもなくそれも忘れてしまったし、また、のちに三枝先生との関連で「アカデミア」を身近に感じたときも、その特質には感嘆したが、かの若者たちに関しては、なるほどあれがかの「自由大学」の学生だったのだなと、いささか好奇の思いを新たにしたにすぎなかったのである。その狂乱のような若者たちの姿が、「アカデミア」自体の意味と共に生き生きとクローズアップされ、そこに——またもや同じ思いの繰返しになるが——過去の姿とこの現在の世界のありようとの間のかの断層のための、運命的とも言うべき歴史の悲劇的皮肉《トラジック・アイロニー》が、鮮やかに表徴されていると見えてくるのは、実に今、この私が思いがけぬ高齢に達したばかりでなく、世界の中の人間が、そして日本人が、未曾有と言っていい変化の境目に立たされている今、この二十一世紀の始めのことなのだ。それを私は、本書で敗戦の状況まで書き来ってはっきりと認識し、「アカデミア」の若者たちの姿にその一つの表徴を見るように思うのである。

またもや「インタールード」らしからぬ、持病の誇張癖症候群《シンドローム》に侵され始めたので、もうこの項はやめるが、かの「アカデミア」の若者たちのイメージが、真理と真実の「サポーター」（ワールド杯チームのサポーターではない）の一つの表徴として、私には今後忘れ得ぬものとなることだけは確かである。

3

ところで、前章の結びで予告した、なぜ私は、敗戦後の混沌の中でいつしかアメリカ及びアメリカ文学へと、「わが文学放浪」を向かわせることになったのか、という問題の説明に移らなければならないが、これには実にさまざまな動機と契機が関っていると言わなければならない。特に動機を言い出せば、説明が抽象的になりがちで、問題の解明と言うより迷路に迷いこむことになりかねないから、動機としては大雑把に、ともかくも戦争と敗戦で、アメリカがネガ像からポジ像に逆転し、そのどちらの意味でも、無意識の内にそれとの対決を私に強いていたと言っておくのが、まずまず妥当と言えるのではないか。そこへ、例えば敗戦後の荒廃の中へのアメリカ兵の出現といったことが、直接にアメリカに相対する現実の契機となり、当然反撥も起るが、またこの異国人の人間性の発見と、その人間性の背後にあるアメリカ的特質への好奇の念、さらに進めば、直接の交友を通じて、アメリカをもっと知りたいという欲求が起る。……

私の場合は、それに近かったが、しかし実際には進駐軍の兵士と直接親しくなるには、どうしても限度があり、私が急にアメリカへの明確な関心をもつに至ったのは、やはり文学を通じてのこと、端的に言ってしまえば、横浜の小さなぞっき本屋風の店で見つけた、ペーパーバックの兵隊版（Army Edition）、その中の小説類によってのことだったのだ。しかも、その兵隊版の中でも殆ど最初に見つけて手にとったのが、スタインベック（Steinbeck）の『怒りのぶどう』（*The Grapes of Wrath*）だったことは、その、小型の版よりはかなり大きく横に少し長い、持つ手にも重みを感じる、横文字のタイトルのついた赤い表紙と共に、今もまざまざと思い出す。もちろん、他の小説も読んでいたに違いない。例えば小型版のコールドウェル（Caldwell）の『神の小さな土地』（*God's Little Acre*）なども、くっきり記憶に残っているのだから。

しかし、『怒りのぶどう』を読んで受けた最初の衝撃は、文学的というより、そこに描かれている人間と自然のイメージの、それまで私が体験したこともない根源的な原初性から受けたものだった。

私は、もちろんアマチュアとしてだが、日本の風土の自然、特に古典から現代文学に至る自然の描写についていては、さまざま自己流に解釈、鑑賞してきたつもりだったが、このスタインベックの想像力が浮彫にしている北米大陸の大自然のイメージは、真実私にとって、ああこんな凄い世界があったのかという、圧倒的な感動を呼び起すものに他ならなかったのである。もちろんストーリーとしてのジョード一家の物語は、その圧倒的な大自然と対照される人間の弱さの表徴として、その構成の必然性を感じないわけではなかったが、その必然性が却って物語そのものをどこかで類型的なものにしていることも、感じていたに違いない。その感じは、私の場合、例えば『危機の文学』（一九五七）という若書きの二十世紀アメリカ文学論にも既に見てとれるが、この作品を翻訳した（一九六一）後には急速に具体化し始め、次の拙著『荒野と文明』（六五）では、批判の方が表立つ形になってしまったのだった。

だが、それでも、私がスタインベックの『怒りのぶどう』から最初に受けた衝撃は、やはり私のアメリカ文学への関りの原点とも言うべきもので、現実においても、私のアメリカ文学との対決としてのアメリカ小説論は、前にちょっと触れた横浜市大の紀要に発表した『怒りのぶどう』論（今手許に見当らないが、「『怒りの葡萄』のモラルについて」という題だった）から具体的な形を取り始め、小原敬士先生の好意でアメリカ学会の機関誌『アメリカ研究』に私の論文が掲載されて、「わが文学放浪」が初めて公的な性格を帯び得たのも、スタインベックの作品『廿日鼠と人間』論（昭二十五〔五〇〕・第五巻二十三号）からであることを無視することは、けっして出来ない（私は、この論文掲載で、初めて原稿料まで貰って驚いたものだ）。ここでもまた偶然と必然が微妙に絡みあっているのであり、

『怒りのぶどう』を初めて手にとった時から、小原先生を通じてのアメリカ学会、というよりアメリカ研究への接近、そしてそれが私のアメリカ文学研究へと転進しながら、さらに広く日本の文学やあるいはロシア文学、いや、広く世界の文学の（これは研究と言うより）個別的な特質及び作家作品互いの類似性、類縁性の探究といった茫漠たる営為へと繋がっていくのも、偶然と必然の連鎖の反復と言うほかないし、その反復の中で私にとっての原点である『怒りのぶどう』のイメージは、次第に深い影に蔽われ薄れてゆくものの、けっして消え失せはせず、むしろその影の深さによって、次々と表面化してゆく私の新しい主題を支え、深めてくれたと、私には思えるのである。

　そしてこうしたアメリカ文学への開眼《イニシエーション》が進むうちにも、これまた必然的偶然もしくは偶然的必然とでも言うべき経緯で、いよいよ私はその文学の母体たる、あの水平線の彼方の大陸の異国へまさに心身共に入りこむことになるのであり、このいわば初めてのフィジカルなアメリカ体験によって、「わが文学放浪」にまたもや重要な新しい道標が立つ次第となったのである。これは極めて現実的な推移だから、それを語るにはもはや文学をのみ云々するのは無益であり、私はここでまたペンを構え直して、私の心身を、文学も生活も思考も何もかも引っくるめてアメリカへ拉致しさって、私に大きな試練とも言うべきものを与えた、ガリオア奨学資金による初《はつ》の渡米、滞米体験について、率直に語らなければならない。——

　ガリオアと言っても、それが実施されていたのはほんの数年のことで、今日その何たるかを知る人は少なくなりつつあろうし、私自身その意味を忘れがちなので、最初に（またもや）『広辞苑』によって、その原語及びその公式の日本名、そしてその定義を書きとっておこう。GARIOA＝“Government Appropriation for Relief in Occupied Area Fund"（占領地救済政府基金）—「第二次世界大戦後、旧敵国の日本とドイツに対してアメリカの軍事予算から支出された援助資金」。エロア（占領地経済復興基金）と共にサンフランシスコ講和条約（一九五一）で解消したが、実施中は食糧品や医療品の輸入の他に、GI（アメリカ兵）のための奨学金に当てられ、またその延長として占領地日本の渡米留学志望者のための奨学金にも充てられることになり、その第一回は昭和二十四—二十五年（一九四九—五〇）に教育学関係の留学生が数十人選ばれて、渡米したのだった。

　私たちは、そのことはあとで知ったのだが、右の翌年度には、文学関係をも含む一般的な研究分野に適用されることになり、そのことを知った私たちは、その資格試験を受けようと、大挙して試験場に押しよせたものだ。大挙して押しよせたというのは、全くの実感で、試験場は東京だけでなく関西地区にもあったと思うが、私自身は東京の確か三田の慶応大学に設けられた試験場へいったのだった。戦争と敗戦後の混沌とした成行きの中で知的に飢えていた私たち、いや、私は、もうなりふり構わず、試験場へ乗りこんでいったと言える。というのは、その時は夢中で自分のしていることも覚えぬありさまだったが、あとで受験者仲間から聞いたところによると、私はオーラルの英語の試験（多分ディクテーションだったと思うが）で、今日テレビなどでよく見かける、挑戦的発言の時に握り拳《こぶし》をぐっと突き上げるポーズのように、右腕をぐっと上げて「プリーズ・スピーク・ラウダー！」（'Please speak louder!'）と、アメリカ人の試験官に向かって叫んだというのだ。

　その試験官は、ただ気色ばんだだけで、そのまま試験を続け終えたらしいが、私のような「心優しき反逆者」ならぬ心弱き順応者にして、このような狂乱を演じるということは、アメリカの精神的特質を知りたいというよりは、ともかくもアメリカという、眼の前に大きくクローズアップされてきた異国、それもただの異国ではなく、将来の世界におそらく君臨し、今後の世界をリードするかもしれぬ国の中に入りこんで、自分を試したいという已むに已まれぬ欲求を抱いていたからだろうか。それほどでもなかったろうが、ともかくも試験場でのあの私の叫びは、真《まこと》に私らしからぬ異常な、と言うより奇異な現象だったと、今にして思うのだ。——だが、ともかくも選抜試験は終り（他にどんな試験科目があったかは、まるで覚えていない）、やがて結果発表となって、私はどうやら合格したのだが、驚いたことに、確か数百人の受験者の内一五〇名程もが合格し、第一回の教育学関係の合格者（四〇名ほど）の三倍以上の、さまざまな分野の、恐らく年齢もさまざまな人間が、いよいよ渡米出発の時を待って、試験場のあとは文部省のあたりを右往左往することになったのである。

出発前に妻と（羽田にて）

というのは——よくよく私たちは、歴史の急変に行く手を阻まれる運命にあったものだと思うのだが——合格が決まって、さあ出発と思った途端、かの朝鮮戦争が始まり（五十年六月末——この時から早五十年余たつが、かなり違った状況ながら、あの朝鮮＝韓国の確執が今日に連なっているのも、不思議と言えば不思議な運命と言わねばならない）、予定されていたアメリカの軍専用の大圏航路の客船が運航停止になったため、その代りとして軍に徴用されている旅客機の利用し得る便を待つことになったからだ。このときの苛立ちは忘れもしない。

私は前に書いたように、茅ヶ崎中海岸の別荘に間借りしていたが、何日間か茅ヶ崎から東京の文部省へ、飛行機便の有無を知るためにトランクを下げて日参したものだ。幸い数日後に、アメリカ軍が要人の輸送用に徴用していたパン・アメリカンの旅客機に乗れることになり、急遽支度をして妻と共に、予定の時間に羽田の空港へ駈けつけ、四発のプロペラ機の雄大な姿（当時はまだジェット機はなく、四発のプロペラはまばゆく見えたものだ）を眼の前にしながら、妻と軽く抱き合い、ほっぺにキスを受けて（こんなことをするのも、異例中の異例だったのだが）、ついにサン・フランシスコ空港に向かう機上の人間となったのである。

ところで、かくしてかつてから遥かに見はるかしていた、太平洋の水平線の彼方の異国へ渡ることになるのだが、その前に、ガリオア騒ぎの間に経験した印象深い出来事のことを、少し記しておきたい。こんな慌しい状態だったから、楽しくうれしい出来事も、また何となく謎めいていて、不可解と思った事態もあったのである。——第一にあたかも奇縁のように再会した人とか、始めて出会って後に親しくなった人のことが、心に浮かぶ。例えば前に、海軍教授を志望して、教育要員の兵科予備学生とし江田島の兵学校で訓練を受けたときに識りあったことを書いた、あの元気、覇気満々の佐伯彰一君との奇しき再会ということがあった。彼もまた、あの占領軍通訳といった繁務のあとで、解放としてのアメリカ留学を望んだのであろう、既に大学教員をしていた彼の出生地富山からはるばる東京まで受験にやってきたのだが、既述の朝鮮戦争による、見通しのつかぬサスペンスの状況の中で、困惑していることは明らかだった。

そこで一夕、彼を茅ヶ崎の私たちが借りていた別荘に誘って、泊まってもらい、つくづく色々と話しあったことは、何を話しあったかは忘れてしまったが、その後の「わが文学放浪」への、彼の実りの多い助言の始まりに他ならなかった。というのはその後、もちろん彼の著書、論文、何かの会での研究発表、いや、彼との対話からの刺激も多くあったが、早くから巾広い評論活動を続けてきた彼からの紹介のお蔭で、私も時々の尖端的な文学者の集りに加わったり、あるいは私など当時全く無知だった文学関係の出版界に、若書きの著書を曲りなりにもデビューさせる機会を与えられたからである。こうした実りは、むろん相当の年月をかけた上でのことだが、そのいわば一つの原点とも言うべきものを、他ならぬ佐伯君との交友がもたらしてくれたことを、本書における私の文学探究の記述がようやく軌道に乗り始めたと思える今のこの時点で、はっきり確認しておきたかったのである。

ところで、他《ほか》にもこのガリオア受験で識りあい、その後も親しくした人も若干あるが、ただ名前を挙げるだけではやはり失礼に当たるので差し控え、ちょっと奇態なと思った、ある事の成行きについて少し触れておこう。というのは、私たち一般のガリオア試験合格者は、渡米後の行先の大学については、試験を施行した当局者の方からいずれ指定があると了解していて、こちらから行先を要望することなど考えもしなかったのに、どうやら一五〇名程の合格者の内かなり多くが、自分の志望する大学へ留学することができたらしいというのだ。そのことを私が確かめたわけでは毛頭なく、あの慌しさの中では誰にも容易に確かめようもなかったのだが、しかし専らの評判だったし、まるで公然の出来事のように話題になっていたので、私には奇異に思えたのである。その時ぼんやり察していたことを、今思い返してみると、どうやら一五〇名程もの合格者のかなりの部分が、外務の仕事をもつ官公庁関係の人で（あるいは民間業務の人もいたろうか）、その業務上庁の意向もあって、一般より早く必要な留学先が決まり、それが当然のこととして一般にも知られ、評判になったようなのである。

こうしたことは、もし問題にすれば深刻な事態を引き起しかねないし、現に今日の社会的、政治的公私の極限的な（刑事事件にまで及ぶ）悪しき混同の、遥かな先取りの感があるが、やはりあの時は、既に本書でくどい程言及してきた、あの歴史の運命的とも言うべき断層の中で、うやむやのまま過ぎ去り、それぞれの立場の人間は、それぞれの道を否応なしに歩むより他《ほか》なかったのだろう。一般の合格者、特に文学などの研究を夢みている人間には、あの時点で、アメリカのどこの大学が身に合っているか、それこそ評判によってしか知りようもなかったのだから、行先の大学をかなりのちに指定されることに、さほどの不利益があった筈もないのである。いや、むしろその方に正当さはあり、また業務上の必要から早くに行き先を決められるよりは、一般的な状況から指定される方が、魅力的な留学の場を、思いがけなく与えられることになるかもしれなかったのだ。私の場合がそれに近かったことは、次の最終の部で語ることになるが、それはさしおき、一般に問題の所在は、もちろんはっきり見定めておく必要がある一方、問題の進転してゆくべき行方を、双双の理《ことわり》から常に充分に見極める努力をする必要も大いにあると言わなければならないだろう。

かくしていよいよ時至りて、先に触れたように、羽田空港からパン・アメリカンの四発旅客機上の人間となり、初めての北米大陸は合衆国へと赴き、初めての異国における生活体験、そしてそれと連動する「文学放浪」体験を経ることになるのだが、そのことは、次の部で集約的に語るように、いわば長い道程の一つの終りであると同時に、次の更に長い、新しい道程の始まりでもあるに他《ほか》ならない。

その両者、特に次の新道程の語りに入ることは、既に長々と書いてきた本書では不可能なので、次の拙著刊行の機会を待たなければならない、それが可能になるとしての話だが。従って本書の最終部では、私の生まれ育った古都京都から、東都、杜都、そして戦争の故に各地を転々とし、敗戦の混乱の中で思いがけず異国アメリカの地を踏むに至った、本書で長々と語ってきた経緯をいわば一つのドラマと見、一先ずはその第一幕として、「わが文学放浪」の一つの終りにして、かつまた新しい始まりとなった私のアメリカ体験の意味とでも言うべきものを、適宜事実を交えながら語って、本書の結びとしたい。従ってまた、今はもはやインタールードなど挿し挟む余地はないので、直ちに次の部へと道を譲ることにします。

XII

初《はつ》のアメリカ体験は何を意味したか——一つの結びとして

1

ガリオア奨学金による私のアメリカ留学は、一九五〇年七月半ばから翌年の六月末までだったが、あとで少し詳しく書くように、滞在地が極西部《ファー・ウェスト》のカリフォルニア州バークレーから深南部《ディープ・サウス》のルイジアナ州ニュー・オールリンズへという、思いがけず変化に富んだ初《はつ》のアメリカ体験だった。特に深南部は、それまで漠然と思い描いていた、合衆国という北米大陸の自由主義の国とはおよそ違って、独特な文化伝統や保守性を色濃く見せていて、その事実と、例えばカリフォルニアの自由な透明さとの対照が、そのときはただ驚嘆の眼で眺めているだけのようだったが、どうやらいつしか心の奥に沈んでいて、その後の私の思考や感性に深く影響してきたようなのである。そのことについては、この結びの一つの重要な項目としていずれ述べなければならないので、今は暫く差し置き、まったくの私事に亘るが、私にとってのこのガリオア留学体験の内的な面に関連すると思われる、この間《かん》の私の身辺の情況について要約的に述べておきたい。

これは、やはり戦中から戦後へかけてのあの社会的、精神的な混乱と、どこかで連動していた事柄なのだが、ともかくも私は、初めて妻子と老いた両親をも後《あと》にして、あたふたと初めての異国アメリカへ渡り、その異国での生活への身体的、心理的適合に汲汲としはじめたのである。これは自己卑下、自己憐愍的な表現などではまったくなく、ガリオア留学生が奨学金として貰えたのは、月々一三〇ドルほどのいわゆる「GIビル*」で、しかも日本からの円持出しは占領中は厳に禁じられていたのだ。カリフォルニア州バークレー滞在は、カリフォルニア大学バークレー・キャンパスにおけるいわゆるオリエンテーション・コースで、確か五、六十名の共同生活だったから、生活費は低額で済んだが、目的地のルイジアナ州ニュー・オールリンズのテュレーン大学には学生用の寄宿舎《ドーミトリー》がなく、観光都市内のことだから外食は高く、下宿料をきりつめた食糧費でかつかつだったのである。テュレーン大学でのことは、次章にまとめて書くことになるが、ガリオア留学生は、同年の講和条約以後のフルブライト留学生の奨学金とは、雲泥の差の少額しか得られなかったことも、運の悪さというか、運命的な事実でもあったのだ。

*前に出てきたとき注記しなかったが、GIとは、元々'galvanized iron'、つまりトタンなどの亜鉛メッキの製品のことで、兵隊用食器やら何やらによく使われたことから、殊に第二次大戦中の徴募兵の渾名《あだな》となり、'government issue'の略字とも見做されたという。'GI Bill'は、「復員兵援護法」のことで、この援護法で住宅や教育費支給の額が決まった。

つい経済的な苦労話が先に出てしまったが、それともどこかで結びついた、私の持病とも言うべき懐郷病《ホームシック》も、この私のアメリカ体験をかなり特異なものにしていたと言わなければならない。かなり前に私の初めての東都体験がもたらしたホームシックについて、漱石のロンドン体験を引合いに出したりして書いたが、あのときの東京での悩みは、何と言っても単純なものだったのに、この初のアメリカ体験では、悩みも複雑になり、それへの対し方も多様かつ微妙にならざるを得なかった。一つには、何か月も夫婦生活から離れたというのは、結婚後この時が初めてで、性生活の中断という事態がノスタルジーを深め、寂しさというより空虚感を誘《いざな》って、しばしば実りのない物思いに耽ったことは事実である。まったくの偶然で、それ以前の日記は残っていないのに、たまたまアメリカ上陸の翌日から始まる日記風のノートブックが残っていて、それを見ると、物思いの中味と言うより、むしろ中味の無さ（つまり空虚感）が今のことのように感じられて、思わず溜息を吐いてしまうのだ。

　というのは、私は性的純潔などとは全く無縁な人間なのに、未知の女性に性的に近づくことのできぬ、と言うより「慣い性とな」って近づく気になれぬ男で、この日記の場合もそうだが、性生活の中断がもたらす空虚な思いをむしろ内面化して、思いつくままにまったく自己流の詩行、あるいは散文詩風の文章に投げこんでゆくとでもいった風なのだ。ところが、もちろんさまにもならぬ稚拙な文章でありながら、意外と早くいつのまにか、ある中心的なイメージというより理念《アイディア》に煮つめられてゆき、若書きながら一つの思想もしくは詩想へと深まる可能性を感じさせるように思えてくる。繰り返して言うが、その幼さはむろん言うまでもない。が、例えば煮つめられてゆくそのイメージもしくは理念《アイディア》が、「愛」ということになるとすると、私はそれ以後から今日に至る「わが文学放浪」を、そのことと思い合せざるを得ないのである。説明だけでは空転するから、恥ずかしながら実例を挙げてみると――

ノートブックの日記は、「七月十六日（日）晴後曇」から始まっていて、この日は「〔アメリカ〕滞在僅か二日」後とあり、そのあとほんの数日だけ、新しい（アメリカ人を含む）知人たちとの交友の簡単な記述が続くと、もう日付は飛び飛びとなり、「七月二十五日」には早くも、妻子への思いをも含む郷愁が、カリフォルニアの静かで「クリーン」な街並を浸す霧のイメージの中に溶け入って醸し出す、深い「うれえ」を綴るラフながら情感をありのままに伝えた散文詩となる。そして次の「二十九日」の、かなり野暮ったい妻に呼びかける十数行のあとは、いささか唐突ながらもう「愛」の理念が、また違った調子の散文詩を作りあげるのだ。適宜に省略しながら少し引用することを許されたい。

（日記の原文のまま）――

一つの言葉を書こう――寝る前に一つの言葉を……
これなくては心の平和が与えられない一つの言葉を……
その言葉――それは愛という言葉だ。
陳腐だというか、愚かだというか。でもこの言葉は
やはり僕にはなくてはならない言葉だし、すべての人に
なくてはならない言葉なのだ、
愛――大きな安住の胸よ、それは一つの小さな花であってもよい、
君の胸、君の白いやはらかな肌であってもよい……〔略〕

あるいは又幼いものの一ときのえがをであってもよい……〔略〕
ただそれが大きな愛の安住の胸でありさえすれば……

そしてここで「自然」のイメージが出てきて、その「自然」と「人間のあたたかみ」が一体になることが強く望まれ、「愛」という言葉をもう一度書き、かつ「君も又書き給え、寝る前に一度／この言葉を……愛と」と続き、そしてそれを君がしっかりと胸に抱けば、「おゝそれこそ僕の安住の胸なのだ」という結びとなる、といった次第なのである。

いやはや、こんなふうに端折《はしょ》って書くと、情けないほど味気なく、無意味にすらなりそうで、ペンを擱《お》きたくなってしまうが、しかし右の省略した引用の中でも、ごく普通の肉体的、あるいは性的な情感が、その極まった瞬間に「愛」という、一面抽象的だが、他面自然と人間の実質的な融合の可能性を秘めた、一種具象的な力としての理念へと、転換している、いや、そう考えるのが性急すぎるとすれば、少なくとも転換しようとしていることは、本書の読者にも感じとって貰えるのではないだろうか。私自身、この日記を書いていた時点では、ただ心の赴くままを書き留《と》めただけで、そんな大仰なことは考えも、感じさえもしていなかったのだが、むしろその後「文学放浪」を私なりに自然に続けてゆく内に、今述べたような「愛」の理念の具象的な力とも言うべきものを、次第に、しかし次第に急速に確認しつつ、そのことをさまざまな文章に書き記し続けて、それが私の文学探究の一つの掛替えのない道標となったことは、否定すべくもないのである。

自著の事事しい紹介ではなく、ただ例として挙げれば、かつて私が『英語青年』に連載した「文学に見る愛の主題(1)〜(18)」（一九八九・一〇〜九一・三─『心ここに─文芸批評集』（一九九八）に収録）は、まさに表題の通り、私が専門的に関ってきたアメリカ文学だけではなく、乏しい知識ながら、いわゆる「宮廷恋愛《コートリー・ラヴ》」の純粋性が近代化の歴史の内に象徴化されると同時に、逆に徐々に大衆化もされて、現代の危機的な情況の中では、いわば聖俗の両面性《アンビヴァレンス》もしくは曖昧性《アンビギュイティ》という極限に達しているといった事態を、フランスのルージュモンやロラン・バルトの言説、アメリカのレズリー・フィードラーの評論、実作としてはアメリカではポー、ホーソーン、メルヴィル、ヘンリー・ジェイムズ、そしてフォークナー、またピンチョン、他の国では英のヴァージニア・ウルフ、さらにはラテン・アメリカのマルケス、いや、忘れてはならぬわが日本では夏目漱石等の数々の「愛」への言及から究明し、さらに「愛」の主題の今日的な重要性を提示、もしくは暗示しようという試みだったと言えるだろう。

しかし、私の文学探究における「愛」の主題の定着および深まりは、けっしてこの連載だけのことではなく、もっと早くから次第に醸成されてきたものと見ざるを得ない。第一、先に引用した私の拙い日記に見られる「愛」の主題そのものにしても、ただ私だけの私的な発想なのではなく、今ふと思うのだが、例えば私が運命的とも言うべき経緯でのちに心酔することになる、かのウィリアム・フォークナーからヒントを得たものではなかったか。私は、ガリオア留学の時点では、まだフォークナー研究に専心する程の関心をもっていなかったし、奇しくも同年（一九五〇）十一月に彼の前年度ノーベル文学賞受賞が決まって、娘のジルを伴ってストックホルムへ飛んだときの魅力的な新聞写真を見ても、ただ「そうか」と思っただけのようだったのだが、しかし十二月十日の授賞式でのフォークナーのスピーチを新聞で読んで、その主旨の本質はよく分からぬながらに、彼が作家の書くべき「心の真実」に関る主題として挙げた、「愛と名誉と憐れみと誇り……云々」という言葉は、不思議に印象深く私の心に残ったのである。

わが身辺の情況を具象的に描こうとしている内に、またもや「愛」といった抽象的な理念へとついのめりこんでしまう自分を叱って、この章のそもそもの主題であった具象性へと立ち戻ると、実は私のガリオア留学中に日本のわが家では、幾つか困難な事態が立ちあらわれて、妻の負担が一層大きくなっていったのだった。実際の状況は私にはよく分からず、ただ彼女からの便りで憶測するばかりだったから、不安は大きかったが、しかし慣れぬ異国での生活にも心落ちつかず、今から振り返ってみると、まさに迷路《メーズ》のような心の情況で、ただ若さに任せて、この異国の世界の物珍しさと故国の家族の状態についての憶測との間を、右往左往していた感がある。困難な事態の一つは、私が出発するときにはそんな気配はなかったのだが、どういう事情でだったか、借りていた茅ヶ崎中海岸のM家の別荘を出なければならなくなり、その代りに住む所を見つける喫緊の必要が生じたということだった。

私自身は事の成行きを遠くから見守ることしかできなかったが、その成行きとは概略次のようだったと思う。妻は、大学で英文学を専攻したというので、最初は近所の人に誘われて、山手英学院という受験者用の塾で英語を教えていたが、まもなくそこで識りあった絵画専門の婦人と一緒に、山手のミッション系の共立女学院で非常勤の教師を勤めることになった。その婦人の紹介で、山手の女学院の近くに格好な土地が借りられることになり、その契約は実現近くまでいったのだが、何と、まだ占領下だった当時の状況のため、近くの米軍将校住宅の夫人から、その土地に家を建てることを厳に禁じられて、また別の所を探さねばならなくなったものだ。そこでわが妻である彼女は、かの同僚だった婦人の紹介で、山手の南の外れとも言うべき山元町の市電の終点停留所近くに、ごく小さな三十坪ばかりの土地を借り、敗戦下の当時の住民援助法であった住宅金融公庫の援助金で、ごく小さな二階家を建てることができたのだった。

どういう経緯でだったか、この金融公庫への申込みは、私が留学前に申請していたのが当たったらしく、確か当時は大金だった二十万ばかりの住宅建築費を前借りすることができ、返済はごく僅かずつ、私が帰国してからも随分長く続けたが、確かこの金融公庫の借金も、かなり返却した段階で、無罪放免の特典を与えられたのだった。――それは、もちろん、私が横浜市大の専任教授として実際に勤務し始めてからのことだが、まだアメリカにいたときには、妻たる彼女が散々の苦労の末に、小さな娘二人と、気力の陥ちこんでいた老舅を率いて(姑たるわが母はわが姉の所に引きとられていた)、この狭いわが家にやっと落ちついたことをも、いわば風の便りに聞いたようなものだったが、それでも借家ではなく、小さくとも一個の持ち家の主人《あるじ》になったという思いもなきにしもあらず、といった按配だったが。

だから、ついにサン・フランシスコから、米軍徴用の「プレジデント・ライン」に属する特別の客船で、大圏航路をアリューシャン経路で真っ直ぐ横浜に帰着したときには、わが帰る先もよく分からず、ともかくも大桟橋から共同バスに乗って、今まで全く知らなかった山元町終点の停留所の近くで降り、唐沢《からさわ》という町名と八番という番地を頼りに、何とか妻子、父親のいるわが家を探り当てて、帰還を果したわけだった。そのときの私は、留守を守っていた妻や父の苦労などに思い及びもせず、今から顧みるといささか滑稽ながら、あたかも長い遠征から凱旋した、将軍とはもちろんいかぬが、下級将校ぐらいの気持で、待ち受けていた家族の者たちに対面したのではなかったか。そして、おお、これがわが家かと、まことに小さくとも「心足らわる」思いがあったことは、はっきり覚えている。ただその充足感も全くの一瞬のことで、まもなく戦後の都市環境の騒音による俗化や、静かな所に住みたいという私自身の我儘と言えばまさにその通りの理由で、またもや妻のかつての同級生の紹介で、以後五十年余も暮らすことになった現在の港北区のわが家を得ることになったのだった。

　このように書き記してゆく内にも、今の私は、自分が家族、特に妻たる彼女がわがために惜しまなかった労苦を当然のことのように見做して、彼女を心から労ることを怠ったその不実の堆積の故に、今彼女はパーキンソン病などという難病に取り憑かれ、寝た切りと記憶障害といった特別の症状に陥ったのではないか、という一種の罪の意識に、時に身も心もあらぬ思いで、わが心を鞭打つのである。それでどうなることもないところに、やはりわが心の現実と真実があり、そこにまた人間の人間たる所以があると観じとりもするのだが、かくして「わが文学放浪」の道は、この時まさに容易ならぬ難路と成りはてていたことを、否定することはできない。しかし、そのことによって、既に私が遥かな過去に辿ったその道の道程が、全くの無に帰することはあり得ず、やはり私個人だけのものとしてではなく、個人が孕んでいる筈のより広く深い世界のありようを、いささかでも暗示しているのではないか。という意味で、またガリオア留学時のわが身辺の情況を語り続けたいと思うのだ。

　ところで、わが身辺の情況としては、右に書いた住居の問題も大きかったが、今一つ家族の間の異変、特にわが老父の死（五一年三月）という事態が、私にとって、そしてもちろん老母や妻にとって、対処すべき大きな問題となった。老父と言ってもその時まだ六十三歳だったから、今の私よりも二十歳近く若く、殊に海外にいた私には、病状もよく知らなかったので、全く意外な報せとして、対処すべき方法も見当がつかず、この場合もまた、ただ妻からの便りで自分の選ぶ道を見定めてゆくより他なかった。ただ葬儀はむろんのこと、忌中忌明けの行事も自分で取り仕切ることはできず（というのは、ガリオア資金による留学は、やはり占領下は米軍の規制に従って、自分勝手に帰国の手続をすることができなかったからだが、それでも私は、大学院に籍をもっていたテュレーン大学の事務局を通じて、ガリオア当局と交渉して規定の七月離米を、何とか六月に早めてもらったのだった）、仮葬としての行事はすべて私の姉（茅ヶ崎在の彼女のことは既に述べた）と妻の努力で、大橋吉兵衛（私の祖父と父の名前であることは既に書いた）先祖代々の墓のある、知恩院の末寺一心院の和尚《おっ》さん及び大黒さんの、好意ある取計らいで無事にすみ、あとは私の帰国後に本葬を営めばいいということになっていたのである。

その報せは、異国の私をほっとさせると同時に、菩堤寺の近くの知恩院の大鐘楼やその下の円山公園などを、子供の頃によく訪れた懐しの場所として、しみじみと思い出させたものだが、しかしやはり異国にあってその思い出の場所も現実のものとはなり得ぬ佗しさは、先のノートブックの日記によると、いよいよ私の寂寥感を深めている。しかし、この寂寥感は、かつての、初めて京都から東京へ出た時のホームシックのような単純なものではなく、今その時のことを思い出しながら噛み締めてみると、その頃までに持った真《まこと》に多様な人生経験と、それにつれてあれやこれや心を癒してくれるものを求めて読んだ、さまざまな文学作品の内容とが、不思議に混りあって、厳しいながらに私の心を深め、豊かにしてくれていたことが、しみじみを感じられるのである。読書の方は、アメリカではなかなかじっくりとは出来ず、むしろ詩や小説を書きたい思いが強くて、それが日記に色濃く現れているが、それでもそれまでに読んだ漱石を始めとする日本の近代作家や、さまざまな外国作家、特に沙翁や英国ロマン派詩人、それにドストエフスキーを集約点とするロシア作家などの作品の思い出が、この時の強い寂寥感と一体になって、私の身と心を鍛え、かつ豊かにしてくれたのだった。

しかしながら、人生経験の方は、先の父の思いがけない死の他にも、プライヴァシーに亘る事柄で微妙だが、数年前死去した私の実の姉が、戦後の茅ヶ崎でこれまた思いがけない身の振り方で、私たち夫婦や生前の父にかなりなショックを与えるという出来事があった。それを私は、ただ肉親の問題として私的に言及するのではなく、姉である彼女の、戦前、戦中、戦後に亘る、日本的にしてまた米軍占領下の情況に深く影響された特異な、しかし現代日本女性の心情の一面を切実に象徴する体験として、語ってみたいのだ。ただ、実名でそれを語るのは、彼女の霊がまだ充分に安らっていないと思える今は、私には苦しく辛いことなので、ここでは仮名を使わせて頂いて、彼女の名前をN子と呼ぶことにしたい。まったくの名前だけのことであって、書かれているのは事実そのものと理解されたい。

結婚前のN子

出来事の筋だけを言えば、京都中京の近江商人の町家の一人娘として、一面ではピアノを通じて西欧的な音楽の世界に本格的に踏みこみながら、他面——というよりこれがN子の苦しい定《さだめ》に他ならなかったのだが——京町家の習わしとして、恐らく心に納得できないままに、町家の娘にふさわしい見合いの相手との結婚に踏み切らざるを得なかったのだ。その時N子は十九歳で、どんな音楽歴のある人か弟の私（十七歳）は知らなかったが、京都の中京や下京ではよく知られた音楽家に就いてピアノを習って注目され、結婚前にN子が公に披露したピアノのリサイタルは、翌日の『京都新聞』に写真入りで華やかに紹介されたものだった。

　私は、その記事を今でも思い出せるし、彼女がリサイタルのために錦小路室町にあった家で練習した、ノクターンなど主にショパンの曲が部分的に私の耳に残っているが、そんな情況のあとの結婚生活は、子宝に恵まれなかったせいもあったのか、どうやらしっくりいかなかったらしい。私自身は、東京外語に入学した頃、この姉夫婦を頼ってホームシックをかなり解消した位だったから、夫婦の間のことは全く分からなかった。N子の夫はやはり近江商人の家系で、肋膜炎のためにからだは弱かったが、当時東京は日本橋の堀留《ほりどめ》で大きな呉服商を営んでいたM家の長男相続人として、重役格でその商店に出勤していたので、私はむしろ自分の家系と近しい感じで、親しみをも抱いていたし、N子も、特にどうと言って不満を抱いている様子も見えなかったのである。——そしてまさにそんな時にかの太平洋戦争は起り、N子の夫は病弱ということで兵役には関係なかったどころか、茅ヶ崎へ転地することになったのだが、敗戦に続く米軍進駐という思いもよらぬ事態の中で、N子は、娘時代のピアノによる音楽への見果てぬ夢を、どういう経緯でか私の全く知らぬ間に、進駐軍向けのジャズ・バンドのピアニストとして晴らそうという挙に打って出たのだった。

私自身は、彼女の音楽への情熱は痛感していたし、それに京女というものが、東《あずま》男に何とかと言う俗流のイメージとは全く反対に、常に自己自身の道を求めようとする意地っぱりをどこかに秘めていることを、彼女を身近に感じる幼い時からの生活で、理屈はともかく現実の力として観じとっていたから、このジャズ・バンド・ピアニストとしての彼女の新しい活動に、（どこかに違和感を抱きながらも）むしろ「よくやった、お姉《ね》やん、頑張れ」という賛嘆の気持をも禁じ得なかったのである。——しかし、こうした彼女の一種挑戦的な姿勢が因襲的な家庭に波紋を投げかけない筈はなく、しかも戦後の混乱でまだ世の中の事もよく分かっていなかった私が、そうした波紋の幾つかに、まるで調停役のような顔をして立ちあう破目になったこともあったのである。

　一つは、まだ彼女と夫との間が現実の離婚にまでは行かぬ段階での事だったが、ジャズ・バンドの方で指導的な立場にあったある男性と彼女の関係をストップさせるという大役を、確かまだ存命中だった両親や妻に担わされて、私はその男性の下宿先へ出かけていったものだった。世間知らずの私に何の成算があったわけではない。ただ不思議なことに、妙な覚悟のようなものがあるにはあった。というのは、尋常に案内を乞うて、二階の六畳間位の部屋の畳に坐って、なかなかしっかりした壮年と見えた三十五、六の男性に向かいあった私は、次のような意味の言葉を、私としては意外に落ちついて、静かに、しかしはっきりと、ともかくも使者としての口上のように口に出していたからだ。——

「私の姉とのお互いの気持は、人の心の自然として何の問題もないのですが、ただお二人の人間関係が、姉に近しい何人かの方に不幸あるいは支障をもたらすので、悪いという他《ほか》ありません。その意味で、心の問題はそのまま自然にしておきながら、悪い人間関係の方を何とかコントロールして頂けないでしょうか。」——

もちろんこの通り言ったわけではないものの、今そのときの記憶を再生すれば、右のようになると確信できるのだが、その私の言葉に答えた彼の言葉も、ありのままではないながらに、次のような意味のものとして、今の私は覚えているのである。——N子さんに、君のような弟がいることを知って、心強く思った。自分も闇雲に関係を続けるような男ではない。人間関係の悪さなどと言うより、人の心も愛情も、不自然な状況を含むようなら無理押しすべきではないことは、自分にもよく分かっている。N子さんの弟の君に会えて、いい経験をしたよ。彼女もいい弟さんを持って仕合せだ。

……

こんな風に書いてゆくと、自己宣伝のようになってしまうのでもうやめるが、私が右のようなことをこの「わが文学放浪の記」へ引合いのように出したのは、まず第一に、この混乱した戦後の混沌とした世情の中で、人間一人一人の思惑がいかに喰い違い、しかもいかに一人一人が人間自身に立ち返る力をまだ持ち得ていたかを、少しでも証《あかし》してみたかったからに他ならない。現実は、しかし、この時点では、世情一般が安定とは逆の方向に向かっていたように、N子の場合も、右の一件では男性が身を引いて大きな波瀾もなく済みながら、結局は夫婦の離婚(この時も私は、彼女の夫の保証人格のM商店の重役の一人に、N子のために了解を得るべく、使者の役を担ったものだったが、その前後の彼女の苦悩は忘れられないものだった)、次いで間もなく夫の病死、そして然るべき冷却時間の過ぎたあとの彼女の再婚に落着したのだが、何と言ってもN子の生活は、時代の波と共に波瀾に満ちたものとして、幼い頃から可愛がってくれた彼女のことを、私はいたわしく思うのだった。彼女の再婚の相手も、彼女より数年早く亡くなり、やはり子宝をもち得なかった彼女は、一人身で年をとってからも苦労多く、ついに介護施設に入って二年ほどで死んでしまった。――若い彼女のピアノのリサイタルや花嫁姿のことを思い出すと、私は絶句するより他ない思いだが、いやはや、これはまたもや私のペンの逸脱に他ならないから、また何度目かにガリオア留学の時期に戻り、いよいよわが「初《はつ》のアメリカ体験」について真率に語らなければならない。

ラスト・インタールード

「きれいはきたない。きたないはきれい」という、『マクベス』の魔女たちの最初の対話に出てくる言葉を、ふと思いつくままにこの「結び」の部の中間に入れたくなった。恐らく、私が常々考え、また本書でも度々言及してきた、明暗ばかりでなく、まことに多様な背反、表裏、例えば、情況、イメージ、あるいは価値観の双双という原理が、一種の文学的主題としてやはり本書の、多様性を通じての中心主題であったということを、この「結び」の部で再確認、いや、再主張しておきたかったからに他ならないだろう。私は本書で、ただ事実や現象や情況をありのままに述べただけではなく、ありのままが基本だと認識しながらも、それらの事実や現象や情況に、私自身の好悪感、いや、倫理的価値観をさえつい介入させてしまったに違いないのだが、それは単なる批判的な介入だったのではなく、"Fair is foul, and foul is fair;" という、あの『マクベス』の魔女の一種逆説的な、形而上学的《メタフィジカル》でさえある言葉の真実に肖《あやか》ったものでもあったつもりなのだ。

つまり、表《おもて》が裏になってしまった国王マクベスや、「きれい」が「きたない」になってしまったマクベス夫人のアイロニカルな運命に、どこか似ているような人生を私自身が送ってきたし、この本で書いてきたさまざまな出来事も、同じような運命の今日的表徴と思いたい、ということなのである。もちろん、私が『マクベス』の作者たる沙翁に消れる筈もないことは、今更言う迄もないが、逆に沙翁の偉さは、そんな今日の名もなき人間の運命をも象《かたど》り得る、時空を越えた深い心と想像力をもっていたところにあり、この本もその沙翁の深さに浴している所も当然ある筈、という思いなのだ。そして沙翁自身が、「きたないはきれい」と、さらにまたその裏を暗示して、表裏の反復をもどこかに匂わせていることも、私の、そして「わが文学放浪」の辿ってきたその道の表徴的な意味に通じているように思えるのである。

――いや、表徴であり、暗示であれば、当然多言の説明を拒否する筈だ。だから、私は、これ以上は自分のペンを拒否して、ただ

きれいはきたない。きたないはきれい

と、この「ラスト・インタールード」の終りに大書したいのだ。

2

前章では、ガリオア奨学金による初めてのアメリカ留学が、私自身に与えた、むしろプライヴェートな心理的影響のみならず、その間故国における身辺の者たちに起ったさまざまな思いがけない出来

事の報せが私にもたらした心の揺れといった、総じて内面的な心的情況について長々と書いたが、この2の章では、むしろ私の外側に、厳としてあったアメリカ——広大な合衆国の中のほんの一、二の地域にすぎないが——そのものの姿が私に与えた印象と、その印象が孕んでいた（私にとっての）意味といったことについて、簡潔に語ってみたい。

　前に書いたように、私はいわゆるオリエンテーションのために、四十五年七月から九月までカリフォルニア大学バークレー分校で、まず最初の短いながらまとまったアメリカ体験をもった。実は、羽田空港からハワイ（一泊観光）、次にハワイとは逆の寒々としたウェーク島で、給油のための数時間荒涼たる景色を眺めたのち、サン・フランシスコへ飛んでバークレーへという航程でも、既にアメリカ体験は始まっていたのだが、今はもちろんアメリカにおける現場体験とも言うべきものから始めるとなると、バークレーではインターナショナル・ハウスでの寄宿舎生活だったから、生《なま》の生活体験と言っては、この地で知りあったアメリカ人家族や、この地に長く住んでアメリカ社会の重要な構成員となっていた日本人一世の数人の方との交流のほかには、まったくなかったと言わなければならない。

　だから、話はオリエンテーション・コースの情況に絞られてくるが、特に印象に残っているのは、三人の女性インストラクターの指導、と言うより心遣いぶりである。その心遣いの理由はあとにして、まず私は、婦人インストラクターたちが異口同音にと言うか、あるいは機会ある毎に“Relax. Just relax. Relax.” と繰り返し聴講者に向かって言うのに、吃驚《びっくり》したものだ。初めは、外国人の気を楽にさせるためと思っていたし、またその通りだったのだが、しかしこれには二つ充分な理由があったと、あとで思い知った。一つは、私たちより一年前のガリオア留学生の一人が、多分強度のホームシックと結びついた緊張感のためだろう、何階かの窓から飛びおりて自殺を計ったこと。今一つは、この頃アメリカでは精神医学《サイカイアトリ》（psychiatry）が流行と言っていい程盛んになっていたということ。

　言ってみればただそれだけのことだが、サイカイアトリが大きく注目されたのは、やはり第二次大戦後の混乱期のことで、伝統的な精神科の考えでは捌き切れぬ複雑な精神障害が問題となってきたことを意味しているし、ガリオア奨学生の自殺衝動ということも、わが身と心に照らしてみれば、ただのホームシックと言うよりは、日本近代以来の文化の二重、三重性からくる精神的混乱の、異国における弱い心へのいわば一つの皺寄せとも言えないことはない。敗戦後四、五年、講和条約前一、二年の時期というのは、それだけでも歴史的な運命性を担っているが、さらに「昨日の敵は今日の友」という本来人間味に溢れている筈の戦後の出合いにも、あの「きれいはきたない」の双双の理《ことわり》がどこかに潜んでいたのではないか。もちろん、また「きたないはきれい」でもあることを、忘れてはならぬのだが……。

　オリエンテーション・コースそのものの記憶は、私には薄れている。老人性健忘症ももちろんあるが、コースそのものがかなり常套的に思えたからではなかったろうか。東京外語や海軍予科兵学校で経験した、オーラル・メソッドに近いカリキュラムのようだったのだ。だから、コースそのものより、コースからずれた所での経験が今も印象深く残っている。例えば私は、恐らくやはり完全に「リラックス」できない哀れなオリエンタル（私たち日本人もそうカテゴライズされていた）のせいだったのだろう、バークレーにおけるこの短い滞在中に、盲腸炎と私は思ったのだが（子供の頃から怖い病気だと教えられていた）、下腹部の痛みで確か大学付属病院に入院して、若い医師からこれは虫様突起炎、（appendicits）で、盲腸そのものではなく、くっついている虫状の‘appendix’（いわばつけたり）の炎症だから、切りとればそれでいいのだ、と、「炎症《インフラメーション》」という語だけを強調して言ったので、何だか私自身がつけたり的な病人のような気がして、却って気が楽になったし、実際に手術後は良好で、数日で退院できたのだった。

ただ、手術前に、医師が私の下腹部のそちこちを軽く抑えながら、「ここにpainがあるか」「ここにsoreがあるか」と聞いたが、この二種類の「痛み」の区別がよく分からないまま、大体勘で見当をつけて答えた。不安だったが、勘が当たっていて無事済んだのはうれしかった。‘sore’は‘sore throat’などから擦り傷的な痛さと見当をつけ、‘pain’は外側ではなく中の方の痛みというふうに推測したのだったが、つまらぬ出来事ながら、初めてのアメリカ生活で、しかも手術直前の咄嗟の間のことだったから、強く印象に残っているのである。もう一つ、この手術のことで驚いたのは、約一年後日本に帰ってから懇意の内科医に、事の顚末を話して手術の跡を見せた所、「わあ」とばかりに大仰に驚いて、「えらく大きく切ったものだな。十センチもあるじゃないか」と言われたときだった。日本の医術でならほんの三センチぐらいで済むと言うのだ。彼は、アメリカの医師の不器用さのことを言っていたのだが、今思い出すと、あれはただの不器用、器用の問題などではなく、何だか文化の差の象徴のように思えて、それがわが下腹部に刻印されているのが、何とも異なことに感じられるのである——尤も五十年余前の傷だから、今ではただの皺のようになってしまっているのだが……。

話がまたもや、龍頭ではまったくなく、確実に蛇尾の方に向かいそうになるので、ここでバークレーで感じた、カリフォルニア（と言っても南半分のことだが）での生活の印象を煮つめてみると、前

Mr. & Mrs. K（加美氏夫妻）

にノートブックの日記から引用した中にあったように、クリーン、町の姿も、さまざまな人種、職業の人間が蠢《うごめ》く街通りも、住宅地の家並も、そして自然も、クリーン、クリーンというのが、その時の主導的な印象だった。もちろん初めての異国体験における印象だったし、それに次いでバークレーより長く滞在したルイジアナ州ニュー・オールリンズとの対照が、あとからながら先のバークレーでの印象を深めているのかもしれない。もちろん、それぞれの個性的な特質はある筈なのだが、その個性の側から全体が見えるのではなく、どうやらクリーンという全体の様相は画一的で、個性もその中に呑みこまれ、自然までがそのカメラの目を通して見えてしまう、といった按配だったと言えば、当たっているのではないだろうか。

さらにバークレーでは、手術後退院してから、どういう経緯でだったか、確か誰かの紹介で私の病後の面倒をいくらか見てくれることになり、数日厄介になった、K氏夫婦という邦人一世の老夫婦のことが忘れられない。この老夫婦から受けた印象は、日本的な思いやり、あるいはやさしさと言うより、自らの意志的な決断によって、異国アメリカの人たちの中で独自の生活の基盤を打ち立ててきたその不屈さ、といったものだった。それが日本人的な控え目な態度と自然に結びついている所に、日本人や二世の人たちとも違う独自の風貌を、夫婦共に見せていたものだ。話し言葉も、日本でのお国訛も出ているかもしれないが、やはり独自のイントネーションで私の耳に響いた。言葉そのものも同様で、今でも大変特徴的だったのを思い出すのは、「メキベッド」という和洋折衷（?）的日本語だ。'make bed' というのは、畳を使わぬベッド生活の日常語だが、それが日本語訛になって、日常生活で夫人の方が頻繁に使うのが、一種不思議な感銘を与えたものなのである。

当時一世の人たちは、日本に近いカリフォルニアではかなり多く、寄合《よりあい》も時々もっていたようだが、しかし段々人数もへり始めていたから、今はもう誰もいなくなっているのだろう。のちに国籍を得た日本人は、これら一世の人たちとは違っているから、私は、この四五〜四六年に出会った一世の人たちは、やはり歴史的な象徴的な意味合いを孕んだ日本人として、常に記憶を新たにすべき存在だと思うのである。その意味で貴重な存在だったことは、次に私が移り暮らしたルイジアナ州には、一世日本人はごく少なく、むしろ中国人を含む、一頃《ひところ》のいわゆる第三世界の人たちが多かったことから、私には察せられる筈だったが、そのときはまったく無我夢中という所だったから、これもまた今にして思い当り、その意味を観じとろうと、我ながら無理な努力を時にしている次第なのだ。アメリカの極西部から深南部へという私の、「初のアメリカ体験」は、またもや同語反復になるが、偶然にしてどこかに運命的な必然性を孕んでいたように思えて、今日においてこそその文化史的背景と意味を探りとらねばと、心焦るありさまなのである。

ところで、今合衆国の極西部と深南部との対照、もしくは背反矛盾に触れざるを得なかったのを好機として、いよいよ深南部ルイジアナ州ニュー・オールリンズの側から、私の「初のアメリカ体験」の意味を振り返り、考察することを許して頂きたい。まず最初に思い出すのは、バークレーでのオリエンテーションの間に若干親しくなったアメリカ人の青年が、私が行くことになったルイジアナ州のことを、恐らく自分では訪れたこともないのに、私に向かって、「あの小屋《シャック》ばかり並んでいる」（おぞましい、もしくはすさまじいといった語気で）所へ行くのかと、憐れむと言うより、よくもあんな大変な所へ行くな、といった、しょうがない奴風の冷たい言葉を投げつけたことである。そもそもその前から、「深南部」（Deep South）という思いもよらぬ名称を聞かされて、「深い《ディープ》？　深いって、どんなふうに深いのだ」と、不安に思ったことがあったが、誰もそのことについて教えてくれる人がいなかったから、いよいよ僻地へ落ちてゆくような気がして、一種デスペレートな妙な気持になったものだ。

　だが、ともかくもいかなければならない。もう一人同じテュレーン大学大学院に留学することになっていたY・Y君（彼のことは、のちに多く語ることになる）とは別に、バークレーで紹介されたロサンジェルス分校の教授に会ってから、ニュー・オールリンズに向かう列車に乗ったのだが、まだSLだったその列車のルートが、何とサンセット・ルートというので、まさに日の沈む夕闇の国へ行くようで、心細さが募る。ただ私の乗った車輛は、日本では私などには到底乗れないリクライニング・チェア付の特等車並で、食堂もなかなかよく、その限りにおいてはさすがアメリカだと、いい気持になったものだ。ところが――またもやところがだ――ロサンジェルスを確か午後おそく出発して、翌日はアリゾナ、ニュー・メキシコの砂漠地帯を一日中走り、その翌日はテキサスの草原を丸一日、そしてその翌日やっと地勢が驚くべく変化したかと思うと、既にルイジアナ州のミシシッピー川デルタに入りこんでおり、昼すぎについにニュー・オールリンズに到着。何と三日三晩の汽車の旅だった。北米大陸の広さを強《したた》かに思い知ったものだ。

尤も途中何度か停車して旅客の乗り降りがあり、テキサスのヒューストンでの停車が長かったので、私も汽車を降りて辺りを見まわしたが、ご承知の方もあると思うが、今はどうか知らぬ、当時はプラット・ホームというものがなく、ただ鉄路の間に広い石畳があり、あたりには野草が丈高く伸びていたのを覚えている。それに暑さだ。テキサスは草原地帯で乾燥度は高く、温度は華氏一〇〇度はあると言われた。華氏一〇〇度というと摂氏三十一度強位で、とても長くは陽の当たる所には出ていられない。早々にして列車に戻り、もちろん冷房はないが、椅子にもたれてほっとする。――また、ところがだが、ニュー・オールリンズについてみると、陽照りは弱いが、今度は何とデルタの湿度が高く、しかも九月の温度は華氏九〇度以上ある。フォークナーの初期の作品に『蚊』という小説があるが、まさに蚊の跳梁《ちょうりょう》する世界で、着いたときは夢中であまり感じなかったが、それ以後のニュー・オールリンズでの生活は、正月になってもまだ暑さが残り、しかも二月にはもう春になるといった気候で、私はその気候に真実閉口したものだった。

留学先のテュレーン大学のことより、ニュー・オールリンズでの生活のことが先になってしまったが（ニュー・オールリンズと仮名書きしたのは、土地の人たちがオーに強勢をつけて長く引っぱり、次にrを軽くルと響かせてそのように発音していたのを、そのまま写した私流である）、もう少し続けると、例えば私が、ドーミトリがないので最初に下宿した、大学近くのG家の二階の一室は、大体八畳位の手頃な広さで、何と四柱式の豪勢なダブルベッドが置いてあるのだが、ブランケットがなく、上からかけるシーツだけがのせてある。これは、毛布は自前でということと早合点して、ランドレーディにどこで買えばいいかと聞くと、とんでもないと冷笑混りで、毛布など着られるものじゃない、シーツだけでも暑い位だと言う。実際その通りで、何とかパジャマとシーツという寝方に慣れるに至ったが、この地で出合った邦人一世の人が、初めてここに来たときは連夜眠れないで苦しんだと言っていたから、エアコンのない当時は、扇風機を寝る前に少しかける程度の生活が普通だったのである。

そしてこの最初の下宿では、先にも書いたように部屋代が高くて、洗濯や書籍、文房具代などを差し引くと残り少なく、食事を切りつめることになり、外食は夕食だけ大体一ドルから一ドル半以内で済ますようにし、昼は大学の学生食堂、あとはパンやハム、野菜などを買ってきて、部屋についているごく小さな流しでサンドイッチを作るといった毎日。それでもよくしたもので、近くの軽食堂では、シュリンプ・ア・ラ・クリオールという、小えび《シュリンプ》を野菜と一緒にシチュー風に料理して、頼めばライスをつけてくれて一ドル半、というメニューがあって、時折YY君とそこへいって、いささか豪勢な気分になる。クリオール（クレオールというのが普通だが、ここでは英語風に発音していた）というのは主としてスペイン系の植民地白人のことを言うが、ニュー・オールリンズではフランス系の白人のことで、特に黒人との混血児、殊に若い女性のクリオールの魅力が、シチューの色に託されて、この料理が名物になっていたようだ。ルイジアナとニュー・オールリンズという地名が示しているように、もともとこのデルタの地域はフランスの植民地であり、合衆国に吸収されてからも、デルタのバイユー（入江状になった沼沢地）には、オリジナルなクリオールが特異な農民として住みついていたのである。なお、小えびは、市の北の方にあるポンチャトレン湖でとれるものだった。

それに、ここはアメリカでも珍しい米の産地だし、オリエンタルである私には、白米のライスが食べられることが、とてもありがたかった。また、ここには中国系の移民も多く、市の目抜き通りであるカナル街の近くには、安い小さな中華料理屋があって、当時はまだこの辺りにも市電が走っていたから、私はしばしば市電でその中華料理店へ行って、なかなかの味のチャーハンにありついたものだった。日常的には近くのドラッグ・ストア（薬品《ドラッグ》を扱う資格のある店主が薬局を経営すると同時に、日常品や野菜やハム、パンなどの軽食品を販売している、アメリカの大衆的な商店）の兄《あん》ちゃんと親しくなり、安い食品を選んで売ってくれる。新聞は、『ニュー・オールリンズ・タイムズ』や『タイムズ・ピカユーン』（新聞売りは「ピキューン」と発音していた）という土地の新聞があり、街角で「パイパー（ペイパー）、パイパー、ヘイ、パイパー」と叫んで売っているのが、物珍しかった。

　こんなふうに、生活の楽しい面を先に書きつけてしまったが、アメリカ到着のときからのホームシックは、当然その裏で微妙に変化しながらも根深く続いており、その上楽しげな表面にも徹底的な人種差別という、恐るべき現実があからさまにに実在していて、当時はまだよく意味が呑みこめぬながらに、暗い影を私の心のどこかに深く落していたのだった。これは本書以前にも何度か書いたことだが、フォークナーの生地であるミシシッピー州の南部をも含む、深南部における差別の徹底ぶりは、例えば教会、レストラン、ニュー・オールリンズでは市電、一般にバス、共同トイレ等、公共施設のすべてが、はっきり白人と黒人の別を明確にしていた。

　中でも手の混んだ差別の方式はバスや市電に見られ、私がよく利用した市電の例で言うと、乗口は後《うし》ろからで、古風な車内には、狭い通路を挟むそれぞれ二列の座席が前（向う）向きについているのだが、その椅子の背の上にあけた二つの穴に、'Colored Patrons Only'（「有色人種客専用」）と書いた標示板の二本の太い鉄釘が差しこまれ、有色人種（黒人）はそれより後の席に坐らねばならぬ、しかもこの標示板は、どの椅子の背にも差しこむことができるから、例えば誰かがそれを一番後ろの席に差しこむと、白人は幾らでも前へ出て坐れるが、黒人はその後に立っていなければならない。中に勇敢な黒人がいて、その標示板をずっと前の椅子の背まで移して、その後へ坐ることもある。まことに微妙な対立関係だが、やはり白人優位は動かず、私は車内でトラブルが起るのを見たことはない。

ところで、白人ならぬ黄色人種の私は、最初は‘Colored’に入るのではないかと考えて、一番後ろにその標示板があると、ぼんやり立っていたものだが、そばにいた車掌が前へ行けと合図するので、前の空席に尻落ちつかずに坐ったものだった。こうした制度はとても不思議に感じられたものだが、これにはもちろん歴史的な理由があり、早く一九〇九年に設立されていた「全米有色人種向上協会」（National Association for the Advancement of Colored People［NAACP］）の‘Colored’という語が、一九三〇年代の急進的進歩主義思想によって採用されて、‘Colored Patrons’という表現になったと思われる。これは、私が滞在した五〇年代初めでも、一種の差別忌避の用語だったわけだが、右に述べたような状況では、何ともおためごかし的な表現の感は免れなかったし、実際六〇年代の公民権運動酣《たけなわ》の時期には、この用語は黒人の側から嫌悪すべき差別語として断固拒否され、むしろ逆に‘Black’という直情的な表現を黒人の本質を表現するものとして主張し、‘Black is Beautiful’といった合言葉が叫ばれていたことは、私たちの記憶に新しいところである。

ところで、この市電はまた、テネシー・ウィリアムズのあの激しく暗い戯曲『欲望という名の電車』（一九四七）のモデルとなった電車に他《ほか》ならず、私が訪れた頃はもう「欲望（Desire）」と行先を記した電車は廃されていたが、それでもあの劇の冒頭に言及されている「共同墓地（Cemetery）」行きはまだ走っていて、私は何度か、低い塔のような巨大な墓石がまるで建物のようにずらりと並んだ、この驚くべき墓地を彷徨ったものだった。それに何と言っても、この辺りは、あのヴァイオレントな劇の舞台であるフレンチ・クォーター（「旧地区〈Vieux Carré〉」とも呼ばれるフランス人地区）に近く、私はその頃はまだこの劇のことはよく知らなかったが、この時期にはこの地区は危険だからというので、カナル街から中を覗き見するだけで、中へは入りこまなかった。むしろ後年、何度かニュー・オーリンズを訪れたとき、ここは観光地として名所になっていたので見物したが、この地区はまたエキゾチックな所として、二〇年代には芸術家や文人の集まった一画で、若いフォークナーも、彼の師の一人に当たるシャーウッド・アンダソンを頼って、ほんの暫くここに滞在したことがあり、このことも私は後年知るところとなった。ガリオア留学の時には現地にいながら知らずに過ごした所が、後年私にとって親しい場所となるというのも、「わが文学放浪」を顧みるとき真に不思議な縁《えにし》という思いをそそらないではいないのだ。

テュレーン大学、門付近より（田中啓史君写す）

さて、生活環境のことはもうこの辺で切りあげて、肝心の留学そのものの場であったテュレーン大学大学院の英文学科へと、話を移さなければならない。ところが、私自身は、アメリカへ行くのだから、アメリカ文学を学ぶものと漠然と考えていたのに、この大学はいわば自他共に認める保守的な大学ということで、土地柄風土病研究で知られた医学部関係を別にすれば、どうやら伝統に忠実な保守主義が支配的で、例えば大学院の英文科にはアメリカ文学に関する講義はまったくなく、私は学部の講義だったアメリカ文学概説のクラスに出てみたが、ごく通念的だった記憶がある。当時は、厳密な文学テキストの批評解釈を打ち出した「ニュー・クリティシズム（新批評）」の台頭期で、東部の大学では「新批評」系の教授が戦闘的で、旧来の実証的研究者を激しく批判したという話を、あとで聞いたが、テュレーンではただ一人非常勤の教授が、やや「新批評」的な角度から英米詩を読んでくれただけだった。もっとも七〇年代になると「ニュー・ヒストリシズム（新歴史主義）」が形勢を逆転させるのだから、歴史とは真に不思議なものなのだが。……

右のような情況だったから、私はむしろ中世英文学の権威と称されていたルミアンスキー教授の講義に出て、先生の編んだ中世英語のアンソロジーをえっちらおっちら読んだり、またスイス人のフランス文学教授のクラスに出て、フランスの近代詩を勉強したりしたものだった。後者の授業はオーラルのフランス語で行われていたが、私はフランス語はある程度聞けるが、英語しかしゃべれないからと申し出て、特別に英語で演習に加わることを許してもらった。このスイス人の教授は、やはりh《アッシュ》アスピレが発音できないので、私を呼ぶとき「ムッシュー・オカーシ」とk音で発音したことが、自然なユーモアを孕んで懐しく思い出される。——こんな按配だったから、私は大学院生としての単位をとることができるべくもなく、先生方に私を聴講生《オーディター》扱いにしてくれと頼みこんで、許してもらった次第で、ルミアンスキー先生はあまりいい顔をしないながらに聴講を認めてくれたのは、やはりこの地には珍しい東洋人《オリエンタル》であることを、考慮しての特別の計らいだったのかもしれない。

　しかし、留学のときから年数がたつにつれて、このテュレーン大学留学をありがたかったと深く思うようになったのは、この時は日米戦争の直後だったのに、大学院の誰一人その戦争の故に私を差別することは全然なく、まったく自然に同僚としてつきあってくれたことを、はっきりと自覚するようになったからである。それどころか、あるとき何人かの院生と町を歩いていると、向こうからやってきた中年の女性が私を睨みつけて、「ジャップ！」と喚きながら連れの女性の脇を抱えて私の方に向かってきたが、院生の一人が間に立ちはだかって、私を守るようにして脇へ寄せると、その女も諦めたようにして仲間と向こうへ去っていったものだ。こんなことは、ガリオア留学中も、その後の訪米中にもこの一度しかなかったが、最近は日本人だけでなく、例えば第三世界からの移住者に対して、一般にどのようになっているのだろうか。私はむしろ今のアメリカには、あの新世界の一面としての純真なよさは、一般的にはついに薄れ始めているのではないか、と不安に思うが、思い過しだろうか。

マッカッチョン先生
（ギブソン・ホールの前）

あの五〇年代から六〇年代へかけてのアメリカが、真のアメリカのいわば最後の光の表徴だったのではないかと思うのだが、それでもあの光は人間としてのアメリカ人の心のどこかに変わらず潜んでいる筈だとも思う。

　テュレーン大学での勉強の情況は、大体以上に尽きるが、ギブソン・ホールと名づけられた古雅な建物の中での授業は、かなり記憶が薄れながらも、その静かな、落ちついた雰囲気が懐しく思い出され、英文科のディーンだったマッカッチョン先生の温厚な風貌も忘れがたい。それに図書館のいささか薄暗い重厚な雰囲気も、のちに二度ほど再訪したときのイメージと重なって、今も心を深く打つ。この大学の近くにニューカム・カレッジという女性のカレッジがあって、しばしば両者は一対《ペア》として見られていたが、このカレッジ出身の女性もすぐれたキャリアを達成する者が多く、のちに述べる私が二番目に厄介になった女性彫刻家のグレゴリー夫人も、このカレッジ出身の才媛だった（この都市にはまた学園が多く、ロヨラという大学も近くにあった）。

それからまたテュレーン大学に関しては、話題が唐突にそれるが、フットボールのチームがなかなか強く、私もその人気に誘われて、この大学で私以外の唯一人の日本人留学生だったY・Y君と、競技の行われるスタジアムへ出かけたものだった。今日ではサッカーが圧倒的人気を攫《さら》っているが、当時のアメリカでは何と言っても、ラグビーから変形しつつ新しいルールを編み出したアメリカン・フットボールが花形で、日本ではアメ・フトなどと呼ばれているが、偽装プレイや前パスを含む変化の鮮やかさに、ラグビーのやや窮屈なルールしか知らなかった私は、大いに魅せられたのを覚えている。Y君は、私と専門が違って経済学専攻だったので、今まで触れる機会がなかったが、例えばフットボール見物といった学生生活の共通の場では、ただ二人の日本人留学生として互いに寂しさを紛らせ、互いに力になりあう形で、常に行動を共にしたものだったのである。

このY君と一緒に楽しんだのは、もちろんフットボールだけでなく、例えばこの深南部独特の、今日言う所の世界文化遺産とも言うべき、プランテーション・ハウス（大農園屋敷）の見学にも連れ立って出かけた。プランテーションには、煙草とか砂糖黍とか綿花栽培のものがあるが、私たちが市の北の外れの方で見たマグノリア・プランテーション・ハウスというのは、綿花の農園屋敷で、部屋数《かず》が百幾つと言われ、この地方独特のスパニッシュ・モスという長く垂れ下った顎鬚のような苔がぶら下っている、大きな立木にゆったりと囲まれていた。もう居住者はいず、まったくの文化遺産として残されているということだったが、今はどうなっているのだろうか。Y君とは他《ほか》にも、ミシシッピー川の河口の辺りを往き来するショーボート風の遊覧船（と言っても、例えば大きな外輪によってただ形を留めているだけで、もちろんショーはなかった）にも乗って、このアメリカの「父なる川《オール・マン・リヴァ》」の壮大さを垣間見ることができたのだった。

それに、ニュー・オールリンズは、先のフレンチ・クォーターやこのミシシッピー川口に残る古い風景、またいわゆるジャズ発祥の地ということなどで、ともかくも話題の尽きない町《ストーリー・タウン》だが、さらに春のマーディ・グラー〔グローと聞える〕は、パリのマルディ・グラと並んで、世界的に有名な祭であり、これも私はY君と見物に出かけた。これは、カトリック系の祝祭である謝肉祭《カーニヴァル》の、最終の懺悔火曜日に行われるパレード式の祭典で、四旬節《レント》の始まる直前だから、一種派手やかな解放感がある。京都の祇園祭や、特に私が暮らしている横浜の港祭のように、一種の花車《だし》（フロートと呼んでいた）、と言っても私たちが見た時は、枠を外したトラックの荷台にある程度飾りつけをして、乗った一組の男女が見物人に向かって手を振る、といった簡素なものだったと記憶するが、このパレードには、大学をも含むさまざまな公共あるいは事業団体が参加している。パレードの道順は覚えていないが、私は確かカナル街でテュレーンやニューカムの車が混じっているのを見た覚えがある。ともかくも初めてのニュー・オールリンズ滞在中に評判に誘われて見物しただけで、その後の再訪の時は時期がずれていて見られなかったから、鮮明な印象をもち得ていないのが、真《まこと》に残念と言う他ないのだが……。

　ところで、本書のいよいよの結びの件《くだり》に向かう前にもう一つだけ、テュレーン在学中の比較的早い時期に若い私がなした、今から考えるとよくも大胆にと思える、ニュー・ヨーク市への一人旅の印象を簡潔につけ加えておきたい。同じガリオア留学生としてニュー・ヨークのコロンビア大学に在学していた友人と連絡もとれていて、テュレーンに入学した年（五〇年）の暮れの十二月も押し詰った頃に、私は思い立って、グレイハウンド・バスを乗りつぎながら、東寄りに北上する旅に出たのだった（ラフな日記によると十九日）。つまり、深南部からテネシー、ジョージア、南北カロライナ、ヴァージニア諸州をへて、やっと北部に入り、やがてワシントン・DCをへてニュー・ヨーク市に達するという行程で、具体的な記憶は今や茫々たるものになってしまっているが、夜はバスの中か乗り継ぎのバス・ターミナルの宿所で眠り、四日四晩（？）ほどをかけて、ともかくもワシントン、DCに辿りついたのだった。

　私にとってこの旅のメリットは、詳細はともかく、今日ではたやすく見ることのできない、アメリカの旧ハイウェイを挟んで延々と拡がる北米大陸の大自然と、そこに点々と存在している村落、あるいは大小の町の佇まいと、北上するにつれてのその微妙な変化のありようを眺め得たという点にあった。というのは、それ以後私が曲りなりにも、アメリカ及びアメリカ文学研究者として、改めて訪米の機会に恵まれた六〇年代以降には、旧ハイウェイならぬ新インターステイト・ハイウェイがバスの行路となりはじめていて（この新ハイウェイと料金のいらぬフリーウェイとは重なっていたのだろうか。私は殆どいつもこのインターステイトを「フリーウェイ」と呼んでいた）、車窓からはあたりの風景などまったく見えず、ただ新ハイウェイが坦坦と前方から後方へ流れてゆくだけという、空しい思いを強いられたものだったからなのだ。これでは、バスも車も、まるでインターステイトの網の目という、自然も人間も人間の営みの痕跡も見えぬハイテクのコンクリートの海を、あたかも船頭なき舟に乗せられて延々と運ばれてゆくようで、私などは、新しい文化の顕現と言うより、むしろ文化そのものの消失の暗示を見る思いにされてしまうのだった。

もちろん、今までに何度も但し書をつけたように、ハイテクは有害無用だということにはならぬし、そういう言辞がまったく無意味だという事実に変りはない。私はこういうジレンマに際会したときは、いつもその曖昧性《アンビギュイティ》、その両面性《アンビヴァレンス》こそが現実そのもので、その現実を根源的に受けとめたところから新しい創造は始まるといったゴタクをあげつらうのだが、今はそれも無益と思い知り、むしろ次のような、ハイテクと連動する一種逆説的な皮肉と思える、人間と社会の現象を紹介して、わがゴタクが徒《あだ》や疎《おろそ》かでない真実味を孕んでいることをほのめかしてみたいと思うのである。例えば次のような

グレーハウンド・バスのりつぎ
（ヴァジニア州だったか）

アメリカでの私の二つの直接体験は、ただの時代の変化による皮肉な成行きを示しているだけなのではなく、二十一世紀にかけての現代の、複雑微妙な多様化が孕んでいる歴史的な矛盾、そうした意味での、今日私たちが抱えている人間としての重要な問題を暗示しているのではないだろうか。……具体的に書くと――

先の五〇年暮れのグレイハウンド・バス乗り継ぎに

よるニュー・ヨーク旅行のとき、ニュー・オールリンズを出発する時には、バスの後部立ち席に立っていた小母さんタイプの黒人女性が、バスがルイジアナ州を離れて東よりに旧ハイウェイを北上するにつれて、いつのまにかターミナル毎に次第に車内を前進し、両カロライナ、ヴァージニア州をへて北部に入る頃には、前の方の座席ににこやかに坐っていた微笑ましい光景が、鮮やかに私の記憶に残っている。非情非道な差別制度にも拘らず、人間という微妙な存在がもつ心の豊かさを強く感じざるを得なかったのだ。……ところが六〇年代に盛んになった公民権運動の現実の成果が結実しはじめる頃は、ちょうどまた、先に触れた新しいインターステイト・ハイウェイが巨大な網の目を作り始める頃と大きくオーバーラップし、そのためにそれまでの市や町の中心部の商店街は頽れて、いわゆるモールと化し始め、代りに郊外に大きなスーパーマーケットが出来て、私が直接目撃したのは、若い黒人女性がその巨大マーケットの職場に昂然と進出している情景だった。

それはもう七〇年代半ば、私がヴァージニア大学へ、フォークナーの原稿類の調査研究に赴いたときのことだったが、この古雅な都市シャーロッツヴィルにも、郊外にスーパーマーケットが出来ていて、車をもたない私たち（妻同伴だった）も、確かマーケット近くに止まるバスで出かけたものだった。スーパーとしてのスタイルはそれほど珍しいものではなかったが、ただ狭い通路を通って買物の支払いをするレジが幾つか並び、そのすべてのレジのかなり高い椅子に中年よりは若い黒人女性が坐っていて、私たちが品物をもってそばによると、それを見下《お》ろして頷き、レジをチンと鳴らして顎でしゃくるようにして金額を言い、それを受けとって「次」という合図をする。妻は、そんな黒人女性の態度にかなりな違和感を抱いているようだったが、私などは半ば彼女たちの昂然たる差別拒否の姿勢に感動して、彼女らの顔を見上げながら、半ばは、かのニュー・ヨーク行きグレイハウンド・バスの中の中年黒人女性に見た、あのほのぼのとした人間性の不在を、どこかで寂しく思っていたのだった。

そして、これこそが、自然な人間性と新制度に託された自我意識との、このまことに広漠たるずれもしくは断層こそが、今日における「アメリカ」の歴史的な、言い換えれば運命的な表徴の一つに他ならぬと、若い私は心情的に、心の奥深い課題として受けとめたのだった。今のアメリカで、こうした情況がどうなっているか、残念ながら私は現在訪米できぬ身の知る由もないが、しかし、現代世界におけるテクノの発展と人間性の自然との複雑微妙な背反矛盾関係こそ、今日の私たちが国籍に関係なく担わされている、根源的な問題なのではないだろうか。

ところで、私の「初のアメリカ体験」の主要部分としてのニュー・オールリンズ滞在にあっては、そのような複雑微妙な背反矛盾の実感を得たということこそが、最も切実にして真実な現実であり、

パイン・ストリートの家並

その現実がまた「わが文学放浪」の今一つの重要な道標となるに至ったのである。だから、この最終部のタイトルの私の「初のアメリカ体験」の「意味」とは、まさにそのこと自体に他《ほか》ならず、私はいわばここに、本書の「結び」の結びとも言うべきものを既に書きつけてしまったわけだが、しかし、このような理に偏した結びでは、やはりどこかに心の真実忘失の憾みを残さざるを得ない

から、お終いに、このニュー・オールリンズ生活で私が体験した、今まで書いたような特異な情況とはまた違った、ごく普通とも言うべき日常の人間的な情況のことを、理屈抜きで率直自然に書き加えておきたい。

その情況とは、他《ほか》でもない。先にちょっと触れた、私の二度目の寄宿先のランドレーディだったミス・アンジェラ・グレゴリー女史との親交のことである。他に適切な言葉が見当らないので親交などと書いたが、それは、この深南部の古都における名家の女主人と、たまたま東洋からやってきた一介の留学生の寄宿人との偶然の出遭いのことに他ならず、私はむしろ彼女の前ではいつもちょっと畏《かしこ》まって、控え目に振舞っていたわけなのに、彼女を名家の女主人と言ったのは、大学の近くでもある、このグレゴリー家の属する市の北東部の郊外地区は（グレゴリー家は、キャロルトン・アヴェニューという大通りに出る、パイン・ストリートという通りにあった）、恐らく古いプランテーションと関係のある深南部特有のマンション（今日の日本で言うアパートに対するマンションなどでは全くなく、プランテーション・ハウス系の大屋敷《マンション》である）の立ち並ぶ地区で、私の写した下手な写真からも窺って貰えると思うが、グレゴリー家の屋敷も、何故か知らぬがともかくも石造りで、優雅なバルコニーが外面を飾り、表面的には質素《プレーン》でありながら実質は豪華とも言うべき佇まいなのだ。

その上当主のミス・アンジェラ自身は、先祖のことは知らないが、プランテーションとは関係なく、むしろニューカム・カレッジの学部、大学院の卒業生として、現代芸術としての彫刻によって名を知られた女性アーティストであり、ニュー・オールリンズの都市では、例えば目抜き大通りに面した広場に、彼女の彫刻作品が立っているという名士でもあったのである（のちの一九八五年に、伊豆の国際フォークナー・シンポジアムにクリアンス・ブルックス先生を招いたとき、先生がミス・アンジェラと親しかったということを聞いた)。当時私は、彼女がそうした名士的存在であるということなど、ある程度感づいてはいたが、まったく意に介さず、ただ寛大で他人《ひと》の心の分かるありがたいランドレーディと思うばかりだった。私に当てがわれた部屋は、階下の広い庭園に面した地下室のような感じの一室だったが、二階へ行くのも庭に出るのも、またキチンの片隅で卵を炒めたりするのも自由で、私は畏まりながらも、かなり自由勝手に行動したものだった。(屋敷の前に、母堂や私と立っている女史の写真があった筈なのに、手許に見当らないので、代りに屋敷前に立つ母堂の写真を載せる。)

ただ、旧南部家族の慣習として、グレゴリー家でも、新時代の新しさは多分に受け入れながら、やはり伝来の家族制度的なしきたりが残されていて、当主は、家族内、屋敷内の用務全般を司《つかさど》らせるために、黒人男性のスチューアド(雑務もするが、パーティーの時など全体のまとめ役になるので、家令という日本語が当たりそうだ)を常住的に雇っていて、例えば私のベッドなども、あたかも客人のそれのようにこのスチューアドが整えてくれるので、最初はいささか面喰ったものだった。しかし、このジョージという名の黒人スチューアドは、心も極めて素直かつ自然に働く方で、私はジョージと極めて親しくつきあうことができたが、ただ深南部の黒人の英語はどうにも分かりにくく、私はむしろ彼の親切心の現れとしての表情や語調で、彼と対話(と言っても簡単なものだが)していたと言えそうだ。

グレゴリー女史の母堂(屋敷前にて)

しかし、人の心というのは分からぬもので、こんなジョージだからご主人の覚えもめでたいだろうと決めこんでいたのに、ある朝（ノートブックの簡単な書きこみによると、二月の下旬）私が大学へ出かけようとしていたとき、突然ミス・アンジェラが私を呼びとめて、この黒人スチューアドの「首を切った」（"I had to fire him!"）と興奮した声で叫んだものだ。どういう事情でか、聞く間もなかったのだったか、それとも女史の激しい説明の言葉が私に理解できなかったのか、ともかくもあっと言うまにジョージは姿を消し、代りを雇う術《すべ》がなかったのか、私はそのあと長く自分で（カリフォルニアの一世風に）メキベッドし続け、新しいスチューアドが現れたのかどうかも記憶にない。これもまた深南部の歴史のなせる業《わざ》で、さすがのわがランドレーディもその歴史に抵抗できなかったのかもしれない。そのことについては、この結びのさらに結びで具体的に触れるつもりである。

　そこでもう一度、私が最初に入りこんだグレゴリー家の印象に戻れば、庭に面した私の部屋の丁度裏側に、アンジェラさん専用の、やはり石造りの、広大ではないが、その実質的な深さ広さのためにインプレシヴなアトリエがあった。私は、彫刻の知識はまったくのゼロだったのに、このアトリエにときどき入りこみ、わがランドレーディの進行中の石造作品（work in progress）をひそかに眺めたものだった。女史は、それに気がつくと、少し笑みを含んで私の方を見やったが、そのことで私に話しかけたことは一度もなかったようだ。恐らくそうする相手ではないと考えていたのだろうが、だからといって私を軽蔑する様子はまったくなく、私もその顔の笑みだけで満足して、余計なことを聞き質《ただ》す気には全くならなかったのである。その頃の女史は何歳ぐらいだったのだろうか。背はそう高くなく、私と同じ位だったが、やや太りぎみの堂々たる体軀で、その頃は、四十歳代の後半か、せいぜい五十そこそこに見えた。もっとも老いた母親との二人暮しで、母親は確か八十幾つと聞いていたから、あるいはもう少し上だったのかもしれない……。

いやはや、こんな余計なことを書く気になるほど、私はこの女性彫刻家の人柄に心を惹かれていたわけだが、またグレゴリー家の近くには、大自然そのものではないが（しかし少し足を伸ばせば、大ミシシッピー川の上流に連なる辺りが望見された）、大自然と人工とが大きなスケールで交《ま》じりあったとも言うべき、この地区独特の魅惑的な風景が広がっていて、そのことがまたミス・アンジェラの風貌とどこかでマッチして、印象を深くしていたのかもしれぬ、と今にして思ったりするのだ。そうした風景を表徴するものとして、オーデュボン・パークという広々とした公園があり、私は、暇のある毎にこの公園にきて歩きまわったり、草の上に寝ころがったりしたものだった。オーデュボンというのは、私の乏しい知識では、十八世紀末ドミニカ生れの画家でもあった著名な鳥類研究家で、実地の調査研究を進め、鳥類の絵を多く書き残した人だが、ニュー・オールリンズにも一八二〇年代に滞在して、この地方独特の鳥類の状態を調べた。その縁でオーデュボン・パークができたらしいのだが、私の鈍な写真でも、この公園の造りに、この辺りの自然と人工的な芸術《アート》との自然な結びつきが感じとられるのではないだろうか。

オーデュボン・パークにて

　パークと言い出せば、北の方ポンチャトレン湖の近くにシティ・パークというのがあって、そこへも私は市電に乗ってよく出かけたものだが、何と言ってもグレゴリー家で過ごした日々は、「初のアメリカ体験」の中でも独特な示唆的印象を残していると言わなければならない。言ってみれば、このグレゴリー家の日々で私は、それがごく普通に我々がアメリカと考えているものとはかなり異質な世界でありながら、しかしやはりアメリカに他ならず、そうした両面性、二重性を深く自然に湛えている所に、逆にアメリカというものの本性《ほんしょう》を感じとり得たと言うことができるのである。アメリカとは、本来そうした豊かさ——新と旧、動と静、率直と屈折等の対極を孕んで、独自のアイデンティティを体現するという豊かさ——をもった共同体的な国であった筈であり、私が感じとったのも、その豊かさの片鱗と言うか、陰翳のようなものだったと思うのだ。

だが、それを感じとり得たのは、私が偶然に「初のアメリカ体験」をしたのが、五〇年代という歴史的な変り目の時期だったからではないだろうか。先にも書いた、ミス・アンジェラがスチューアドのジョージを突然解雇したのも、従来なら問題にもならないことが、時代の変り目で彼女を激昂させることになったような気がしてならない。必ずしも人種差別から公民権取得へといった、歴史上の現実のことだけを言うのではない。そうした変り目が無意識の層に醸し出す、微妙な心理のことを言うのだ。例えば、彼女は、東洋からやってきた私に対して、気を遣うと言うのではなく、過度な差別の対称であった黒人とは違う異人種という意識——彼女にとっては未知の文化領域に属し、しかもごく最近アメリカに戦争を仕かけて破れた、必ずしも明確に正体を掴み得ぬ異国人という、いささか落ちつかぬ意識——を抱いていたのではないだろうか。私を嫌ったり、厄介者と見なしている気配は、まったくなかった。これは確言できる。むしろ好意を抱きながら、右に書いたような理由で好意を剝《む》き出しにすることができなかった。いや、あるいは剝き出しにできぬということが、南部人である彼女の本性だったのかもしれない。しかし、その本性は、五〇年代初めというあの歴史的な時期には、特に複雑微妙な屈折を孕まざるを得なかったのではないか。たまたま私は、その頃偶然東洋人として彼女と親しく接して、その彼女の屈折を、ある程度私流に増幅しながらわが心の深層に深く受けとめたに違いないのである。

　そして私は、そうしたこの時期における彼女の心の屈折を意味深く表徴していたと思われる、ある特異な体験を最後に語って、その体験の孕む意味を、本書の「結び」であるこのⅫ部の更なる結びとしたいと思う。――その体験とは、実は今まで語ってきた、五〇―五一年という時期から約三十年たった一九八二年七月に、久しぶりにグレゴリー家を訪ねた時のもので、その三十年余の歴史的歳月を踏まえての、グレゴリー家の伝統と現実社会の変化との断層を深く暗示するかに見えたのだった。その間の事情を少し具体的に書くと、ミス・アンジェラは、夫婦で出かけた私たちの訪問を大変喜び、彼女の知りあいを十人ほど招いて、私たちを歓迎するパーティーを開いてくれた。というのは、そのときの私は、東大を定年退官して二年目で、アメリカ文学研究の方でもある程度仕事をし、その夏のミシシッピー州立大学における「フォークナー&ヨクナパトーファ会議」に出てしゃべることになっていて、そのことを知ったミス・アンジェラが、どうやら私の出世を寿《ことほ》ぎ、かつての一介の東洋青年がおのが成功を告げに訪ねてきてくれたとばかりに、知人たちを招いて私たちを紹介し、祝うという仕儀になったらしいのだ。

　それに、おそらく彼女自身の友人や芸術家仲間との好例の会合とも組み合せてあったのだろう、最初は客が何人も次から次へとあらわれては、彼女と挨拶を交して帰っていったが、やがてそうした訪問客も絶えてから、改めて私たち夫婦はパーティーの席へ呼ばれた。そのときである——私は何気なく、昔勝手知ったダイニング・キチンの方から客席へ入ろうとしたが、ふと見ると、ミス・アンジェラがドアの蔭で、五十年配の屈強な黒人男性と何やら真剣な顔つきで話しあっている。そのときはっと気がついたのは、その黒人男性が黒のモーニングを着て、真白なナプキンを左腕にかけた、かつてと同じようなスチューアドであること。ああ、やはりグレゴリー家ではあの伝統的な正統の儀礼《リチュアル》を今なお守り続けることができたのか、と感嘆しかけた途端、ミス・アンジェラが大きめのメモ用紙に何やら書きながら、その黒人男性と話しあうと言うより、何やら談じあっているのに気づいて、もう一度ああと、今度は思わず溜息のようなものを洩らした次第だった。

というのは、はっきり察しがついたのだが、ミス・アンジェラはこれからのパーティーの次第と饗する飲物、料理の種類を、初めて雇ったスチューアド役のその礼服の黒人と打ち合せる、と言うよりむしろ交渉していて、パーティー直前だったから小声ながら、かなりな剣幕でしゃべっていたのである。私がふと顔を出しても気にする気配がなかったのは、この交渉は当然のことだと考えているからと思われた。もちろん、そのあとまもなくパーティーが始まってからは、私の紹介やら、列席者の自己紹介的な挨拶やら、さらにコースが終るとアルコールも手伝って、席を立っての対話となったから、ドアの裏側での出来事など忘れてしまっていたし、黒人のスチューアドもごく自然にサービスに務め、当然何の異様、異常もなくパーティーは和気藹々の内に終ったのだった。

しかし、このときのミス・アンジェラの様子は、私の心の奥底にいわば焼きついて、それ以後思い出す度にさまざまな思いを誘ってきたのだが、今——あのときからさらに二十年もたち、ミス・アンジェラの訃報を受けてとってからも数年になるという今——このⅫ部を書きながら私は彼女が、既に途切れてしまっていた深南部の彼女の家系の伝統を、彼女自身の虚栄のためにではなく、同じ社会に生きている人たちのマナーのため、そして遠くからやってきた異国の客の持て成しのために、俄か仕立ての黒人スチューアドを雇って再現した——敢えて再現したのではなく、当然のことと断じて再現したのだと思い当り、苦痛も当然あったろうに、その彼女の屈せぬ文化伝統への畏敬と愛情——ただの虚栄や見せかけではない——に、私自身畏敬の念と愛情を改めて禁じ得ないのである。

もとより、既に何度も但し書をつけたように、これは何と言っても二十世紀後半の歴史的大変化に起因する事柄であり、むしろ右に書いたミス・アンジェラの心情の運命性を証《あかし》する情況に他ならないが、同時にまた（これも既に何度か述べたことだが）近代文明の中に、例えば深南部といった異質の古い文化伝統を否応なしに併せもたざるを得なかった、アメリカという国の今日的にして運命的な意味を啓示する情況でもあったと言わざるを得ない。そして私は、ふと深南部出身の作家であるフォークナーのことを思い、また本書に書いてきた、日本の古都に発して、日本国内ばかりでなく、異国にまで往き来する運命を担ってきた、私自身の「文学放浪」のことを併せ考えたくなるのだ。しかし、フォークナーのことは、私自身既にそちこちに書いたことでもあるし、私の「放浪」にもまだ更なる迂余曲折があるわけだから、今は両者の関りについて結論的な言辞を弄することはできない。そこで、ただ本書で縷々と述べてきたことが、「わが文学放浪」の風景をいささかでも真実に描き得ていることを祈念して、ここにペンを擱きたい。

おわりに

この本の執筆中、今何を書いてるんですか、と訊かれると、私はちょっと返事に困って、いや、まあ、一種の自分史のようなものですね、と及び腰で答えたものだった。というのは、確かにこの本は、私自身の生まれた時から次第に成長して、さまざまな土地での学園生活、社会生活、家庭生活などを次々に体験し、戦中、敗戦をへて、戦後の短いアメリカ滞在のあと帰国するまでの経緯を書いたものになる予定だったから、ジャンルとしては、今日《こんにち》よく言われる自分史というのが一番よく当てはまるのだが、私にはどうも充分に馴染めない所があり、「一種の」とか、「ようなもの」といった、ぼかした表現になってしまうのだ。

今でも馴染めないのだが、なぜそうなるのか分からないながらに何とか考えてみると、どうやら私は、自分のことはもちろん書くが、けっして自分のことだけではなく、他人や外の世界のことも書かざるを得ないから、自分史というのには違和感を持つらしい。——だが、こう考えると、私はまた思い直さざるを得ない。いったい他人や外の世界を書かざるを得ないのは当り前のことで、自分だけを書くなどということは、できる筈もない。だから、他人や外の世界も書きながら自分のことを主軸に描いてゆく。この本も結局そういうことになるだろうから、自分史と呼んでも差支えないのじゃないか。——そして私は、恐らくその通りだとも思いながらも、自分史とは、執筆中もどうしてもはっきり言えなかったのだ。そしてこの本を書き上げて、いろいろ考えてきた表題をいよいよ決める段になると、自分史という呼び方（殊に史という表現）からは遙かにずれた、「わが文学放浪の記」という表題を選ぶことになったのである。

特にこの表題を選んだいきさつについては後述するが、なぜ史という表現にこだわったかということは、この本の特質と私が考えるものともかなり深い関係があるので、次に少し詳しく具体的に述べてみたい。

――ところで、この本の執筆を考え始めた時は、自分の書こうとすることを何と名づけようかという、今述べたことに近い疑問を漠然と胸に抱きながらも、同時に、何か書きたい、きっと何か書ける筈だという止みがたい思いもあって、ともかく私は、何げなくふいと心に浮かぶことを、アト・ランダムに書き始めたのだった。自分の生い立ちの記のようなものを書く気持はあるにはあったが、もちろんそれがすぐ形になる筈もなく、私はあれこれ書いては消し、書き直してはまた消すという、空しい作業を繰り返した。

だが、そうしているうちに、たとい断片でも、これはと思うものを書きつけてみる。すると、脈絡ははっきりしなくても、ふとまた、どこかでそれと関連がありそうに感じられる現象なり、情況なりが思い浮かんで、それを書きつける。――何の成算もない作業だったが、それが（いつ頃からとも覚えない内に）どうやら形をなしてくるかに見え、私は次第に息込んで、やはり書き直しを繰り返しながら、その作業を続けたのである。

例えば、第Ｉ部「京町家《まちや》に生れ育って」の冒頭に、いきなり幼い頃に恐らく父親がよく歌っていた囃《はや》し言葉を引いて、その説明から話を始めたが（本文を参照されたい）、そこで暗示した通り、これは史実を元にした説明などでは全くなく、むしろ逆に私の耳底に（ということはつまり心に）残っているその囃し言葉から受けた感じを、今再体験して（あるいはその感じに浸りこんで）、それを言葉で表現しようという、殆ど無意識的な企てだったと言う他《ほか》ないのである。そして一つの囃し言葉を披露すると、ふとまた別の囃し言葉が連想され、同じようなことの繰り返しを避けようとすると今度は、恐らく囃し言葉のもつ音声の自然さに連動してであろう、京都の自然のイメージが心に浮かんでくる、といった形で、この第Ⅰ部が出来上がっていったのだった。

ここでは本文の内容を繰り返すことはできないから、基本的な発想の型を示しただけだが、もちろん史実を疎外するもののように紹介したこの発想にも、当然史実は関ってこざるを得ないし、本書でももちろん史実は時に応じて充分に取りこんでいる。それに右の基本的な形から言うと、あたかも歴史の流れ、言い換えれば時間の相、さらに言い換えれば（少し理屈っぽくなるが）縦に繋がる因果律的な史的推移を完全に捨象してしまって、イメージとか音声とかいった一回切りの相――これは横に繋がる空間の相に通じる――にのみ関っているかに見えるが、これも実際には、例えば京都、仙台、鹿児島、横浜、あるいはニュー・オールリンズといった空間的な土地に関することが多いながらも、やはり時間の相にも拘らざるを得ずして、一九三七年（東京外語入学）から五一年（ガリオアによるアメリカ留学から帰国）の十四年間に十二か所を移住するという、いわば時間に引きずり廻される運命に出会ったことも、書いているのだ。

だから私にとっては、時間と空間（つまり移住と土地における居住）とは、互いに矛盾し相剋しあいながら、常にまた交錯しあって、次第に、そしていつの間にか自然に、両者を取りこんだ情況の網《ネットワーク》の目を織ってゆくといった体《てい》のもので、その過程で、京町家生れなどといった、文学などとは殆ど縁のなかった子供が、奇しくもいつしか文学に入魂したとも言うべき、青年、中年、熟年、そして老年者へと変容してゆく。その長いプロセスの、いわば原型的な一サイクルを、ここに何とか浮かび上がらせたつもりなのである（本文に書いた通り、期間は幼年期より最初のアメリカ滞在からの帰国までである）。その一サイクルにおける文学への入魂のプロセスは、これも本文に見て頂かなければならないが、その要点は、京町家の次男坊に生まれた身の軽さ、自由さ、比較的早く商業学校で（英国婦人を含む）熱心な教師による英語への入門《イニシエーション》、次いで東京外語でのかなり急激な英語英文学への開眼……。

それと並んでの、古都から近代都市東京への環境変化による神経症的鬱《うつ》状態、その精神的苦悩を逃れようための漱石文学への傾倒――と言っても、ただ英文学へ、漱石文学へ、いや、文学というものへ、入りこんでいったわけでは毛頭なく、ここでもむしろ生活そのものの変化が文学への傾斜に複雑微妙に絡みあっていて、私にとっての文学とは、決して客観的に明確な、安定したものとはならずに、常に動き、変容し、時に私を躓かせ、かと思うと新しい夢へと誘《いざな》う動的な（ダイナミックな、と呼んでいいだろうか）、心の深層に生きているもののようになっていった、と言わなければならない。そしてそれが、先に述べた、生活における時間と空間（移住と土地における居住）の双方を織りこんだ情況の網の目《ネットワーク》と連動して、やはり次第に自ずから、常に変容する動的な網の目を織りなしていくかに見えた――文学とはそういう、すぐ手にとって見ることのできる客観的な実体ではなく、常に変容を繰り返して生成していくものであり、だから文学を求める自分史の場合も、史よりは放浪に近いものであると、私は考えるのだ。

かくして、近代都市の衝撃と漱石への傾倒以後も、陸奥《みちのく》の入口たる異郷杜都（仙台）の生活と、東北大学文学科における（恋愛を含む）人間関係及び文学志向という、いささか複雑多様な情況、一転して海軍生活（江田島、土浦、鹿児島、長崎、防府と転々して、軍務に服し、それに結婚による家庭生活が加わる）は、非文学的、反文学的な心の閉塞を齎らすが、一方新しい友人、それぞれの土地の人と自然による心の解放もあり、情況の複雑多様さはさらに深まる。が、再転して敗戦後の混乱のうちに再び杜都へ……。さらに首都圏の横浜、そしてガリオアによるアメリカ留学と帰国といった極限的な変動の内に、先に述べた時間と空間（移住と土地における居住）の織りなす情況の網《ネットワーク》の目に連動する文学のヴィジョンは、同じような多様な網の目を織っていくと感じられるのである。そしてこの本は、自分の辿ってきた歴史の初期の一部を、まさにそのような網の目として、囃し言葉や自然などの、生活の多様な面を通じて、多様な形で描きとったつもりのものなのだ。そしてこのサイクルが、いわば私の今日までの「文学放浪」の原型のようなものになっている。

以上がこの『わが文学放浪の記』成立の大体の経緯なのだが、この題名は、先にも暗示したように、実は著者たる私の命名ではなく、南雲堂編集部の原信雄氏のサジェスチョンによるものである。私自身は、最初は「わが文学への道」、次いでは「わが文学の道」と、「道」というアイディアにこだわっていたのだった。どうやら『奥の細道』とか『道草』とかへの連想のせいだったが、「道」というのは、いかに多面的にイメージしようとしても、どうしても結局は一筋道へ戻ってしまうようなので、心が落ち着かなかった所へ、「わが文学放浪の記」という暗示があったので、飛びついた次第である。原氏は林芙美子の『放浪記』のことを考えていたのかもしれないが、私はただ自分の書き綴ってきたものの特質を最も端的に表明するタイトルとして、まったく原氏の暗示に飛びついただけだったのだ。

ところで、結びの言葉に入る前に、もう一つだけ弁じておきたいことがある。それは、先に書いたように、本書執筆の方法が、ふと口の端に上った音声やイメージからの、一面自由な連想を元にしているその特質に乗じて（悪乗りでないことを願うが）、幾つかの形式上の工夫を凝らした点についてである。一つは、紙面にヴァラエティを添えるために、そちこちに写真（一箇所だけ図面、もう一箇所だけ下手なコンテの風景スケッチ）を挿入したこと。これは別に特別の措置ではないが、それらの写真は大体素人の撮ったもので、薄かったり、モチーフのはっきりしないものが多いが、実は自分流に、本文との関連で載せたものが殆どだから、そうした角度から見て頂きたいのである。キャプションも、説明ではなく、暗示的な印象に留めた。

工夫の今一つは、本文の合間合間に、「インタールード」と題する、活字のポイントを少し落した文章を挿入したこと。「インタールード」とは、もちろん厳密には英国近世の道徳劇《モラリティズ》に挿入された幕合いの笑劇、わが国では能の合間に演じられる間《あい》狂言に当たるが、ここでは本文の叙述を側面あるいは裏面から、一種逆説的に補強し、興を多面化する手だてとして、これもふと何気なく思いついたのである。内容はさまざまだが、私はどうも唄が好きらしく、ともかくも何か月か暮らしたそちこちの土地の民謡、学生時代や海軍時代に仲間でわいわいと唄った、怪しげな数え歌や俗謡、その猥歌的替え歌など。……もちろん明治以降、特に昭和初期の流行歌は、年頃のせいだったか、いつのまにか随分覚えていた（今でも覚えている）ので、特筆した次第。唄の外は、旅行中のエピソードや土地の魅力、あるいは例えば敗戦時の一寸とした異様な出来事など……。

インタールード以外にも注（＊）や付け足《た》し（付＝中間章《インターチャプター》）なども、幾つか間に入れたが、これらは全くの偶然にして自然な思いつきで、それらをこれまた自然に積み重ねるにつれて、本文を含む全体の網《ネットワーク》の目が、自ずと動的に編まれていくように試みたのだが、しかし今振り返ってみると、それぞれの部は硬軟、長短さまざまで、全体としての調和に欠けると見える恐れも感じている。だが、これも自然にそうなったのだと自己本位（これは漱石からの借用語）的に思うのは、硬軟、長短さまざまなのは、時と場合による止むなき結果だったと言わざるを得ないからである。例えば何と言ってもこの本では、戦争末期から敗戦、それ以後のアメリカ留学の時期を扱った第Ⅸ～Ⅻ部が、それぞれかなり長く、インタールードで和らげようとしても、文章の緊張感が強くならざるを得なかった。このことについての弁明をいささか試みると——

　戦中から敗戦時の私（自分）の心境は、本文に書いた通り、いわば厭戦及び軍事忌避と、それでもなお軍隊にも存在した自然な人間性への共感という、二つの全く相反する感情に支配されて、私のいわゆる断層の中に陥ちこんでいたのであり、この本ではそのことをありのままに再現しなければならぬという、強い要請を感じていたから、叙述が長くなったり、緊迫感が生じたりしたのだ、と言いたいのである。ところが、実際の人生体験の只中では、年齢如何に拘らず、過ぎ去ったことは、若干の明確な記憶を残して次々と忘れ去っていくものであり、今まで縷々と述べてきた、そして今もまた繰り返した、しばしば反対感情が相剋乃至交錯する、現実としての人間性の本質を無視しがちとなる。そうなると何か重大な事態になったとき（例えば軍事状況が切羽詰ったとき）、それに一辺倒になるか、逆にそれを無視しようとして、全くの無為か自棄的な頽廃に陥ってしまう危険があるのではないか。反対感情相剋の現実を見ることのできる文学の力の重要性を、私は思うのである。

　いやはや、思わず脱線して深刻めいた言辞となったが、この『文学放浪の記』を書いている今（現在）は、かつての戦時中とは違って、世界的に一つの極限に向かって進んでいるかのように思えるので、こういう時に私自身、たとえ今は見失われていても、矛盾相剋という事実の奥に秘められている筈の人間性の、そう言えばまた自然の、そして文学の豊かな生命に肖《あやか》りたいと切に思っていることを、烏滸《おこ》がましながら読者諸賢に伝えたかったから、我にもあらぬ深刻めいた言辞を弄した次第なのである。

ところで、以上のような経緯で本書が纏まったについては、執筆に際してさまざまな方々のお世話になった。本文にも特記したが、特に次の方々には貴重な御教示を頂いたので、ここに明記して、心からの謝意を表したい。お世話になった順序に記せば、京町家《まちや》についての詳しい知識を、家族の方々による編著の御恵贈によって与えて頂いた、詩人の木島始さん、京町家や童歌《わらべうた》や、総じてかつての京の町について、私の曖昧な記憶を補ってくれた、日彰小学校、京都市立第一商業学校の同窓生で、和風文具店嵩山堂はし本社長山崎平三郎君、バルガス=ジョサのフォークナー観について論じた文章で、日本の近代化問題の解釈に示唆を与えて頂いた、京都大学教授若島正さん。

日本の流行歌についての著書の恵贈及び『日本の歌』アンソロジーの貸与によって援助してくれた、かつて東大大学院のゼミの一員だった、現東大教授佐藤良明君、東北大学学生時代及び仙台工専在任時期の大学の情況、及び今日の新しい片平丁キャンパスの模様について、資料による教示を頂いた、宮城女学院大学名誉教授阪田勝三さん、針尾島及び防府における海軍予科兵学校第七十八期の方々、特に何度も私と連絡をとって、当時の情況を説明してくれた沼禎昭、二宮良夫両君、偶然のことながら、本書で利用することを得た、ニュー・オールリンズ在テュレーン大学正面の写真をプレゼントしてくれた、かつての大学院のゼミナリステンで現青山学院大学教授の田中啓史君——以上の方々に再度深甚の謝意を表したい。

そして、失礼をも顧みずこの『放浪の記』で紹介させて頂いた方々——筆者の肉親から恩師、先輩、友人、同僚、また後輩、そちこちの土地の生活で世話になった方々、本文中で謝意を示した場合もあったが、大部分の方々は名前かイニシァルで紹介しただけで、まことに失礼申し上げた。しかしこれらの方々によって、ささやかながら本書は人間、自然、そして世界の一つの生きた記録となったのであり、改めて御名《おんな》を挙げないながら、心からの敬意、謝意を表し、そして物故されたかなり多くの方々には、同じく心から御冥福を改めてお祈り申し上げる。さらに、先に書いたように本書の題名決定に大きな力となって下さった南雲堂の原信雄さんに、この本出版の、事務的なあらゆる業務に大きな役割を果して下さったことに対して、深く御礼を申上げる次第である。

そして最後に、妻善恵に本書を捧げたい。この「わが文学放浪」中、私と苦楽を共にしたが、主として苦を引き受け、わが放浪を支えてくれた、その献身の疲れか、今や病臥の床にある。感謝と陳謝の心もて、ここに本書を君に――

著者について

大橋健三郎（おおはし　けんざぶろう）

大正八年（一九一九）京都中京《なかぎょう》の町家（呉服卸商の家）に生まれる。小学校を終えて京都市立第一商業へ進むが商業科目には馴染めず、英語を好み、昭和一二年東京外国語学校英語部文科に入学する。英文学に親しみ、また漱石を耽読した。昭和一六年東北大学法文学部文学科に英文学専攻の学生として入学、土居光知教授に師事し、多大の影響を受ける。漱石門下の阿部次郎、小宮豊隆教授に接して、漱石及び俳文学に傾倒。しかし戦時のため二年半で繰り上げ卒業し、海軍予備学生、次いで予備士官として内地の勤務を転々とする。敗戦後、仙台工専で教壇に立ち、昭和二三年横浜市立経専、次いで横浜市大、昭和三〇年には母校である東京外国語大学に奉職し、アメリカ文学研究に没頭する。昭和三七年より東京大学文学部へ、昭和五五年に定年となる。その間に、いま、第一線で活躍している文芸評論家やアメリカ文学研究者を多く送り出した。その後鶴見大学文学部へ移り、平成三年に退職。現在、東京大学名誉教授、鶴見大学名誉教授。

主な著書に、『荒野と文明』『頭と心——日本の文学と近代』（研究社）、『フォークナー研究』全一巻『人間と世界』〈アメリカ文学論集〉『古典アメリカ文学を語る』（南雲堂）、『夏目漱石——近代という迷宮《メーズ》』（小沢書店）、『心ここに』〈エッセイ集と文芸批評集〉『文学を読む』（松柏社）、『花の色』（舷燈社）、訳書に、スタインベック『怒りのぶどう』（岩波文庫）、フォークナー『行け、モーセ』（冨山房）などがある。

わが文学放浪の記

二〇〇四年七月三十日　第一刷発行

著　者　大橋健三郎
発行者　南雲一範
装幀者　岡孝治
発行所　株式会社南雲堂
東京都新宿区山吹町三六一　郵便番号一六二―〇八〇一
電話東京（〇三）三二六八―二三八四（営業部）
　　　　（〇三）三二六八―二三八七（編集部）
振替口座　〇〇一六〇―〇―四六八六三
ファクシミリ（〇三）三二六〇―五四二五

印刷所　啓文堂
製本所　長山製本所

乱丁・落丁は、小社通販係宛御送付下さい。
送料小社負担にて御取替えいたします。
〈IB-292〉〈検印廃止〉

ISBN4-523-29292-2 C3098

亀井俊介の仕事/全5巻完結

各巻四六判上製

1＝荒野のアメリカ

アメリカ文化の根源をその荒野性に見出し、人、土地、生活、エンタテインメントの諸局面から、興味津々たる叙述を展開、アメリカ大衆文化の案内書であると同時に、アメリカ人の精神の探求書でもある。

2161円

2＝わが古典アメリカ文学

植民地時代から十九世紀末までの「古典」アメリカ文学を「わが」ものとしてうけとめ、幅広い理解と洞察で自在に語る。

2161円

3＝西洋が見えてきた頃

幕末漂流民から中村敬宇や福沢諭吉を経て内村鑑三にいたるまでの、明治精神の形成に貢献した群像を描く。比較文学者としての著者が最も愛する分野の仕事である。

2161円

4＝マーク・トウェインの世界

ユーモリストにして懐疑主義者、大衆作家にして辛辣な文明批評家。このアメリカ最大の国民文学者の複雑な世界に、著者は楽しい顔をして入っていく。書き下ろしの長篇評論。

4077円

5＝本めくり東西遊記

本を論じ、本を通して見られる東西の文化を語り、本にまつわる自己の生を綴るエッセイ集。亀井俊介の仕事の中でも、とくに肉声あふれるものといえる。

2345円

＊定価は税込価格です。